ZHONGQI
FADONGJI
JIEGOU YUANLI CHAIZHUANG
ZHENDUAN WEIXIU

重汽发动机

结构·原理·拆装·诊断·维修

顾惠烽　毛建辉　编

U0314147

化学工业出版社
·北京·

内 容 简 介

本书首先从不同机型的重汽发动机结构原理入手，讲解常见机型的系统组成，为发动机的拆装打下基础，方便在讲解实操方法时随时查阅；然后通过分述各主要部件的拆装步骤，对发动机的检修工作进行系统讲解；最后分析发动机有可能出现的故障及其原因，并给出解决方案。

本书能够帮助一线人员解决实际问题，可供重汽柴油发动机的使用、管理、维修人员阅读，也可供大中专院校和培训机构相关专业的师生参考。

图书在版编目（CIP）数据

重汽发动机结构·原理·拆装·诊断·维修 / 顾惠烽，毛建辉编. -- 北京：化学工业出版社，2025. 1.
ISBN 978-7-122-41756-5

Ⅰ. U464

中国国家版本馆 CIP 数据核字第 2024G0Z208 号

责任编辑：张燕文　黄　滢　　　　　　装帧设计：王晓宇
责任校对：李雨晴

出版发行：化学工业出版社
　　　　　（北京市东城区青年湖南街 13 号　邮政编码 100011）
印　　装：河北延风印务有限公司
787mm×1092mm　1/16　印张 14¾　字数 390 千字
2025 年 3 月北京第 1 版第 1 次印刷

购书咨询：010-64518888　　　　　售后服务：010-64518899
网　　址：http://www.cip.com.cn
凡购买本书，如有缺损质量问题，本社销售中心负责调换。

定　　价：99.00 元　　　　　　　　　版权所有　违者必究

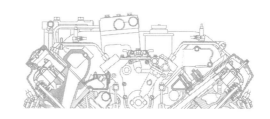

前　言

重汽柴油发动机广泛应用于重型卡车、工程机械、农机、船舶、发电机组等，其可靠性、耐久性和燃油经济性很好，能够满足日益严格的排放要求。

重汽柴油发动机的型号繁多，为了使广大用户和相关从业人员能够对其结构特点与维修保养方法有一个较系统的认识，特编写此书。

本书首先从不同机型的重汽发动机结构原理入手，讲解常见机型的系统组成，为发动机的拆装打下基础；然后通过分述各主要部件的拆装步骤，对发动机的检修工作进行系统讲解；最后分析发动机有可能出现的故障及其原因，并给出解决方案。

全书共12章，前8章是对重汽发动机不同机型的介绍，第9章和第10章重点讲解了重汽发动机国五和国六两种后处理系统，第11章概括讲解了重汽发动机的结构原理与使用维护方面的知识，第12章则系统讲述了重汽发动机的拆装、诊断与维修。

本书以图辅文，力求精练、实用，以解决实际问题为目标，形式上整齐划一，内容一目了然。本书可以帮助一线工作人员解决实际问题，可供柴油发动机的使用、管理、维修人员阅读，也可供大中专院校和培训机构相关专业的师生参考。

由于编者水平所限，不足之处在所难免，请广大读者批评指正。

编者

目录

第5章 重汽 MC13 系列柴油发动机

第6章 重汽 D10 系列柴油发动机

第7章 重汽 D12 系列柴油发动机

第8章 重汽 WD615 系列柴油发动机

第9章 重汽国五后处理系统

第1章

重汽MC04系列柴油发动机

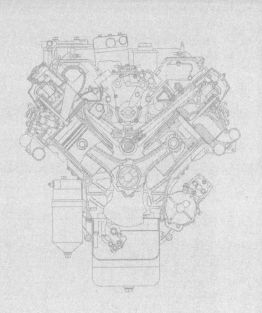

1.1
重汽 MC04 系列柴油发动机技术数据

（1）发动机技术参数（表 1-1-1）

表 1-1-1　MC04 系列发动机技术参数

机型	MC04.14-50	MC04.16-50	MC04.17-50
气缸数	4 个		
气缸排列方式	直列		
排放标准	国五		
额定转速	2600r/min		
最大转矩	450N·m	500N·m	600N·m
全负荷最低燃油消耗率	198g/(kW·h)		
发动机净重	380kg		
缸径×行程	102mm×115mm		
进气方式	增压中冷		
燃料种类	柴油		
排量	3.76L		
最大输出功率	105kW	115kW	125kW
最大转矩转速	1200～2200r/min	1200～1900r/min	1300～1700r/min
发动机形式	直列、水冷、四冲程、高压共轨		
压缩比	17.2∶1		
每缸气门数	4 个		

（2）配合数据与拧紧力矩（表 1-1-2、表 1-1-3）

表 1-1-2　MC04 系列发动机主要零部件配合数据　　　　mm

项目	数值	项目	数值
活塞凸出曲轴箱顶面值	0.151～0.485	连杆体和曲轴开档间隙	0.125～0.275
曲轴轴向间隙	0.102～0.432	主轴承径向间隙	0.067～0.109
凸轮轴轴向间隙	0.1～0.3	连杆轴承径向间隙	0.064～0.106

项目	数值	项目	数值
连杆小头衬套与活塞销径向间隙	0.016~0.036	进气门关(下止点后)	33.5°CA
活塞销与活塞销座孔径向间隙	0.009~0.022	排气门开(下止点前)	66°CA
气缸盖衬垫压紧厚度	1.22±0.05	排气门关(上止点后)	34°CA
第1~4道凸轮轴径向间隙	0.094±0.040	风扇驱动轴轴向间隙	0.001~0.998
第5道凸轮轴径向间隙	0.095±0.047	风扇驱动轴径向间隙	0.005~0.042
摇臂径向间隙	0.024~0.062	曲轴后齿轮与凸轮轴齿轮侧隙	0.11~0.21
进气门杆径向间隙	0.042~0.077	凸轮轴齿轮与空压机中间齿轮侧隙	0.11~0.21
排气门杆径向间隙	0.077~0.097	凸轮轴齿轮与高压油泵齿轮侧隙	0.11~0.21
进气门凹入量	0.703~1.003	空压机中间齿轮与空压机齿轮侧隙	0.11~0.21
排气门凹入量	1.103~1.403	空压机中间齿轮与止推垫片间的轴向间隙	0.15~0.30
冷态进气门间隙	0.28~0.38	高压油泵齿轮径向间隙	0.020~0.086
冷态排气门间隙	0.53~0.63	空压机中间齿轮径向间隙	0.050~0.091
机油泵外转子轴向间隙	0.04~0.10	空压机齿轮径向间隙	0~0.062
机油泵外转子径向间隙	0.26~0.42	凸轮轴齿轮径向间隙	0.023~0.077
机油泵内转子轴向间隙	0.04~0.10	曲轴齿轮相对曲轴的径向间隙	0.005~0.055
机油泵内转子径向间隙	0.09~0.44		
进气门开(上止点前)	16.5°CA	喷油嘴凸出量	2.33~3.08

注：CA 表示曲轴转角。

表 1-1-3　MC04 系列发动机主要螺栓、螺母、螺塞及管接头拧紧力矩和拧紧角度

项目	螺纹规格/mm	性能等级	拧紧力矩/N·m	预紧力矩/N·m	拧紧角度/(°)	备注
主轴承螺栓	M12×1.5	12.9		85	120	拆下的螺栓必须更换
连杆螺栓	M11×1.25	11.9		60	90	拆下的螺栓必须更换
飞轮螺栓	M12×1.5	12.9		85	135	
气缸盖螺栓	M12×1.75	12.9		60	2×90	拆下的螺栓必须更换
气缸盖螺塞			75			乐泰胶 648
摇臂座螺栓	M8×50	10.9	35			
摇臂调节螺母	M10×1		45			
凸轮轴齿轮螺栓	M8	10.9	36			
中间齿轮轴螺栓	M8	10.9	35			
油泵齿轮螺母	M14×1.5		90~95			
油底壳放油螺塞	M18×1.5		24±4			
机油泵盖内六角沉头螺钉	M6	10.9	10			
限压阀	M27×1.5		79±8			乐泰胶 243
排气歧管螺栓	M10×64	耐热螺栓		60+5	90+10	
排气弯管螺栓	M8	耐热螺栓	35			
高压油管两端螺母	M14×1.5			10	60	
高压油管泵-轨两端螺母	M14×1.5			10	60	
喷油器线束与喷油器连接螺母	M4		1.5±0.25			
机油润滑油管旋入式接头	M10×1		20±2			
喷油器回油旋入式接头	M12×1.5		30+5			
共轨回油旋入式接头	M12×1.5		30+5			
油泵回油旋入式接头	M10×1		20±2			
水温传感器	M12×1.5	10.9	25±5			
转速传感器	M6	10.9	8~10			
空压机旋入式直通接头 NG12	M14×1.5		40+5			
空压机卡套式直通接头	M22×1.5		80+10			
自动张紧轮紧固螺栓	M10	10.9	47±5			
惰轮紧固螺栓	M12	10.9	50±5			
增压器进油管卡套式直通接头	M10×1.25		20+2			
	M12×1.5		30+5			

1.2
重汽 MC04 系列柴油发动机结构特点

① MC04 系列发动机采用了成熟的 MAN（曼）技术平台，是在 MAN 成熟的发动机技术基础上开发出来的。

② MC04 系列发动机开发采用成熟的技术及工艺，设计风险极小。例如，封闭式缸体、整体式缸盖、锻钢圆角淬火曲轴、胀断式连杆等设计及工艺，都是经过验证的并已被重汽熟练掌握的 MAN 平台产品技术。

③ MC04 系列发动机采用高压共轨喷油系统，满足国家排放法规要求。

④ MC04 系列发动机采用模块化设计，零部件标准化、通用化程度高，零部件种类及数量大为减少，高度模块化设计不仅最大程度地降低了故障率，而且维护简单方便。成熟的开发流程及技术平台造就了其优异的动力性能、经济性，并实现了高可靠性及超长的保养间隔期。

⑤ 国五排放，采用 SCR（选择性催化还原）后处理技术，没有 EGR（废气再循环），油耗更低，可靠性高。

1.3
重汽 MC04 系列柴油发动机机体组

（1）曲轴箱（图 1-3-1）

曲轴箱采用前后端封闭式缸体结构，后端集成了齿轮室，前端集成了机油泵室，取消了单独的正时齿轮室、机油泵壳体以及相关密封件，降低了潜在的泄漏风险，同时减少了零部件数量，降低了故障率。

封闭式缸体极大地提高了缸体的抗弯曲性能，配合球形曲面裙部结构设计，可大幅提高缸体的刚度，可有效降低缸体及其连接部件的振动噪声水平。封闭式缸体底面的框架式结构提高了密封可靠性。

无缸套设计，缸孔网纹采用 MAN 产品技术，网纹直接加工在缸孔上，提高了缸孔耐磨性，使用寿命可达 100 万公里，配合 PVD 活塞环和优化设计的活塞，降低了油耗并延缓了机油老化。

（2）气缸盖（图 1-3-2）

图 1-3-1　曲轴箱

图 1-3-2　气缸盖

整体式缸盖刚度高,可使噪声减小;菱形四气门,两进两排,双切向进气道,改进进气涡流,提高容积效率;喷油器中置,缸盖上集成了喷油器回油通道,省去了回油管路;缸盖水道分层设计,保证了燃烧室平面的迅速冷却;缸盖上集成了进气歧管,取消了进气歧管及密封元件,杜绝了泄漏。

1.4
重汽 MC04 系列柴油发动机曲轴连杆组

（1）曲轴

锻钢曲轴（图 1-4-1），轴颈圆角淬火,疲劳强度高,与铸铁曲轴相比,可承受更高的爆压。四平衡重半平衡设计,实现曲轴良好的性能,可完全取消曲轴减振器。

（2）连杆、活塞

胀断式连杆大头,保证了连杆大头孔的精密配合以及极佳的圆柱度,实现了良好的润滑,保证了轴瓦的使用寿命,并减少了摩擦损失。

铝活塞（图 1-4-2），燃烧室特殊设计,实现了双涡流燃烧,燃烧充分,实现了高热效率,降低了油耗并减少排放。活塞上有两道气环和一道组合油环。第一道气环是双面梯形桶面环,第二道气环是镀铬锥面环,第三道环是撑簧合金铸铁油环,双刃表面镀铬。

图 1-4-1　曲轴

图 1-4-2　活塞

1.5
重汽 MC04 系列柴油发动机冷却系统

（1）缸体及缸盖冷却水路（图 1-5-1）

自下而上的冷却流道,降低了冷却压差,提高了节温器等零部件的可靠性。优化的冷却液流动方式,允许冷却液最高工作温度达 110℃。缸盖双层水道设计,实现缸盖底面良好的冷却,延长了缸盖疲劳寿命。

（2）水泵及机油模块（图 1-5-2）

模块化总成设计,集成了离心式水泵、机油冷却器和机油滤清器。减小了机油及冷却液的压力损失,改善了气穴现象及反复循环的耐受强度。

机油滤芯长寿命设计,更换周期为 2 万公里。

图 1-5-1　缸体及缸盖冷却水路

图 1-5-2　水泵及机油模块

1.6
重汽 MC04 系列柴油发动机润滑系统

（1）机油泵（图 1-6-1）

MC04 系列发动机采用容积式转子泵，粉末冶金转子传动精度高，壳体集成在缸体上，曲轴直接驱动，噪声小且冷启动性能好，通过缸体底面的铸造吸油孔进油，结构简单，密封可靠。

（2）油底壳（图 1-6-2）

MC04 系列发动机采用复合材料注塑油底壳，重量轻，隔振降噪；配合框架式缸体底面，可有效降低振动噪声水平。油底壳上集成了集滤器、机油通道，管路压差小，减少了机油泵的气穴现象；零部件集成，提高了集成化程度和密封可靠性，同时预留了电加热口。外形上考虑了发动机结构，储油量更大，机油及滤芯更换周期为 2 万公里。

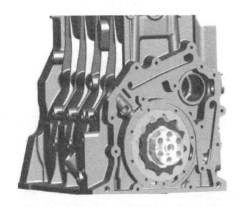

图 1-6-1　机油泵

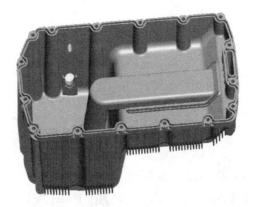

图 1-6-2　油底壳

（3）气缸盖罩

整体式复合材料注塑气缸盖罩（图 1-6-3），重量轻，减振降噪效果好；集成了免维护型油气分离器（图 1-6-4）和机油加油口，减少了管路连接，提高了集成化程度和密封可靠性。可变撞击式油气分离器的油气分离效率高达 75%～85%。

图 1-6-3 气缸盖罩

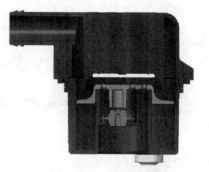

图 1-6-4 油气分离器

1.7
重汽 MC04 系列柴油发动机进排气系统

　　整体式排气歧管结构，安装径流式带放气阀的废气涡轮增压器（图 1-7-1），增压后的空气通过中冷器冷却后进入发动机气缸内。在涡轮增压器之后的排气弯管上装配了制动蝶阀，配合发动机提高制动性能。

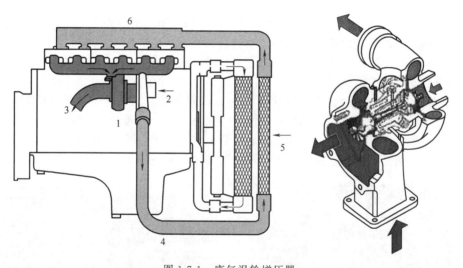

图 1-7-1　废气涡轮增压器

1—涡轮增压器；2—环境空气入口；3—废气出口；4—中冷前进气；5—中冷器；6—中冷后进气

1.8
重汽 MC04 系列柴油发动机燃油系统

　　（1）燃油系统的组成

　　燃油系统（图 1-8-1）主要包括喷油器、共轨管、喷油泵（高压油泵）、燃油模块、高压油管组件及低压油管组件等。采用 BOSCH（博世）共轨系统，160MPa 喷射压力，实现优异的启动性以及低的排放和烟度。新一代 CB18 高速直列泵是在 CB18 直列泵的基础上开发的，其运动件可靠性更高，且驱动转矩可降低 50%，消耗功率低。喷油泵直接安装在缸体上，由后端齿轮系直接驱动，连接及驱动可靠，噪声小。喷油器回油通道集成在缸盖中，密封性更好。

燃油模块采用粗滤、精滤二合一的模块化设计，模块上集成了油水分离器、燃油滤清器、手油泵、加热器、水位传感器等部件。滤芯外壳为透明式结构，内置水位显示环，方便检查及更换。模块安装在车架上。集成化程度高，管路更少，压降更小，维护保养只需要更换一个纸滤芯，滤芯长寿命设计，更换周期为 2 万公里。

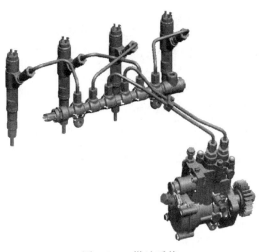

图 1-8-1　燃油系统

（2）燃油系统安装总则

燃油系统对清洁度要求很高，因此各部件在安装前不得将各连接口的保护套取下，拆卸时可重复使用的件要用保护套套好接口。共轨系统的安装区域要保持清洁。拧紧喷油器、高压油管、进油接头及共轨管时，要注意按照规定顺序。喷油器垫片不得重复使用。

1.9
重汽 MC04 系列柴油发动机电气系统

（1）发电机

发电机通过多楔带驱动，使用 24V 电压驱动，额定电流为 80A。发电机与蓄电池并联工作，工作时发电机自励（图 1-9-1）。

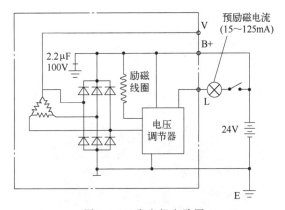

图 1-9-1　发电机电路图

（2）起动机

起动机（图 1-9-2）驱动电压为 24V，额定功率为 5kW；驱动齿轮齿数为 10，用 3 个螺栓固定在飞轮壳上。起动机电路图如图 1-9-3 所示。

（3）空压机

MC04 系列发动机标配选用 WABCO（威伯科）单缸水冷空压机（图 1-9-4），排量为

图 1-9-2　起动机

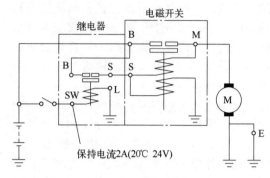

图 1-9-3　起动机电路图

$238cm^3$，供气能力更强，最大工作压力为 8.5bar，可提升至 10bar（1bar＝0.1MPa）。
空压机通过齿轮传动，空压机后装有转向泵，连接更方便。

图 1-9-4　空压机

1.10
重汽 MC04 系列柴油发动机齿轮系

整个正时齿轮系（图 1-10-1）采用后置式，细长齿形设计，降低了传动噪声。

图 1-10-1　齿轮系

1.11

电路图

以博世 EDC17CV44 为例（图 1-11-1）。

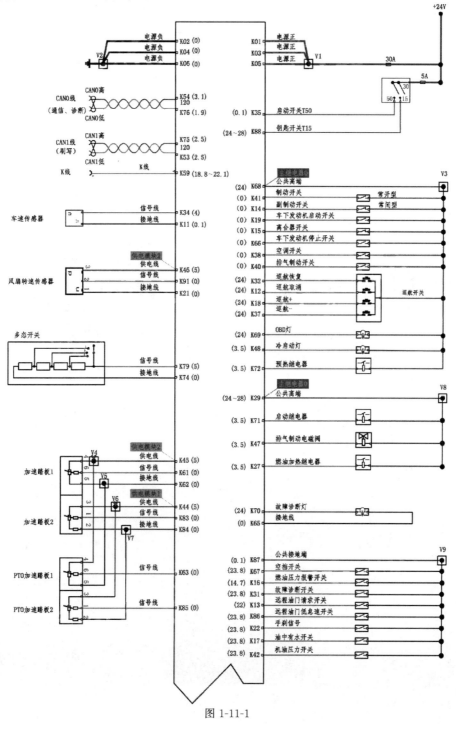

图 1-11-1

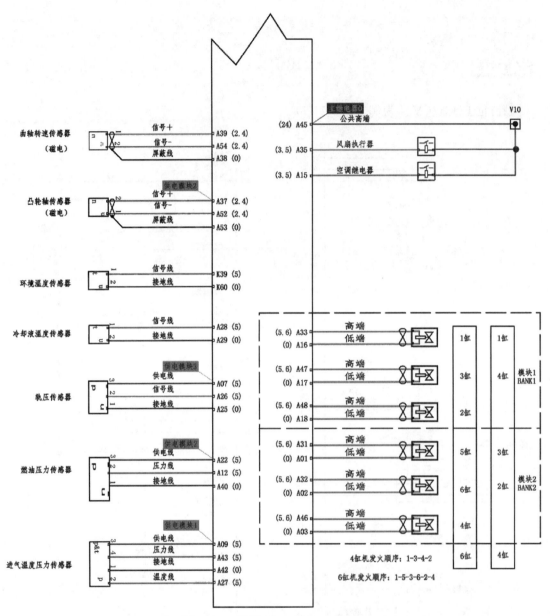

图 1-11-1　博世 EDC17CV44 电路图

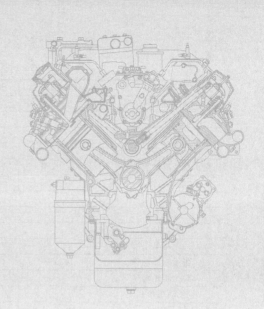

第2章

重汽MC05系列柴油发动机

2.1
重汽 MC05 系列柴油发动机技术数据

（1）发动机技术参数（表 2-1-1～表 2-1-3）

表 2-1-1　MC05 系列国六排放发动机技术参数

机型	MC05H.20-60	MC05H.23-60	MC05H.25-60
气缸数	6 个		
进气形式	增压中冷		
燃料种类	柴油		
排量	4.91L		
最大输出功率	147kW	166kW	180kW

表 2-1-2　MC05 系列国五排放发动机技术参数

机型	MC05.14-50	MC05.16-50	MC05.18-50	MC05.21-50
气缸数	4 个			
气缸排列方式	直列			
额定转速	2400r/min			
最大转矩	535N·m	610N·m	700N·m	830N·m
全负荷最低燃油消耗率	199g/(kW·h)			
发动机净重	459kg			
缸径×行程	108mm×125mm			
进气方式	增压中冷			
燃料种类	柴油			
排量	4.58L			
最大输出功率	103kW	118kW	132kW	151kW
最大转矩转速	1300～1700r/min			
发动机形式	直列、水冷、四冲程			
压缩比	16.5：1			
每缸气门数	4 个			

表 2-1-3　MC05 系列国四排放发动机技术参数

机型	MC05.14-40	MC05.15-40	MC05.16-40	MC05.18-40	MC05.21-40
气缸数	4 个				
气缸排列方式	直列				
额定转速	2400r/min				
最大转矩	535N·m	570N·m	610N·m	700N·m	830N·m
全负荷最低燃油消耗率	≤199g/(kW·h)	≤203g/(kW·h)	≤199g/(kW·h)	≤199g/(kW·h)	≤199g/(kW·h)
发动机净重	459kg	475kg	459kg	459kg	459kg
缸径×行程	108mm×125mm				
进气方式	增压中冷				
燃料种类	柴油				
排量	4.58L				
最大输出功率	103kW	110kW	118kW	132kW	151kW
最大转矩转速	1300～1700r/min	1000～1400r/min	1300～1700r/min	1300～1700r/min	1300～1700r/min
发动机形式	直列、水冷、四冲程				
压缩比	16.5∶1	18∶1	16.5∶1	16.5∶1	16.5∶1
每缸气门数	4 个				

（2）配合数据与拧紧力矩（表 2-1-4、表 2-1-5）

表 2-1-4　MC05 系列发动机主要零部件配合数据　　　　　　　　　　mm

项目	数值	项目	数值
活塞凸出曲轴箱顶面值	0.087～0.389	排气门凹入量	0.6～0.9
曲轴轴向间隙	0.200～0.395	冷态进气门间隙	0.5
主轴承径向间隙	0.040～0.105	冷态排气门间隙	0.5
连杆轴承径向间隙	0.026～0.088	EVB(排气门制动)间隙	0.35
连杆轴向间隙	0.220～0.520	中间齿轮轴 1 径向间隙	0.060～0.109
活塞销径向(在连杆内)间隙	0.050～0.072	中间齿轮轴 1 轴向间隙	0.20～0.28
活塞销径向(在活塞内)间隙	0.006～0.021	中间齿轮轴 2 径向间隙	0.035～0.076
活塞裙部间隙	0.241～0.281	中间齿轮轴 2 轴向间隙	0.10～0.20
压紧后的缸垫厚度	1.2	水泵壳体和叶轮之间的间隙	0.5～0.8
喷油器凸出量	2.83～3.68	机油泵齿轮轴向间隙	0.040～0.094
进气门导管伸出量	20.7～21.1	机油泵齿轮径向间隙	0.050～0.078
排气门导管伸出量	22.7～23.1	曲轴齿轮与凸轮轴齿轮侧隙	0.051～0.149
凸轮轴径向间隙	0.060～0.120	凸轮轴齿轮与空压机齿轮侧隙	0.051～0.185
凸轮轴轴向间隙	0.140～0.270	曲轴齿轮与中间齿轮 1 侧隙	0.050～0.187
气门挺柱径向间隙	0.035～0.077	中间齿轮 2 与喷油泵齿轮侧隙	0.050～0.177
摇臂径向间隙	0.030～0.064	中间齿轮 1 与中间齿轮 2 侧隙	0.051～0.175
进气门杆径向间隙	0.020～0.049	中间齿轮 1 与机油泵齿轮侧隙	0.053～0.190
排气门杆径向间隙	0.035～0.069	机油泵齿轮系侧隙	0.100～0.220
进气门凹入量	0.3～0.6		

表 2-1-5　MC05 系列发动机主要螺栓、螺母、螺塞及管接头拧紧力矩和拧紧角度

项目	螺纹规格/mm	性能等级	拧紧力矩/N·m	预紧力矩/N·m	拧紧角度/(°)	备注
主轴承盖螺栓	M14	10.9		115	90+10	不允许重复使用
机油喷嘴压力阀	M12		38～42			
曲轴箱处螺塞	M30×1.5	5.8	40			
曲轴箱处螺塞	M10×1	5.8	30			
凸轮轴法兰螺栓	M10×1.25	10.9	65			
连杆螺栓	M11×1.5	11.9		50+10	90+10	不允许重复使用
正时齿轮室固定螺栓	M8	10.9	35			

项目	螺纹规格/mm	性能等级	拧紧力矩/N·m	预紧力矩/N·m	拧紧角度/(°)	备注
正时齿轮室固定螺栓	M10	10.9	65			
正时齿轮室盖固定螺栓	M8	8.8	35			
加油短管	M38×1.5		35			密封剂 Curil T
中间齿轮轴1固定螺栓	M12×50	10.9	115			
中间齿轮轴2固定螺栓	M8×40	8.8	30			
凸轮轴驱动齿轮固定螺栓	M10×1.25×38	10.9	65			
机油泵驱动齿轮固定螺母	M12×1.5		45±2			乐泰胶 648
减振器固定螺栓	M14×1.5	10.9		150	90+10	不允许重复使用
飞轮壳螺栓	M12×30	10.9	105			
飞轮壳螺栓	M14×90	10.9	170			
飞轮螺栓	M14×1.5	10.9		100	90+10	不允许重复使用
限压阀螺塞	M24×1.5	5.8	60			
油底壳固定螺栓	M8	10.9	35			
油底壳放油螺塞	M22×1.5	5.8	65			
摇臂支撑座固定螺栓	M8	8.8	24			
锁紧螺母（气门间隙）	M10×1	8.8	40			
冷却液弯管螺栓	M8	10.9	35			
水泵固定螺栓	M8	10.9	35			
水泵带轮固定螺栓	M8×12	8.8	24			
排气歧管双头螺柱	M8×40		25			
排气歧管固定螺栓	M8×40			25	45 45	不允许重复使用
排气歧管固定螺栓	M8×80			25	45 45	不允许重复使用
排气歧管六角螺母	M8			25	45 45	不允许重复使用
增压器双头螺柱	M10×25		40			
进气温度压力传感器固定螺栓	M4×14		4			
出水管固定螺栓	M8×55	10.9	35			
机油模块固定螺栓	M8	10.9	35			
机油模块闭锁螺塞	M10×1		30			
机油模块滤清器盖			25			
ECU 托架固定螺栓	M8×35	10.9	15			
ECU 固定螺栓	M6×30	10.9	11			
喷油泵固定螺母	M8	8.8	30			
喷油泵固定螺栓	M8×40	10.9	30			
油轨和进油接管之间的高压油管	M14×1.5			10	60	
喷油泵和油轨之间的高压油管	M14×1.5			10	60	
线束与喷油器的连接	M4		1.25~1.75			
燃油滤清器固定螺栓	M8×40	10.9	35			
燃油滤清器盖			25			
空压机驱动齿轮固定螺栓	M18×1.5	10.9		90~110	85~100	在90°转角后控制力矩为390~450N·m
空压机驱动带轮固定螺母	M16×1.5LH×45	10.9		100	90+10	左旋螺纹
发电机托架固定螺栓	M10×65	10.9	65			
发电机支架固定螺栓	M10×65	10.9	65			
自动张紧轮沉头螺栓	M10×70	10.9	50			

项目	螺纹规格/mm	性能等级	拧紧力矩/N·m	预紧力矩/N·m	拧紧角度/(°)	备注
发电机固定螺栓	M10×65	10.9	65			
发电机固定螺栓	M12×40	10.9	125			
发电机上电池组接头螺母	M8		15			
起动机固定螺栓	M10	10.9	50			
曲轴箱上发动机支架固定螺栓	M12	10.9	120			
飞轮壳上发动机支架固定螺栓	M16	10.9		50	90	

2.2 重汽 MC05 系列柴油发动机结构特点

（1）性能优越

MC05 系列发动机采取优先增大转矩而不是优先增大功率的理念，以最少的传动齿轮获取更好的燃料经济性。通过试验和实际的使用证明，发动机外特性的低油耗曲线更广，因此整车油耗更低。

（2）设计精巧

采用先进材料、工艺和 NVH（噪声、振动与声振粗糙度）优化设计，提高了发动机可靠性、动力性、经济性和舒适性。

（3）重量轻、零部件少

大量使用铝铸件，减轻了发动机重量；模块化的设计，减少了 25% 的零件，大大降低了零部件的故障率，并且最大程度地减少了密封元件，提高了发动机的可靠性。

（4）可靠性高

为提高可靠性，将发动机密封面的数量降到最少，以降低渗漏的可能性。机油更换周期为 6 万公里，燃油滤清器更换周期为 2.5 万公里，冷却液更换周期为 4 年。

2.3 重汽 MC05 系列柴油发动机机体组

（1）曲轴箱（图 2-3-1）

曲轴箱采用高强度灰铸铁制造，依曲轴中心线水平分为两部分。整个机体刚度高，有利于提高整机的可靠性及延长使用寿命。机体上有七道主轴承座，宽度全部相同，止推垫片置于第四道主轴承座两侧。曲轴箱前端与正时齿轮室连接，后端与飞轮壳连接。

（2）气缸盖（图 2-3-2）

气缸盖由合金铸铁制成，为整体式缸盖，采用四气门进排气系统，进气道和排气道分布于两侧。气缸盖上压入了可替换的粉末冶金气门导管，为防止机油从气门导管间隙中进入气道，在气门导管上方安装了气门杆密封套。气缸盖进气口和排气口均镶有粉末冶金的气门座圈。气缸盖内铸有喷油器衬套，垂直布置在燃烧室中心。

气缸盖每缸均用四个气缸盖螺栓紧固，气缸盖螺栓预紧后采用转角法拧紧（拧紧顺序①～⑯），气缸盖螺栓不允许重复使用。气缸盖衬垫采用单层金属垫，衬垫上设有橡胶圈，用于密封曲轴箱与气缸盖的油水孔。

气缸盖罩采用复合材料制成，与气缸盖之间的密封采用弹性密封垫。

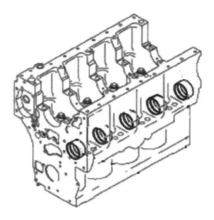

图 2-3-1　曲轴箱

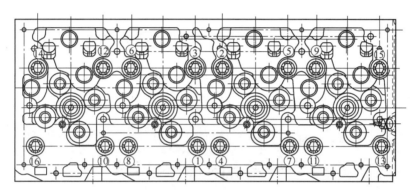

图 2-3-2　气缸盖

2.4
重汽 MC05 系列柴油发动机曲轴连杆组

（1）曲轴、飞轮

曲轴是钢质模锻件，在平衡块圆周面上加工径向孔，用来最后对曲轴进行动平衡；在曲轴前端装有橡胶减振器，根据匹配的离合器不同可以选用 SAE1 和 SAE2 两种飞轮。

（2）活塞、连杆

活塞内置油冷通道，连杆小头为楔形结构。活塞上有两道气环和一道组合油环。第一道气环是双面梯形桶面环，第二道气环是镀铬锥面环，第三道环是撑簧合金铸铁油环，双刃表面镀铬。胀断式连杆是在模具中精锻而成的，通过胀断加工形成表面结构，可以使连杆盖与连杆体之间产生有齿啮合效果，具有更高的配合精度，质量更加稳定。

2.5
重汽 MC05 系列柴油发动机冷却系统

MC05 系列发动机采用由节温器调节的强制循环冷却系统（图 2-5-1），通过多楔带驱动

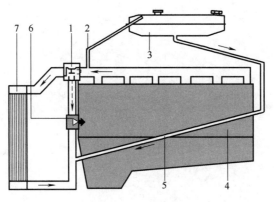

图 2-5-1　冷却系统

1—节温器；2—冷却液排气管；3—膨胀水箱；4—发动机；

5—水泵补水管；6—水泵；7—散热器

冷却水泵。在节温器外壳上，有连接暖风管路的接口。所有 MC05 系列发动机都使用双金属片硅油风扇。

注意，当风扇拆卸下来时切不可平卧放置，否则硅油会从传感器轴配合间隙中漏出，从而使硅油离合器失效。冷却系统中的水箱盖应保持完好无损，切忌敞开。

2.6
重汽 MC05 系列柴油发动机润滑系统

机油泵通过集滤器，将机油从油底壳中吸入，压向机油模块，通过油路系统到达润滑位置。绝大部分油量到达主轴承，并由此通过曲轴上的斜油孔，到达连杆轴承。活塞销是由喷嘴喷油来实现润滑的。配气机构、增压器、喷油泵、空压机、中间齿轮衬套同样通过油道和油槽实现压力润滑。活塞底部通过机油喷嘴喷油冷却。机油通过机油冷却器由冷却液来冷却。

（1）油底壳

油底壳采用复合材料冲压而成，与曲轴箱的接合面有较深的翻边，配以凹形油底壳密封垫，经油底壳托块和螺栓压紧。

（2）机油泵

机油泵采用非独立式结构单级泵，机油泵壳与正时齿轮室平面相结合形成油腔，通过内部两个外啮合齿轮泵油。

（3）机油模块

机油模块由机油冷却器和机油滤清器集成。MC05 系列发动机上安装的机油冷却器片分为 8 片和 16 片，其中 8 片用于小功率发动机，16 片用于大功率发动机。

2.7
重汽 MC05 系列柴油发动机进排气系统

MC05 系列发动机进排气系统工作流程如图 2-7-1 所示。

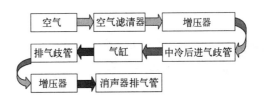

图 2-7-1　MC05 系列发动机进排气系统工作流程

2.8
重汽 MC05 系列柴油发动机燃油系统

燃油系统主要包括喷油器、共轨管、喷油泵、燃油滤清器、高压油管组件及低压油管组件等。MC05 系列发动机国四机型为 160MPa 电控压力系统，燃油经过喷油泵的柱塞腔加压后通过一根泵-轨高压油管送入共轨管，然后由共轨管经各缸高压油管送入各个喷油器。喷油器回油经过缸盖内的油孔至进气管下端的油道，再通过低压燃油管路回到油箱。

燃油系统对清洁度要求很高，因此各部件在安装前不得将各接口的保护套取下，拆卸时可重复使用件要用保护套套好接口。共轨系统的安装区域要保持清洁。喷油器垫片不得重复使用。

（1）喷油泵安装

先在专用工装上将喷油泵驱动齿轮装到喷油泵上，再装入齿轮室，紧固螺栓及螺母。喷油泵首次使用时，需用滴管向泵内加注 60mL 的清洁燃油进行润滑（图 2-8-1）。

（2）共轨管安装

将共轨管置于进气管上，用手拧紧两端螺栓，然后用 35N·m 的力矩进一步拧紧螺栓。

（3）喷油器安装

① 取下喷油器塑料保护套，将喷油器轻轻压入气缸盖安装孔中，注意进油孔朝向缸盖上安装高压进油接管侧，然后预紧压紧块固定螺栓，预紧力矩为 10N·m。

② 松开压紧块固定螺栓。

③ 取下进油接管的保护套，插入气缸盖上进油接管安装孔，然后预紧压紧螺母，预紧力矩为 10N·m。

④ 紧固压紧块固定螺栓，拧紧力矩为 30N·m。

⑤ 拧紧进油接管，拧紧力矩为 50N·m。

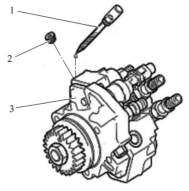

图 2-8-1　润滑喷油泵
1—清洁燃油；2—螺母；3—喷油泵

（4）高压油管安装

将 1 缸至 4 缸高压油管组件靠在喷油器和共轨接口上，用手拧上油管两端螺母，然后先用 10N·m 的力矩拧紧喷油器端的高压油管螺母，再用同样力矩拧紧共轨端的螺母，最后再按下列角度拧紧螺母：如果高压油管是初次使用，则再将螺母转 60°拧紧；如果高压油管是重复使用，则再将螺母转 30°拧紧。

用以上同样的力矩和方法安装喷油泵到共轨管的高压油管，在用 10N·m 的力矩拧上高压油管后，需检查高压管路是否对正，如有必要，需重新安装。

2.9
重汽 MC05 系列柴油发动机电气系统

图 2-9-1　多楔带驱动

（1）发电机

发电机通过空压机带轮由多楔带驱动（图 2-9-1），其同曲轴的传动比为 1：4，使用 24V 电压驱动，额定电流为 80A。自动张紧轮用 M10 螺栓固定于发电机托架上，其拧紧力矩为 50N·m。

发电机在汽车上与蓄电池并联工作，工作时发电机自励。

（2）起动机

起动机驱动电压为 24V，额定功率为 5kW，驱动齿轮齿数为 12，用 2 个螺栓及 1 个双头螺柱固定在飞轮壳上。

2.10
重汽 MC05 系列柴油发动机齿轮系

整个正时齿轮系（图 2-10-1）采用直齿轮传动结构，曲轴齿轮和凸轮轴齿轮间有正时标记，需要对正，其余齿轮无正时要求。从曲轴前端看，曲轴为顺时针方向旋转。

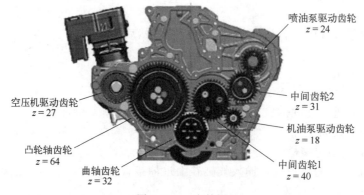

喷油泵驱动齿轮
$z = 24$

中间齿轮2
$z = 31$

机油泵驱动齿轮
$z = 18$

中间齿轮1
$z = 40$

空压机驱动齿轮
$z = 27$

凸轮轴齿轮
$z = 64$

曲轴齿轮
$z = 32$

图 2-10-1　齿轮系

第3章

重汽MC07系列柴油发动机

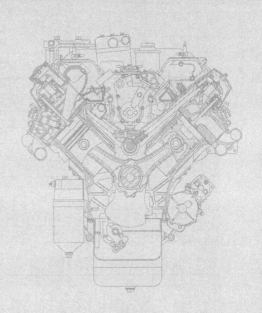

3.1
重汽 MC07 系列柴油发动机技术数据

（1）发动机技术参数（表 3-1-1～表 3-1-3）

表 3-1-1　MC07 系列国四排放发动机技术参数

机型	MC07.24-40	MC07.28-40	MC07.31-40	MC07.33-40	MC07.34-40
气缸数	6个				
缸径×行程	108mm×125mm				
每缸气门数	4个				
总排量	6.871L				
压缩比	16.5∶1				
最大额定净功率	173kW	203kW	225kW	236kW	245kW
额定转速	2300r/min				
最大转矩	925N·m	1100N·m	1230N·m	1250N·m	1250N·m
最大转矩转速	1200～1800r/min				
总功率最低燃油消耗率	≤198g/(kW·h)				
额定工况燃油消耗率	≤220g/(kW·h)				
最高空车转速	(2640±20)r/min				
怠速转速	(600±50)r/min				

表 3-1-2　MC07 系列国五排放发动机技术参数

机型	MC07H.29-50	MC07H.32-50	MC07H.35-50
气缸数	6个		
气缸排列方式	直列		
进气方式	增压中冷		
燃料种类	柴油		
排量	7.36L		
最大输出功率	213kW	257kW	257kW
发动机形式	直列六缸、水冷、四冲程、高压共轨		
每缸气门数	4个		

表 3-1-3　MC07 系列国六排放发动机技术参数

机型	MC07H.29-60	MC07H.33-60	MC07H.35-60
气缸数	6 个		
气缸排列方式	直列		
发动机净重	650kg		
缸径×行程	108mm×134mm		
进气方式	增压中冷		
燃料种类	柴油		
排量	7.36L		
最大输出功率	213kW	240kW	257kW
发动机形式	直列六缸、水冷、四冲程、高压共轨		
压缩比	18：1		
每缸气门数	4 个		

（2）配合数据与拧紧力矩（表 3-1-4、表 3-1-5）

表 3-1-4　MC07 系列发动机主要零部件配合数据　　　　　　　mm

项目	数值	
	国三排放	国四排放
活塞凸出曲轴箱顶面值	0.04～0.39	0.087～0.389
喷油嘴凸出量	2.83～3.68	
曲轴轴向间隙	0.200～0.395	
主轴承径向间隙	0.040～0.105	
连杆轴承径向间隙	0.026～0.088	
连杆轴向间隙	0.120～0.320	0.220～0.520
活塞销径向(在连杆内)间隙	0.050～0.072	
活塞销径向(在活塞内)间隙	0.003～0.015	0.006～0.021
活塞裙部间隙	0.221～0.259	0.241～0.281
进气门导管伸出量	20.7～21.1	
排气门导管伸出量	22.7～23.1	
凸轮轴径向间隙	0.060～0.120	
凸轮轴轴向间隙	0.140～0.270	
气门挺柱径向间隙	0.035～0.077	
摇臂径向间隙	0.030～0.064	
进气门杆径向间隙	0.020～0.049	
排气门杆径向间隙	0.035～0.069	
进气门凹入量	0.3～0.6	
排气门凹入量	0.6～0.9	
冷态进气门间隙	0.5	
冷态排气门间隙	0.5	
EVB(排气门制动)间隙	0.35	
曲轴齿轮与凸轮轴齿轮侧隙	0.051～0.149	
凸轮轴齿轮与空压机齿轮侧隙	0.051～0.185	
曲轴齿轮与中间齿轮 1 侧隙	0.050～0.187	
中间齿轮 2 与喷油泵齿轮侧隙	0.050～0.177	
中间齿轮 1 与中间齿轮 2 侧隙	0.051～0.175	
中间齿轮 1 与机油泵齿轮侧隙	0.053～0.190	
机油泵齿轮系侧隙	0.100～0.220	

表 3-1-5 MC07 系列发动机主要螺栓、螺母、螺塞及管接头拧紧力矩和拧紧角度

项目	螺纹规格/mm	性能等级	拧紧力矩/N·m	预紧力矩/N·m	拧紧角度/(°)	备注
主轴承盖螺栓	M14×118	10.9		115	90+10	不允许重复使用
机油喷嘴压力阀	M12		38~42			
曲轴箱处螺塞	M30×1.5	5.8	65			
曲轴箱处螺塞	M10×1	5.8	24			
凸轮轴法兰螺栓	M8×16	10.9	35			
连杆螺栓	M11×1.5	11.9		50+10	90+10	不允许重复使用
正时齿轮室固定螺栓	M8	10.9	35			
正时齿轮室固定螺栓	M10	10.9	65			
正时齿轮室盖固定螺栓	M8	8.8	35			
加油短管	M38×1.5		35			密封剂 Curil T
中间齿轮轴1固定螺栓	M12×50	10.9	110			
中间齿轮轴2固定螺栓	M8×40	8.8	30			
凸轮轴驱动齿轮固定螺栓	M10×1.25×38	10.9	65			
机油泵驱动齿轮固定螺母	M12×1.5		45±2			乐泰胶 648
减振器固定螺栓	M14×1.5	10.9		150	90+10	不允许重复使用
飞轮壳螺栓	M12×30	10.9	105			
飞轮壳螺栓	M14×105	10.9	170			
飞轮螺栓	M14×1.5×40	10.9		100	90+10	不允许重复使用
限压阀螺塞	M24×1.5	5.8	60			
油底壳固定螺栓	M8	10.9	24			
油底壳放油螺塞	M22×1.5	5.8	75			
摇臂支撑座固定螺栓	M8	8.8	24			
锁紧螺母(气门间隙)	M10×1	8.8	40			
冷却液弯管螺栓	M8	10.9	35			
水泵固定螺栓	M8	10.9	35			
水泵带轮固定螺栓	M8×12	8.8	22			
排气歧管双头螺柱	M8×40		25			
排气歧管固定螺栓	M8×40			25	45 45	不允许重复使用
排气歧管固定螺栓	M8×80			25	45 45	不允许重复使用
排气歧管六角螺母	M8			无空间,开口扳手拧紧即可		不允许重复使用
增压器双头螺柱	M10×25		40			
进气温度压力传感器固定螺栓	M4×14		4			
出水管固定螺栓	M8×55	10.9	35			
节温器固定螺栓	M8	10.9	35			
节温器壳体固定螺栓	M8	10.9	35			
机油模块固定螺栓	M8	10.9	35			
机油模块闭锁螺塞	M10×1		30			
机油模块滤清器盖			25			
ECU托架固定螺栓	M8×40	10.9	15			
ECU固定螺栓	M6×30	10.9	15			
喷油泵固定螺母	M8	8.8	30			
喷油泵固定螺栓	M8×40	10.9	35			
油轨和高压接管之间的高压油管	M14×1.5			10	60	
喷油泵和油轨之间的高压油管	M14×1.5			10	60	
线束与喷油器的连接	M4		1.5±0.25			

项目	螺纹规格 /mm	性能等级	拧紧力矩 /N·m	预紧力矩 /N·m	拧紧角度 /(°)	备注
燃油滤清器固定螺栓	M8×40	10.9	35			
燃油滤清器盖			25			
空压机驱动齿轮固定螺栓	M18×1.5	10.9		100	90+10	
空压机驱动带轮固定螺母	M16×1.5LH×45	10.9		100	90+10	左旋螺纹
发电机托架固定螺栓	M10×65	10.9	65			
发电机支架固定螺栓	M10×65	10.9	65			
自动张紧轮沉头螺栓	M10	10.9	50			
发电机固定螺栓	M10	10.9	65			
发电机固定螺栓	M12	10.9	125			
发电机上电池组接头螺母	M8		15			
起动机固定螺栓	M10	10.9	65			
曲轴箱上发动机支架固定螺栓	M12	10.9	120			
飞轮壳上发动机支架固定螺栓	M16	10.9		50	90	

3.2

重汽 MC07 系列柴油发动机结构特点

① 功率覆盖范围大，转矩大，加速性更好。
② 全新的燃烧原理，提高了发动机的效率，并降低了油耗。
③ 采用整体式缸盖，螺栓紧固，整体强度、可靠性和密封性更好。
④ 机体缸套孔工作面经过珩磨，使抗磨损能力达到最佳。
⑤ 采用博世高压共轨喷油系统，性能更优良。
⑥ 采用曲轴箱内全封闭结构，经济性更好，更环保。
⑦ 根据使用环境及燃油、润滑油质量的不同，保养周期最高可达 12 万公里。

3.3

重汽 MC07 系列柴油发动机机体组

（1）曲轴箱

曲轴箱（图 3-3-1）采用高强度灰铸铁制造，依曲轴中心线水平分为两部分。整个机体刚度高，有利于提高整机的可靠性及延长使用寿命。机体上有七道主轴承座，宽度全部相同，止推垫片置于第四道主轴承座两侧。主轴承盖（图 3-3-2）定位采用定位套结构，螺栓紧固。

机体冷却水道布置在机体缸孔夹层内左右两侧，两侧水道除前后相互贯通外，各缸之间通过小孔左右贯通，不但提高了整体强度，同时使冷却效果更好（图 3-3-3、图 3-3-4）。

（2）气缸盖

气缸盖由合金铸铁制成，为整体式缸盖，采用四气门进排气系统，进气道和排气道分布于两侧。气缸盖上压入了可替换的粉末冶金气门导管，为防止机油从气门导管间隙中进入气道，在气门导管上方安装了气门杆密封套。气缸盖进气口和排气口均镶有粉末冶金的气门座圈。气缸盖内铸有喷油器衬套，垂直布置在燃烧室中心。

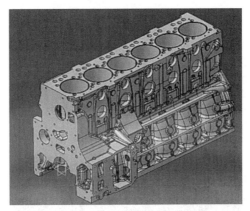

图 3-3-1 曲轴箱

图 3-3-2 主轴承盖

图 3-3-3 前后贯通

气缸盖每缸均用四个气缸盖螺栓紧固，气缸盖螺栓预紧后采用转角法拧紧（图 3-3-5），气缸盖螺栓不允许重复使用。气缸盖衬垫采用单层金属垫，衬垫上设有橡胶圈，用于密封曲轴箱与气缸盖的油水孔。

气缸盖罩采用复合材料制成，与气缸盖之间的密封采用弹性密封垫。

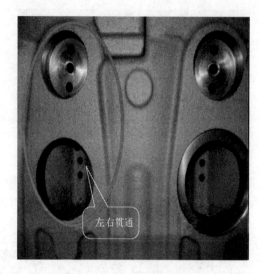

图 3-3-4 左右贯通

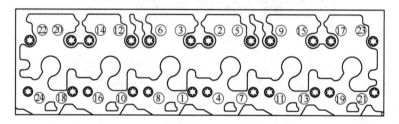

图 3-3-5 气缸盖螺栓拧紧顺序

3.4
重汽 MC07 系列柴油发动机曲轴连杆组

（1）曲轴、飞轮

曲轴是钢质模锻件。在平衡块圆周面上加工径向孔，用来最后对曲轴进行动平衡；在曲轴前端装有橡胶减振器，根据匹配的离合器不同可以选用 SAE1 和 SAE2 两种飞轮。

（2）活塞、连杆

活塞内置油冷通道，连杆小头为楔形结构。活塞上有两道气环和一道组合油环。第一道气环是双面梯形桶面环，第二道气环是镀铬锥面环，第三道环是撑簧合金铸铁油环，双刃表面镀铬。胀断式连杆在模具中精锻而成，通过胀断加工形成表面结构，可以使连杆盖与连杆体之间产生有齿啮合效果，具有更高的配合精度，质量更加稳定。

3.5
重汽 MC07 系列柴油发动机冷却系统

MC07 系列发动机采用由节温器调节的强制循环冷却系统，通过多楔带驱动冷却水泵。在节温器外壳上，有连接暖风管路的接口。所有 MC07 系列发动机都使用双金属片硅油风扇。

注意，当风扇拆卸下来时切不可平卧放置，否则硅油会从传感器轴配合间隙中漏出，从而使硅油离合器失效。冷却系统中的水箱盖应保持完好无损，切忌敞开。

3.6
重汽 MC07 系列柴油发动机润滑系统

机油泵通过集滤器，将机油从油底壳中吸入，压向机油模块，通过油路系统到达润滑位置（图 3-6-1）。绝大部分油量到达主轴承，并由此通过曲轴上的斜油孔，到达连杆轴承。活塞销是由喷嘴喷油来实现润滑的。配气机构、增压器、喷油泵、空压机、中间齿轮衬套同样通过油道和油槽实现压力润滑。活塞底部通过机油喷嘴喷油冷却。机油通过机油冷却器由冷却液来冷却。

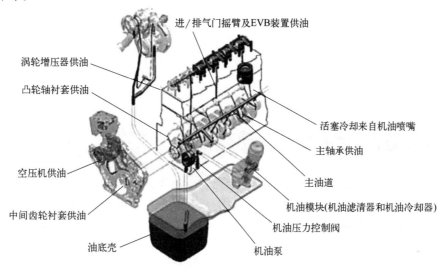

进/排气门摇臂及EVB装置供油

涡轮增压器供油

凸轮轴衬套供油

活塞冷却来自机油喷嘴

主轴承供油

空压机供油

主油道

中间齿轮衬套供油

机油模块(机油滤清器和机油冷却器)

机油压力控制阀

油底壳

机油泵

图 3-6-1　润滑系统

（1）油底壳

油底壳采用复合材料冲压而成，与曲轴箱的接合面有较深的翻边，配以凹形油底壳密封垫，经油底壳托块和螺栓压紧。

（2）机油泵

机油泵采用非独立式结构单级泵，机油泵壳与正时齿轮室平面相结合形成油腔，通过内部两个外啮合齿轮泵油。

（3）机油模块

机油模块由机油冷却器和机油滤清器集成。MC07 系列发动机上安装的机油冷却器片分为 8 片和 16 片，其中 8 片用于小功率发动机，16 片用于大功率发动机。

3.7
重汽 MC07 系列柴油发动机进排气系统

排气歧管由耐高温的球墨铸铁制成，排气歧管之间采用多个金属密封环，能够有效密封；在中间的排气歧管上，安装径流式带放气阀的废气涡轮增压器，增压后的空气通过中冷器冷却后进入气缸（图 3-7-1）。在涡轮增压器之后的排气弯管上装配了制动蝶阀，配合发动机提高制动性能。

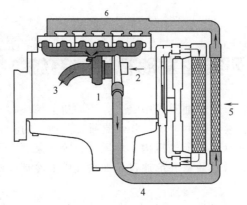

图 3-7-1　进排气系统

1—涡轮增压器；2—环境空气入口；3—废气出口；
4—中冷前进气；5—中冷器；6—中冷后进气

3.8
重汽 MC07 系列柴油发动机燃油系统

　　燃油系统主要包括喷油器、共轨管、喷油泵、燃油滤清器、高压油管组件及低压油管组件等。MC07 系列发动机国四机型为 160MPa 电控压力系统，燃油经过喷油泵的柱塞腔加压后通过一根泵-轨高压油管送入共轨管，然后由共轨管经各缸高压油管送入各个喷油器（图 3-8-1）。喷油器回油经过缸盖内的油孔至进气管下端的油道，再通过低压燃油管路回到油箱。

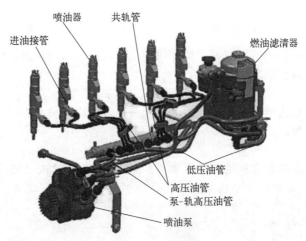

图 3-8-1　燃油系统

（1）喷油泵安装
　　先在专用工装上将喷油泵驱动齿轮装到喷油泵上，再装入齿轮室，紧固螺栓及螺母。

（2）共轨管安装

将共轨管置于进气管上，用手拧紧两端螺栓，然后用 35N·m 的力矩拧紧螺栓。

（3）喷油器安装

① 取下喷油器塑料保护套，将喷油器轻轻压入气缸盖安装孔中，注意进油孔朝向缸盖上安装高压进油接管侧，然后预紧压紧块固定螺栓，预紧力矩为 10N·m。

② 松开压紧块固定螺栓。

③ 取下进油接管的保护套，插入气缸盖上进油接管安装孔，然后预紧压紧螺母，预紧力矩为 10N·m。

④ 紧固压紧块固定螺栓，拧紧力矩为 30N·m。

⑤ 控紧进油接管，拧紧力矩为 50N·m。

（4）高压油管安装

将 1 缸至 6 缸高压油管组件靠在喷油器和共轨接口上，用手拧上油管两端螺母，然后先用 10N·m 的力矩拧紧喷油器端的高压油管螺母，再用同样力矩拧紧共轨端的螺母，最后按下列角度拧紧螺母：如果高压油管是初次使用，则再将螺母转 60°拧紧；如果高压油管是重复使用，则再将螺母转 30°拧紧。

用以上同样的力矩和方法安装喷油泵到共轨管的高压油管，在用 10N·m 的力矩拧上高压油管后，需检查高压管路是否对正，如有必要，需重新安装。

3.9
重汽 MC07 系列柴油发动机电气系统

（1）发电机

发电机通过空压机带轮由多楔带驱动，其同曲轴的传动比为 1:4，使用 24V 电压驱动，额定电流为 80A。自动张紧轮用 M10 螺栓固定于发电机托架上，其拧紧力矩为 50N·m。

发电机在汽车上与蓄电池并联工作，工作时发电机自励。

（2）起动机

起动机驱动电压为 24V，额定功率为 5kW，驱动齿轮齿数为 12 齿，用 2 个螺栓及 1 个双头螺柱固定在飞轮壳上。

3.10
重汽 MC07 系列柴油发动机齿轮系

整个正时齿轮系采用直齿轮传动结构，曲轴齿轮和凸轮轴齿轮间有正时标记，需要对正，其余齿轮无正时要求。从曲轴前端看，曲轴为顺时针方向旋转。

3.11
电路图

以博世 MD1CE100（国六）为例（图 3-11-1）。

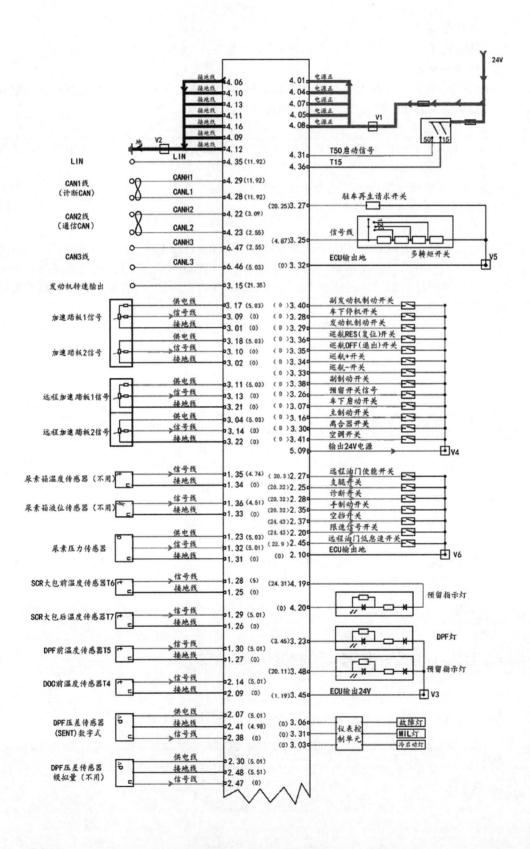

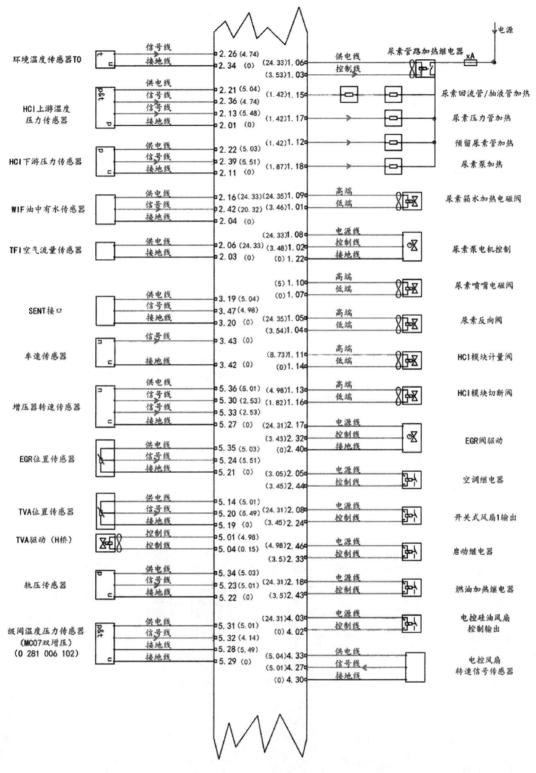

图 3-11-1

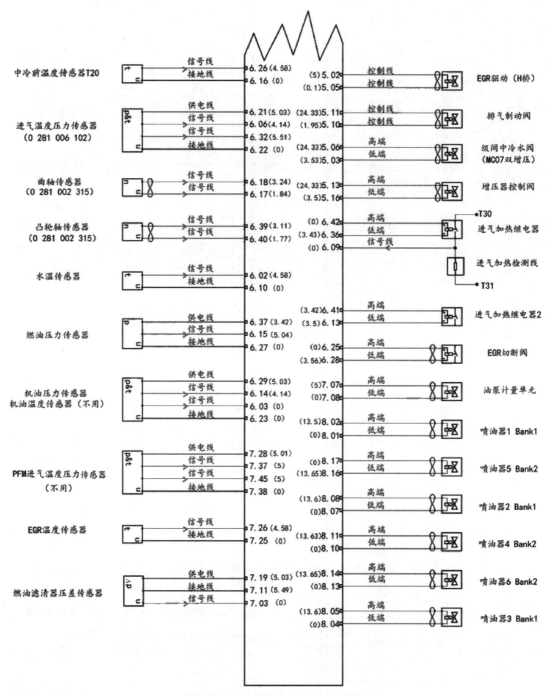

图 3-11-1　博世 MD1CE100 电路图

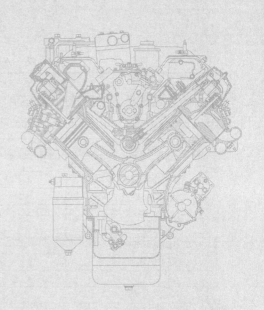

第4章

重汽MC11系列柴油发动机

4.1
重汽 MC11 系列柴油发动机技术数据

（1）发动机技术参数（表 4-1-1～表 4-1-3）

表 4-1-1　MC11 系列国三排放发动机技术参数

机型	MC11. 43-30	MC11. 39-30	MC11. 35-30	MC11. 31-30
气缸数	6 个			
缸径×行程	120mm×155mm			
每缸气门数	4 个			
总排量	10. 518L			
压缩比	19：1			
最大额定净功率	316kW	287kW	257kW	228kW
额定转速	1900r/min			
最大转矩	2100N・m	1900N・m	1750N・m	1550N・m
最大转矩转速	1000～1400r/min			
总功率试验最低燃油消耗率	≤186g/(kW・h)			
额定工况燃油消耗率	≤210g/(kW・h)			
最高空车转速	(2150±20)r/min			
急速转速	(550±50)r/min			
发火顺序	1-5-3-6-2-4			
油底壳容量	40L			
净质量(不含后处理部分)	975kg			
曲轴旋转方向	顺时针(从自由端看)			
最高允许发动机制动转速	2400r/min			
冷启动(不带进气预热)温度	−20℃			
冷启动(带进气预热)温度	−40℃			
最大倾斜角(横向)	15°			
最大倾斜角(纵向)	15°			

表 4-1-2 MC11 系列国四排放发动机技术参数

机型	MC11.44-40	MC11.40-40	MC11.36-40	MC11.32-40
气缸数	6 个			
缸径×行程	120mm×155mm			
每缸气门数	4 个			
总排量	10.518L			
压缩比	19∶1			
最大额定净功率	324kW	294kW	265kW	235kW
额定转速	1900r/min			
最大转矩	2100N·m	1900N·m	1800N·m	1600N·m
最大转矩转速	1000~1400r/min			
总功率试验最低燃油消耗率	≤186g/(kW·h)			
额定工况燃油消耗率	≤210g/(kW·h)			
最高空车转速	(2150±20)r/min			
怠速转速	(550±50)r/min			
发火顺序	1-5-3-6-2-4			
油底壳容量	40L			
净质量(不含后处理部分)	975kg			
曲轴旋转方向	顺时针(从自由端看)			
最高允许发动机制动转速	2400r/min			
冷启动(不带进气预热)温度	−20℃			
冷启动(带进气预热)温度	−40℃			
最大倾斜角(横向)	15°			
最大倾斜角(纵向)	15°			

表 4-1-3 MC11 系列国五排放发动机技术参数

机型	MC11.44-50	MC11.40-50	MC11.36-50	MC11.32-50
气缸数	6 个			
缸径×行程	120mm×155mm			
每缸气门数	4 个			
总排量	10.518L			
压缩比	19∶1			
最大额定净功率	324kW	294kW	265kW	235kW
额定转速	1900r/min			
最大转矩	2100N·m	1900N·m	1800N·m	1600N·m
最大转矩转速	1000~1400r/min			
总功率试验最低燃油消耗率	≤186g/(kW·h)			
额定工况燃油消耗率	≤210g/(kW·h)			
最高空车转速	(2150±20)r/min			
怠速转速	(550±50)r/min			
发火顺序	1-5-3-6-2-4			
油底壳容量	40L			
净质量(不含后处理部分)	975kg			
曲轴旋转方向	顺时针(从自由端看)			
最高允许发动机制动转速	2400r/min			
冷启动(不带进气预热)温度	−20℃			
冷启动(带进气预热)温度	−40℃			
最大倾斜角(横向)	15°			
最大倾斜角(纵向)	15°			

（2）配合数据与拧紧力矩（表4-1-4、表4-1-5）

表4-1-4　MC11系列发动机主要零部件配合数据　　　　　　　　　　mm

项目	数值	项目	数值
活塞凸出曲轴箱顶面值	0.0235~0.3435	曲轴箱中间齿轮与气缸盖中间齿轮侧隙	0.052~0.232
活塞凸出气缸套顶面值	−0.0615~0.3085	气缸盖中间齿轮与凸轮轴齿轮侧隙	0.054~0.180
气缸套凸出曲轴箱顶面值	0.035~0.085	曲轴后齿轮与空压机中间齿轮侧隙	0.051~0.177
曲轴轴向间隙	0.200~0.401	空压机中间齿轮与空压机齿轮侧隙	0.051~0.177
主轴承径向间隙	0.044~0.110	空压机齿轮与转向助力泵齿轮侧隙	0.050~0.244
连杆轴承径向间隙	0.044~0.106	后端中间大齿轮与取力器齿轮侧隙	0.051~0.177
连杆轴向间隙	0.130~0.330	曲轴前齿轮与前端中间齿轮侧隙	0.057~0.183
连杆小头衬套与活塞销径向间隙	0.055~0.073	前端中间齿轮与高压油泵齿轮侧隙	0.053~0.247
活塞销与活塞销座孔径向间隙	0.010~0.024	前端中间齿轮与风扇齿轮侧隙	0.054~0.246
活塞与气缸套径向间隙	最小 0.101	曲轴前齿轮与机油泵外转子侧隙	0.092~0.272
进/排气门导管凸出量	16.1~16.5	后端中间齿轮总成的径向间隙	0.060~0.109
凸轮轴径向间隙	0.024~0.090	后端中间齿轮总成的轴向间隙	0.100~0.290
凸轮轴轴向间隙	0.05~0.85	曲轴箱中间齿轮及气缸盖中间齿轮径向间隙	0.060~0.109
摇臂径向间隙	0.030~0.066	曲轴箱中间齿轮轴向间隙	0.100~0.290
进气门杆径向间隙	0.023~0.052	气缸盖中间齿轮轴向间隙	0.200~0.390
排气门杆径向间隙	0.036~0.065	空压机中间齿轮径向间隙	0.060~0.109
进/排气门凹入量	0.5~0.8	空压机中间齿轮轴向间隙	0.100~0.240
冷态进气门间隙	0.47~0.53	前端中间齿轮径向间隙	0.060~0.109
冷态排气门间隙	0.77~0.83	前端中间齿轮轴向间隙	0.100~0.290
EVB活塞间隙	0.57~0.63	高压油泵传动轴轴向间隙	0.200~0.700
机油泵外转子轴向间隙	0.030~0.093	高压油泵传动轴径向间隙	0.035~0.076
机油泵外转子径向间隙	0.10~0.21	空压机取力器轴向间隙	0.100~0.700
机油泵内转子轴向间隙	0.030~0.090	空压机取力器轴径向间隙	0.040~0.100
机油泵内转子径向间隙	0.02~0.10	空压机轴轴向间隙	0.100~0.400
水泵壳体与叶轮间隙	3.7~4.3	空压机轴径向间隙	0.040~0.100
进气门开(上止点前)	24°CA		
进气门关(下止点后)	12°CA		
排气门开(下止点前)	60°CA		
排气门关(上止点后)	30°CA		
风扇驱动轴轴向间隙	0.20~0.55		
风扇驱动轴径向间隙	0.035~0.076		
曲轴后齿轮与后端中间大齿轮侧隙	0.052~0.176		
后端中间小齿轮与曲轴箱中间齿轮侧隙	0.052~0.176		

表4-1-5　MC11系列发动机主要螺栓、螺母、螺塞及管接头拧紧力矩和拧紧角度

项目	螺纹规格/mm	性能等级	拧紧力矩/N·m	预紧力矩/N·m	拧紧角度/(°)	备注
主轴承螺栓	M18×2	10.9		50 150 300+30	90+10	支撑面涂少许油 不可再利用
曲轴箱处锁紧螺栓	M22×1.5		80+5			
连杆螺栓	M13×1.5	11.9		100±10	90+10	支撑面涂少许油 不可再利用
减振器与轮毂连接螺栓	M10	8.8	50+5			
减振器与曲轴连接螺栓	M16×1.5	10.9		150+10	90+10	
飞轮螺栓	M16×1.5	12.9		100+10	180+10	支撑面涂少许油 不可再利用

项目	螺纹规格 /mm	性能等级	拧紧力矩 /N·m	预紧力矩 /N·m	拧紧角度 /(°)	备注
气缸盖螺栓	M18×2	10.9		10 150 300	90 90 90	新气缸盖支撑面 涂少许油 气缸盖支撑面有 损伤涂少量 White T 不可再利用
气缸盖螺塞	M16×1.5		40			
摇臂座螺钉	M12	10.9	105+10			
摇臂调节螺母	M10×1		45			
EVB压块锁止螺母	M14×1		45			
凸轮轴齿轮螺栓	M8	10.9		15	90	
后端中间齿轮总成轴螺栓	M14	10.9		150+10	90	
油底壳放油螺塞	M22×1.5		80			
机油模块螺塞	M16×1.5		25+5			
机油模块螺塞	M33×2		80+10			
机油模块螺塞	M38×1.5		80+10			
限压阀	M27×1.5		40+5			
机油滤清器	M20		40+10			
油气分离器回油接管	M24×1.5		4±0.5			乐泰胶242
加油口接管	M38×1.5		35			
风扇轮毂与风扇轴连接螺栓	M16×1.5LH			100	90+100	左旋螺纹
分配壳螺塞	M14×1.5		30			
短排气歧管螺栓	M10			60+5	90+10	
长排气歧管螺栓	M10			60+5	90+10	
增压器紧固螺母	M10			10+5	90+10	
喷油器压板螺栓	M8	10.9		1~2 25	90+10	
进油接管压紧螺母	M24×1.5			10 20	60	
共轨组件固定螺栓	M8	10.9	35±5			
1~6缸高压油管螺母	M14×1.5			10	60	
泵到轨高压油管	M14×1.5			10	60	
喷油器线束	M4		1.8+0.25			
ECU支架固定螺栓	M8	10.9	12~14			
ECU固定螺栓	M6	10.9	10±2			
高压油泵与传动箱连接螺栓	M10	10.9	60~70			
燃油滤清器盖	SW39		25+5			
燃油粗滤器帽盖	SW19		10+5			
低压油路选入式接头	M14×1.5		30~35			
水温传感器	M16×1.5		45~50			
转速传感器	M6	10.9	8~10			
发动机前支架	M14	12.9	230			
空压机旋入式直通接头	M16×1.5		30~35			
空压机卡套式直通接头	M26×1.5		45~50			
自动张紧轮紧固埋头螺钉	M10	10.9	42~52			
惰轮紧固螺栓	M12	10.9	50~70			
高压油泵传动箱处加油接管	M38×1.5		35			
机油尺管过渡接头	M14×1.5		30			

4.2
重汽 MC11 系列柴油发动机结构特点

MC11 系列发动机能充分满足相应吨位的车用动力要求，结构紧凑、刚性好、工作可靠、寿命长、性能优良、经济性好。MC11 系列发动机的结构特点如下。

（1）先进的结构设计

蠕墨铸铁气缸体具有较高的抗拉强度和疲劳极限，满足高爆压及低噪声的需要。气缸体和气缸盖上设计有独立的冷却和润滑回路，降低了气缸垫的设计要求，密封可靠性大大提高。

前端附件传动系统采用单根 PK 型多楔带，更换时不必拆卸风扇，便于维护和检修。

（2）模块化设计

功能部件模块化设计使零部件数量比常规发动机减少约 25%，如将进气歧管集成在气缸盖上，机油模块集成了机油滤清器、油气分离器、机油冷却器及限压阀等功能部件，燃油模块集成了燃油滤清器、手油泵等部件。模块化结构设计最大程度上减少了密封元件，减少了可能的泄漏，方便维修。

（3）先进技术的应用

排气门制动（EVB）有效提高了发动机辅助制动功率，改善了车辆行驶安全性。采用燃油润滑，从根本上杜绝了机油、燃油的混合隐患，同时也可防止机油进入柴油中影响发动机的排放。

（4）先进材料和工艺的应用

铝铸件的大量应用，如机油冷却模块、冷却液分配壳、水泵及发动机前端盖等，大大减轻了整机的重量。

蠕墨铸铁材料在气缸体上的应用，在提高强度的同时，由于壁厚的减小，减轻了气缸体重量。

尼龙材质气缸盖罩的应用，起到了降噪作用。连杆盖及主轴承盖采用先进的胀断工艺，加工成本低，定位可靠，有效延长了发动机使用寿命。

（5）NVH（噪声、振动与声振粗糙度）优化设计

发动机前端盖采用阻尼结构设计。气缸盖罩采用尼龙材质并采用降噪安装结构设计。空压机中间齿轮采用剪刀式同轴齿轮组合设计，可消除齿轮侧隙，避免空压机工作时的冲击，降低噪声。发动机 MAP 标定优化了预喷射，使燃烧过程更加平稳，降低了机内燃烧噪声。

4.3
重汽 MC11 系列柴油发动机机体组

（1）曲轴箱

曲轴箱采用蠕墨铸铁制造，结构上采用了深裙部设计，使曲轴箱有较强的刚度。曲轴箱前后两端底部的横梁结构，为油底壳提供了密封面。

主轴承盖采用胀断工艺制造。粗糙的胀断面能产生很高的横向支撑作用，实现精确的定位；有利于减小轴瓦的磨损，延长其使用寿命。

气缸套悬挂在缸孔顶部，为湿式缸套，水套通过安装于曲轴箱上的两个 O 形圈在气缸

套下边缘进行密封（图4-3-1）。

机体上有七道主轴承座，宽度全部相同，止推垫片置于第六道主轴承座两侧。

（2）气缸盖

气缸盖采用整体式顶置凸轮轴设计，由灰铸铁制造。其上集成有进气歧管，减少了密封部位。采用四气门进排气系统，每缸四气门的设计使喷油分布更均匀，充气系数更高，减少了排放。气缸盖上进气道和排气道分布于两侧，按直喷式燃烧系统的要求，进气道产生一定旋流。气缸盖上铸有喷油器安装凸台，对改善喷油嘴的散热、提高喷油嘴的工作可靠性十分有利。冷却水横向流动模式，设计合理，冷却效果好。按图4-3-2所示顺序拧紧缸盖螺栓。

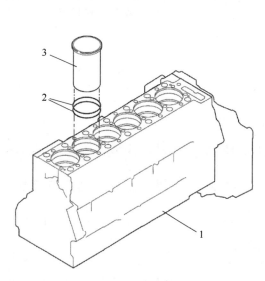

图4-3-1　曲轴箱

1—曲轴箱；2—O形圈；3—气缸套

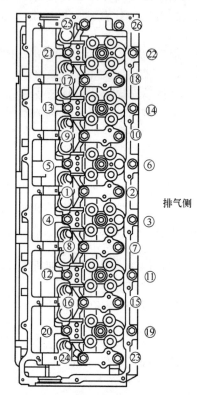

图4-3-2　缸盖螺栓拧紧顺序

4.4
重汽 MC11 系列柴油发动机曲轴连杆组

（1）曲轴

曲轴是钢质模锻件，有七道主轴颈和四个平衡重。在平衡重圆周面上加工径向孔，用来最后对曲轴进行动平衡。在曲轴前端装有硅油减振器，整个结构具有较高的强度和刚度（图4-4-1）。

（2）连杆

胀断式连杆是在模具中精锻而成的，通过胀断加工形成的表面结构，可以使连杆盖与连

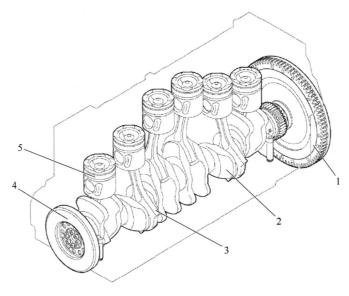

图 4-4-1　曲柄连杆机构（一）

1—飞轮；2—曲轴；3—连杆；4—减振器；5—活塞

杆体之间产生有齿啮合效果，配合更精确，质量更稳定，并能避免安装时出现混淆，实现很高的配合精度和横向稳定性。

（3）活塞

采用强制冷却的内置油冷通道活塞，由耐更高热负荷的新型材料制造，连杆小头为楔形结构，相应地提高了活塞强度（图 4-4-2）。

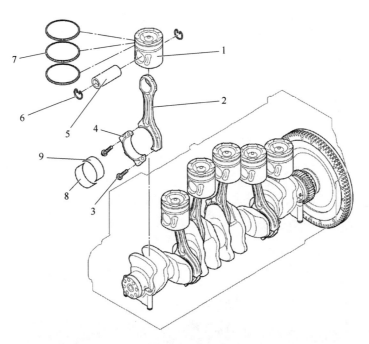

图 4-4-2　曲柄连杆机构（二）

1—活塞；2—连杆体；3—连杆螺栓；4—连杆盖；5—活塞销；
6—弹簧挡圈；7—活塞环；8—连杆下瓦；9—连杆上瓦

活塞上有两道气环和一道组合油环。第一道气环是双面梯形桶面环，工作表面具有PVD（物理气相沉积）镀层，有利于磨合及抗拉毛和减摩，保证有较好的黏结强度和传热效果。第二道气环是镀铬锥面环。第三道环是撑簧合金铸铁油环，双刃表面镀铬，具有强刮油能力。

4.5
重汽MC11系列柴油发动机冷却系统

MC11系列发动机采用由节温器调节的强制循环冷却系统（图4-5-1），通过多楔带驱动冷却水泵。节温器可更换，含有石蜡热敏膨胀材料。

图4-5-1　冷却系统
1—冷却水弯管；2—冷却水管；3—节温器壳体

所有车辆发动机都使用双金属片硅油风扇（图4-5-2）。风扇由曲轴前端齿轮驱动（免维护），为环形塑料风扇。

膨胀水箱能消除冷却系统低压部分蒸汽，不致产生气阻现象，同时可以补充冷却水。

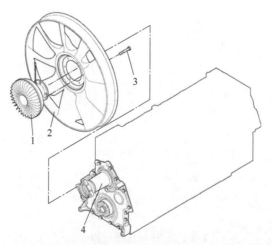

图4-5-2　风扇
1—硅油离合器；2—风扇；3—固定螺栓；4—风扇托架

4.6
重汽 MC11 系列柴油发动机润滑系统

润滑系统如图 4-6-1～图 4-6-3 所示，由机油泵提供压力润滑。曲轴箱通风、机油冷却、

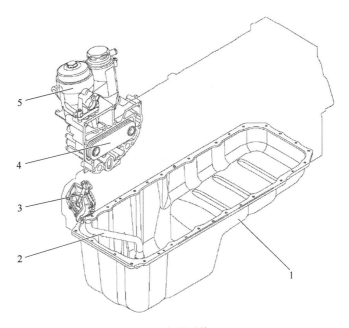

图 4-6-1　润滑系统（一）

1—油底壳；2—吸油管；3—机油泵；4—机油冷却器；5—机油滤清器

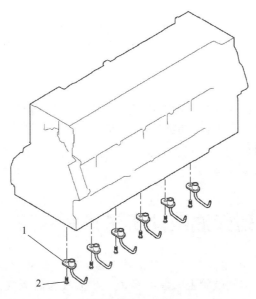

图 4-6-2　润滑系统（二）

1—机油喷嘴；2—安装螺栓

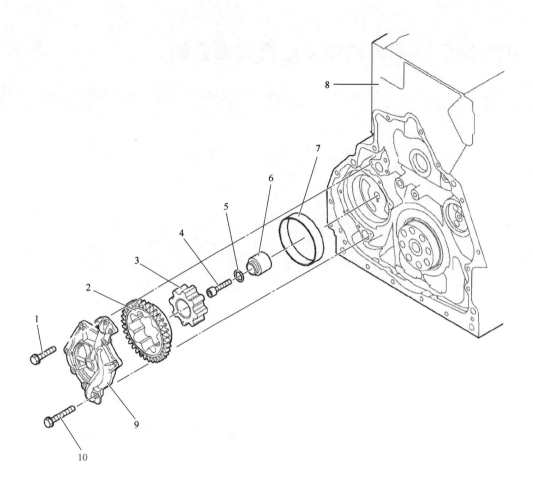

图 4-6-3　润滑系统（三）

1,4,10—安装螺栓；2—齿圈（外转子）；3—机油泵小齿轮（内转子）；5—O形圈；
6—轴；7—衬套；8—曲轴箱；9—油泵盖板

机油滤清的功能集成在机油模块上。曲轴箱通风采用旋风式结构，无额外的保养费用；机油滤芯采用无金属结构设计，在更换后能够完全焚烧，不会对环境造成污染，与传统的金属旋装滤芯相比，保养成本更低。

4.7
重汽 MC11 系列柴油发动机进排气系统

　　排气歧管（图 4-7-1）由耐高温的球墨铸铁制成，排气歧管之间采用多个金属密封环，能够有效密封；在中间的排气歧管上，装有径流式带放气阀的废气涡轮增压器（图 4-7-2），增压后的空气通过中冷器冷却后进入气缸。在涡轮增压器之后的排气弯管上装配了制动蝶阀，配合发动机提高制动性能。

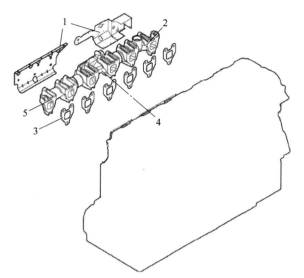

图 4-7-1　排气歧管

1—隔热罩；2—后排气歧管；3—排气管垫片；4—中排气歧管；5—前排气歧管

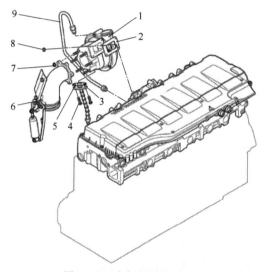

图 4-7-2　废气涡轮增压器

1—涡轮增压器；2—垫片；3—回油管；4—安装螺栓；5—垫片；6—排气歧管；7,8—安装螺母；9—进油管

4.8
重汽 MC11 系列柴油发动机燃油系统

　　燃油系统分为低压系统和高压系统两个部分（图 4-8-1）。燃油模块属于低压系统，能保证共轨系统所需的燃油质量。另外，低压系统还包含加热单元和火焰预热装置。

　　高压系统由可调节流量的高压油泵（喷油泵）、高压油管以及带轨压传感器的共轨管和限压阀等构成。在高压系统中，喷射压力的建立与燃油的喷射是分开进行的。喷射压力由高压油泵产生，与发动机的转速和所需的喷油量无关。喷油时间和喷油量在发动机电控单元 ECU 中进行计算，通过电磁阀控制喷油器执行。

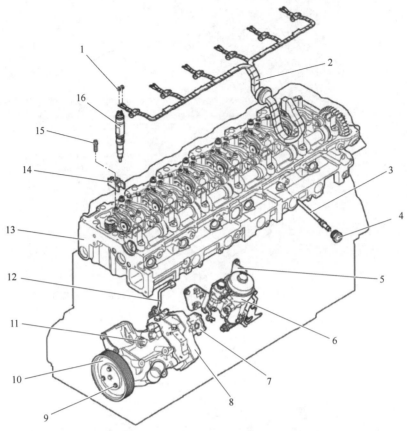

图 4-8-1　燃油系统

1—安装螺母；2—喷油器线束；3—共轨连接管；4—压力螺母；5—燃油模块支架；6—燃油模块；
7—输油泵；8—高压油泵；9,11—安装螺栓；10—高压油泵多楔带带轮；12—高压油管；
13—气缸盖；14—压紧法兰；15—压板螺栓；16—喷油器

4.9
重汽 MC11 系列柴油发动机电气系统

（1）发电机

发电机额定电压为 28V，带有晶体管调节器。发电机在汽车上与蓄电池并联工作，工作时发电机自励，发电机转速为发动机转速的四倍。

（2）起动机

启动电机为电磁控制，齿轮传动，以摩擦片式单向离合器传递转矩。起动机的额定功率为 5.5kW。

4.10
重汽 MC11 系列柴油发动机齿轮系

正时传动齿轮后置（图 4-10-1），降低了传动机构扭振附加负荷，有效降低了齿轮传动噪声。空压机中间齿轮使用剪刀式结构，可消除齿轮侧隙，减小齿轮啮合的重载敲击声，提高齿轮的耐久性。

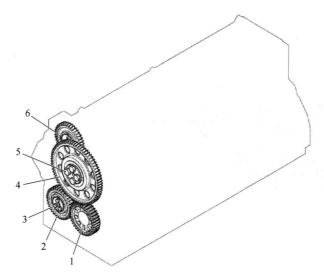

图 4-10-1　发动机后齿轮

1—曲轴后齿轮；2—空压机中间齿轮；3,5—安装螺栓；
4—后端中间齿轮总成；6—曲轴箱中间齿轮

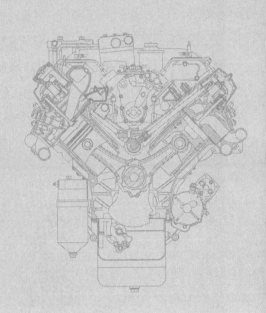

第5章

重汽MC13系列柴油发动机

5.1
重汽 MC13 系列柴油发动机技术数据

发动机技术参数见表 5-1-1～表 5-1-5。

表 5-1-1　MC13 系列国三排放发动机技术参数

机型	MC13.48-30	MC13.54-30
气缸数	6 个	
气缸排列方式	直列	
排放水平	国三/欧三	
额定转速	1900r/min	
最大转矩	2300N·m	2500N·m
全负荷最低燃油消耗率	≤190g/(kW·h)	
发动机净重	975kg	
缸径×行程	126mm×166mm	
进气方式	增压中冷	
燃料种类	柴油	
排量	12.419L	
最大输出功率	353kW	397kW
最大转矩转速	1050～1400r/min	1050～1350r/min
发动机形式	直列六缸、水冷、四冲程、高压共轨	
压缩比	19∶1	
每缸气门数	4 个	

表 5-1-2　MC13 系列国四排放发动机技术参数

机型	MC13.48-40	MC13.54-40
气缸数	6 个	
气缸排列方式	直列	
额定转速	1900r/min	
最大转矩	2300N·m	2500N·m
全负荷最低燃油消耗率	≤190g/(kW·h)	

机型	MC13.48-40	MC13.54-40
发动机净重	975kg	
缸径×行程	126mm×166mm	
进气方式	增压中冷	
燃料种类	柴油	
排量	12.419L	
最大输出功率	353kW	397kW
最大转矩转速	1050～1350r/min	
发动机形式	直列、水冷、四冲程	
压缩比	19∶1	
每缸气门数	4个	

表 5-1-3 MC13 系列国五排放发动机技术参数

机型	MC13.48-50	MC13.51-50	MC13.54-50
气缸数	6个		
气缸排列方式	直列		
额定转速	1900r/min		
最大转矩	2300N·m	—	2500N·m
全负荷最低燃油消耗率	≤186g/(kW·h)		
发动机净重	975kg		
缸径×行程	126mm×166mm		
进气方式	增压中冷		
燃料种类	柴油		
排量	12.419L		
最大输出功率	353kW	378kW	400kW
最大转矩转速	1050～1400r/min	—	1000～1400r/min
发动机形式	直列、水冷、四冲程		
压缩比	19∶1		
每缸气门数	4个		

表 5-1-4 MC13 系列国六排放发动机技术参数（一）

机型	MC13.48-60	MC13.50-60
气缸数	6个	
气缸排列方式	直列	
额定转速	1900r/min	
最大转矩	2300N·m	2400N·m
全负荷最低燃油消耗率	≤188g/(kW·h)	
发动机净重	990kg	
缸径×行程	126mm×166mm	
进气方式	增压中冷	
燃料种类	柴油	
排量	12.419L	
最大输出功率	353kW	368kW
最大转矩转速	1000～1400r/min	
发动机形式	直列六缸、水冷、四冲程、高压共轨	
压缩比	16.5∶1	
每缸气门数	4个	

表 5-1-5　MC13 系列国六发动机技术参数（二）

机型	MC13.50-61	MC13.54-61
发动机形式	直列六缸、水冷、四冲程、高压共轨	
进气方式	增压中冷	
气门数	4 个	
缸径×行程	126mm×166mm	
排量	12.419L	
压缩比	19∶1	
最大输出功率	368kW	397kW
额定转速	1800r/min	
最大转矩	2400N·m	2500N·m
最大转矩转速	1000～1400r/min	
怠速转速	550r/min	
全负荷最低燃油消耗率	≤185g/(kW·h)	
发动机净重	970kg	
排放水平	国六（DOC＋DPF＋SCR）	

5.2
重汽 MC13 系列柴油发动机结构特点

MC13 系列发动机采用模块化设计，拥有良好的节油性能和很高的可靠性，重量轻、油耗低，排放水平达到欧六标准。

（1）性能优越

MC13 系列发动机采取优先增大转矩而不是优先增大功率的理念，以最少的传动齿轮获取更好的燃料经济性。通过试验和实际的使用证明，在外特性的低油耗曲线更广，因此整车油耗更低。

（2）设计精巧

采用先进材料、工艺和 NVH（噪声、振动与声振粗糙度）优化设计，提高了发动机可靠性、动力性、经济性和舒适性。

（3）重量轻、零部件少

大量使用铝铸件，减轻了发动机重量；模块化的设计，减少了 25％的零件，大大降低了零部件的故障率，并且最大程度地减少了密封元件，提高了发动机的可靠性。

（4）可靠性高

为提高可靠性，将发动机密封面的数量降到最少，以降低渗漏的可能性。机油更换周期为 6 万公里，燃油滤清器更换周期为 2.5 万公里，冷却液更换周期为 4 年。

5.3
重汽 MC13 系列柴油发动机机体组

（1）曲轴箱

曲轴箱（图 5-3-1）采用蠕墨铸铁制造。采用了整体球形裙部结构设计，使曲轴箱有较强的刚度，可承受峰值爆压。曲轴箱前后两端底部的横梁结构，为油底壳提供了密封面。

主轴承盖采用胀断工艺制造，粗糙的胀断面能产生很高的横向支撑作用，实现精确的定位，有利于减小轴瓦的磨损，延长其使用寿命。

气缸套悬挂在缸孔顶部，为湿式缸套，水套通过安装于曲轴箱上的两个 O 形圈在气缸套下边缘进行密封。

机体上有七道主轴承座，宽度全部相同，止推垫片置于第六道主轴承座两侧。

（2）气缸盖

气缸盖（图 5-3-2）采用整体式顶置凸轮轴设计，由蠕墨铸铁制造，水道进行了优化设计。其上集成了进气歧管，减少了密封部位。采用四气门进排气系统，每缸四气门的设计使喷油分布更均匀，充气系数更高，减少了排放。气缸盖上进气道和排气道分布于两侧，按直喷式燃烧系统的要求，进气道产生一定旋流。气缸盖上铸有喷油器安装凸台，对改善喷油嘴的散热、提高喷油嘴的工作可靠性十分有利。冷却水横向流动模式，设计合理，冷却效果好。

图 5-3-1　曲轴箱

图 5-3-2　气缸盖

5.4
重汽 MC13 系列柴油发动机曲轴连杆组

（1）曲轴

曲轴是钢质模锻件，有七道主轴颈和八个平衡重。在平衡重圆周面上加工径向孔，用来最后对曲轴进行动平衡。在曲轴前端装有硅油减振器，整个结构具有较高的强度和刚度。

（2）连杆

胀断式连杆是在模具中精锻而成的，通过胀断加工形成的表面结构，可以使连杆盖与连杆体之间产生有齿啮合效果，配合更精确，质量更稳定，可承受峰值爆压，并能避免安装时出现混淆，实现很高的配合精度和横向稳定性（图 5-4-1）。连杆小头衬套的材料和结构升级，提升润滑性能，连杆小头孔优化型线，提升销孔配合性能。

（3）活塞

采用强制冷却的内置油冷通道活塞，能够有效控制活塞温度，由耐更高热负荷的新型材料制造，连杆小头为楔形结构，相应地提高了活塞强度。

活塞（图5-4-2）上有两道气环和一道组合油环。第一道气环是双面梯形桶面环，工作表面设计有减摩镀层，有利于磨合及抗拉毛，保证有较好的黏结强度和传热效果。第二道气环是镀铬锥面环。第三道环是撑簧合金铸铁油环，双刃表面镀路，有强刮油能力。

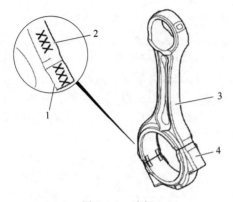

图5-4-1 连杆
1,2—配对编号；3—连杆体；4—连杆盖

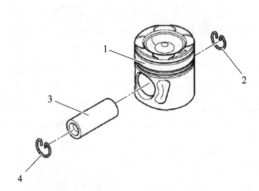

图5-4-2 活塞
1—活塞；2,4—弹簧挡圈；3—活塞销

国六发动机对活塞环高度和弹力进行了优化，兼顾漏气量和机油耗量，减小了对缸套的冲击，提高了可靠性。国六发动机活塞销外径及长度与国五发动机的不同，优化了与销孔的配合间隙。国六发动机机油喷嘴喷射角度改为垂直方向，保证最大进油效率，加强了活塞冷却，提高了可靠性。国六发动机对活塞进行了升级，能承受更高爆压，具有更长使用寿命。

5.5
重汽 MC13 系列柴油发动机冷却系统

MC13系列发动机采用由节温器调节的强制循环冷却系统（图5-5-1），通过多楔带驱动冷却水泵。节温器（图5-5-2）可更换，含有石蜡热敏膨胀材料。所有车辆发动机都使用电控硅油风扇，风扇由曲轴前端齿轮驱动（免维护），为环形塑料风扇。

膨胀水箱能消除冷却系统低压部分蒸汽，不致产生气阻现象；同时可以补充冷却水。

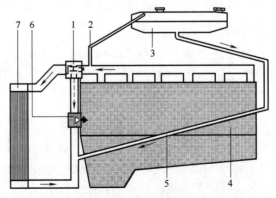

图5-5-1 冷却系统
1—节温器；2—放气管；3—膨胀水箱；4—发动机；
5—冷却水的补充管路；6—水泵；7—散热器

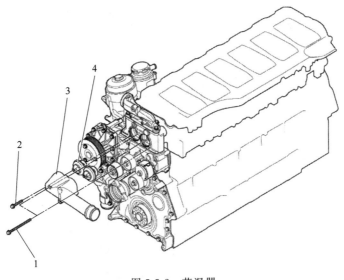

图 5-5-2　节温器

1,2—固定螺栓；3—节温器弯管；4—节温器

5.6
重汽 MC13 系列柴油发动机润滑系统

　　润滑系统如图 5-6-1～图 5-6-3 所示，由机油泵提供压力润滑。曲轴箱通风、机油冷却、机油滤清的功能集成在机油模块上。曲轴箱通风采用旋风式结构，无额外的保养费用；机油

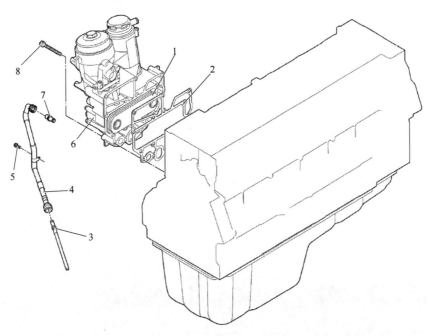

图 5-6-1　润滑系统（一）

1—机油冷却器；2—衬垫；3,7—旋入装置；4—通气管；5,8—安装螺栓；6—机油模块

滤芯采用无金属结构设计，在更换后能够完全焚烧，不会对环境造成污染，与传统的金属旋装滤芯相比，保养成本更低。

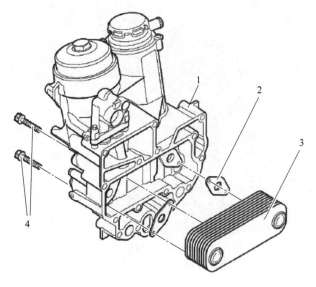

图 5-6-2　润滑系统（二）
1—机油模块；2—衬垫；3—机油冷却器；4—螺栓

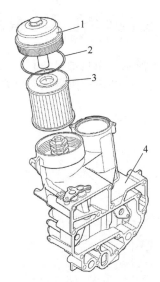

图 5-6-3　润滑系统（三）
1—机油滤清器盖板；2—O形圈；3—机油滤芯；4—机油模块

5.7
重汽MC13系列柴油发动机进排气系统

　　排气歧管由耐高温的球墨铸铁制成，排气歧管之间采用多个金属密封环，能够有效密封；在中间的排气歧管上，装有径流式带放气阀的废气涡轮增压器，增压后的空气通过中冷器冷却后进入气缸。在涡轮增压器之后的排气管上装配了制动蝶阀，配合发动机提高制动性能。

5.8
重汽 MC13 系列柴油发动机燃油系统

燃油系统分为低压系统和高压系统两个部分（图 5-8-1～图 5-8-3）。燃油模块属于低压系统。燃油模块能保证共轨系统所需的燃油质量。另外，低压系统还包含加热单元和火焰预热装置。

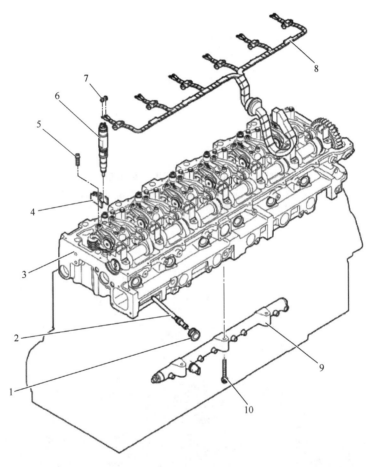

图 5-8-1　喷油器和共轨组件
1—压紧螺母；2—共轨连接管；3—气缸盖；4—压紧法兰；5—压板螺栓；
6—喷油器；7—安装螺母；8—喷油器线束；9—共轨组件；10—安装螺栓

高压系统由可调节流量的高压油泵、高压油管以及带轨压传感器的共轨管和限压阀等构成。

在高压系统中，喷射压力的建立与燃油的喷射是分开进行的。喷射压力由高压油泵产生，与发动机的转速和所需的喷油量无关。喷油时间和喷油量在发动机电控单元 ECU 中进行计算，通过电磁阀控制喷油器执行。

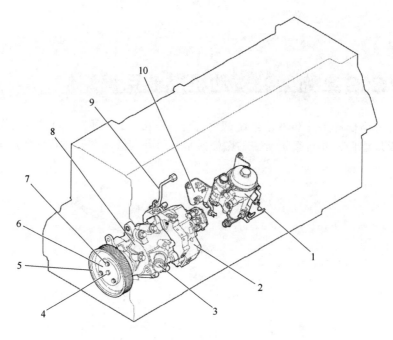

图 5-8-2　高压油泵和高压油泵驱动装置

1—燃油模块；2—高压油泵；3—加油口；4,7—安装螺栓；5—高压油泵多楔带带轮；
6—垫片；8—高压油泵驱动装置；9—高压油管；10—支架

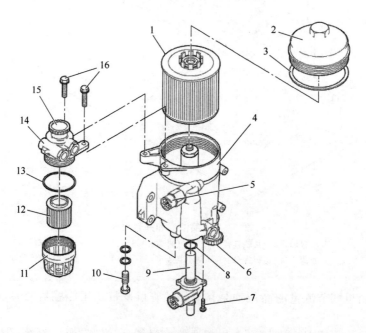

图 5-8-3　燃油模块

1—滤芯；2—盖；3,8,13—密封圈；4,14—壳；5—压力传感器；6—放水塞；7,16—安装螺栓；
9—加热元件；10—空心螺栓；11—滤杯；12—滤网；15—手油泵手柄

5.9
重汽 MC13 系列柴油发动机电气系统

（1）发电机

发电机额定电压为 28V，带有晶体管调节器。发电机在汽车上与蓄电池并联工作，工作时发电机自励，发电机转速为发动机转速的四倍。

（2）起动机

起动机为电磁控制，齿轮传动，以摩擦片式单向离合器传递转矩。起动机的额定功率为 5.5kW。

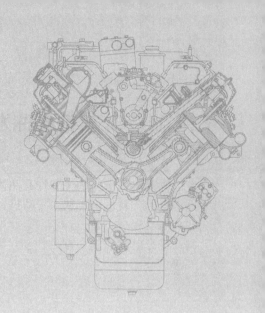

第**6**章

重汽D10系列柴油发动机

6.1 重汽 D10 系列柴油发动机技术数据

（1）发动机技术参数（表 6-1-1～表 6-1-3）

表 6-1-1　D10 系列国三排放发动机技术参数

机型	D10.27-31	D10.29-31	D10.30-31	D10.34-31	D10.38-30
气缸数			6 个		
气缸排列方式			直列		
排放水平			国三/欧三		
额定转速			1900r/min		
最大转矩	1190N·m	1290N·m	1390N·m	1490N·m	1590N·m
全负荷最低燃油消耗率			≤192g/kW·h		
发动机净重			850kg		
缸径×行程			126mm×130mm		
进气方式			增压中冷		
燃料种类			柴油		
排量			9.726L		
最大输出功率	198kW	213kW	221kW	250kW	279kW
最大转矩转速			1200～1500r/min		
发动机形式			直列六缸、水冷、四冲程、高压共轨		
压缩比			17.5∶1		
每缸气门数			2 个		

表 6-1-2　D10 系列国四排放发动机技术参数

机型	D10.27-40	D10.29-40	D10.30-40	D10.34-40	D10.38-40
气缸数			6 个		
气缸排列方式			直列		
额定转速		1900r/min			2000r/min
最大转矩	1190N·m	1290N·m	1340N·m	1490N·m	1560N·m

机型	D10.27-40	D10.29-40	D10.30-40	D10.34-40	D10.38-40
全负荷最低燃油消耗率	≤189g/(kW·h)	≤189g/(kW·h)	≤189g/(kW·h)	≤189g/(kW·h)	≤185g/(kW·h)
发动机净重	850kg			890kg	
缸径×行程	126mm×130mm				
进气方式	增压中冷				
燃料种类	柴油				
排量	9.726L				
最大输出功率	198kW	213kW	221kW	249kW	276kW
最大转矩转速	1200～1500r/min				
发动机形式	直列六缸、水冷、四冲程、高压共轨				
压缩比	17∶1				
每缸气门数	2个				

表 6-1-3　D10 系列国五排放发动机技术参数

机型	D10.27-50	D10.28-50	D10.30-50	D10.34-50	D10.38-50
气缸数	6个				
气缸排列方式	直列				
额定转速	1900r/min			2000r/min	
最大转矩	1190N·m	1190N·m	1340N·m	1490N·m	1560N·m
全负荷最低燃油消耗率	≤189g/(kW·h)			≤185g/(kW·h)	
发动机净重	850kg				
缸径×行程	126mm×130mm				
进气方式	增压中冷				
燃料种类	柴油				
排量	9.726L				
最大输出功率	198kW	206kW	221kW	249kW	276kW
最大转矩转速	1200～1500r/min				
发动机形式	直列六缸、水冷、四冲程、高压共轨				
压缩比	17∶1	17.5∶1	17∶1	17∶1	17∶1
每缸气门数	2个				

（2）配合数据与拧紧力矩（表6-1-4、表6-1-5）

表 6-1-4　D10 系列发动机主要零部件配合数据　　　　　　　　　　　　　　　mm

项目	数值	项目	数值
气缸套凸出气缸体上平面值	0.05～0.10	凸轮轴与止推垫片轴向间隙	0.1～0.4
主轴承与曲轴间隙	0.095～0.171	齿轮侧隙	0.15～0.33
曲轴与止推垫片轴向间隙	0.102～0.305	气门杆与气门导管间隙	
连杆轴承与曲轴间隙	0.059～0.135	进气门	0.020～0.048
连杆大头端面与曲轴轴向间隙	0.15～0.35	排气门	0.025～0.053
连杆小头衬套与活塞销间隙	0.040～0.061	气门底面在气缸盖上的凹入值	
活塞销与活塞销座间隙	0.005～0.018	进气门	0.75～1.15
冷态活塞环开口工作间隙		排气门	1.08～1.48
第一环	0.35～0.55	摇臂衬套与摇臂轴间隙	0.012～0.066
第二环	0.40～0.60	气门间隙	
第三环	0.20～0.40	进气门	0.3
凸轮轴与衬套间隙	0.04～0.12	排气门	0.4

表 6-1-5　D10 系列发动机主要螺栓、螺母拧紧力矩和拧紧角度

项目	螺纹规格/mm	拧紧力矩＋拧紧角度	允许使用次数
主轴承螺栓	M18	(250＋25)N·m(按拧紧顺序要求,润滑油润滑)	
连杆螺栓	M14×1.5	120N·m＋(90°＋5°)(润滑油润滑,同时达到 170～250N·m)	1
气缸盖主螺栓	M16	200N·m＋2×(90°＋5°)(润滑油润滑,同时达到 300～400N·m)	3
气缸盖副螺母	M12	100N·m＋2×(90°＋5°)(润滑油润滑,同时达到 130～170N·m)	2
摇臂座螺栓	M12	(100＋10)N·m	
喷油泵齿轮紧固螺母	M24×1.5	350N·m(乐泰胶 242 防松)	
张紧轮紧固螺栓	M12	110N·m	
自动张紧轮紧固螺栓	M10	(50±5)N·m	
角度调节板拉紧螺栓	M12	130～165N·m	
联轴器弹性连接片螺栓	M10	58.8～63.7N·m	

6.2
重汽 D10 系列柴油发动机结构特点

D10 系列发动机是高性能柴油发动机，适用于重型商用车辆。该发动机采用了先进的技术和设计理念，具有高效、可靠、环保等特点。

① D10 系列发动机具有较高的动力输出和转矩储备，能够满足重型商用车辆在长时间运行中的高负荷需求，保证了车辆的行驶稳定性和安全性。同时，该发动机采用了先进的燃油喷射技术和低排放控制系统，使其排放大幅减少，符合环保要求。

② D10 系列发动机具有可靠性和耐用性较高的特点，经过严格的测试和验证，能够在各种恶劣的道路和气候条件下稳定运行。同时，该发动机采用了先进的润滑和冷却系统，能够有效延长其使用寿命，减少故障率和维修成本。

③ D10 系列发动机具有较高的经济性，能够有效降低商用车辆的运营成本。同时，该发动机还具有较好的适应性和灵活性，能够满足不同用户的需求。

6.3
重汽 D10 系列柴油发动机机体组

（1）曲轴箱

曲轴箱由高强度灰铸铁制造，采用依曲轴中心线水平分开的框架式结构（图 6-3-1）。整个机体刚度高，有利于提高整机的可靠性及延长使用寿命。

机体上有七道主轴承座，宽度全部相同，止推垫片置于第二道主轴承座两侧。

（2）气缸盖

采用四气门进排气系统，每缸四气门的设计使喷油分布更均匀，充气系数更高，减少了排放。气缸盖上进气道和排气道分布于两侧，按直喷式燃烧系统的要求，进气道产生一定旋流。气缸盖上采用镶入喷油器衬套结构，对改善喷油器的散热，提高喷油器的工作可靠性十分有利。冷却水流入气缸盖后，全部通过鼻梁区的水腔，然后流经喷油器衬套进入出水管。

图 6-3-1　曲轴箱

1—止推垫片；2—六角头螺栓；3—主轴承螺栓；4—气缸套；5—气缸盖双头螺柱；6—后油封；7—喷油泵托架

6.4
重汽 D10 系列柴油发动机曲轴连杆组

曲轴连杆组如图 6-4-1 所示。

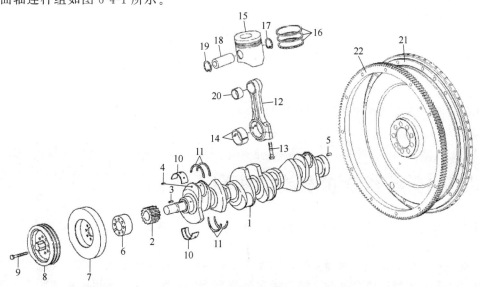

图 6-4-1　曲轴连杆组

1—曲轴；2—曲轴齿轮；3—平键；4,5—圆柱销；6—法兰；7—减振器；8—带轮；9—六角头螺栓；
10—主轴瓦；11—止推垫片；12—连杆；13—连杆螺栓；14—连杆瓦；15—活塞；16—活塞环；
17,19—挡圈；18—活塞销；20—衬套；21—飞轮；22—飞轮齿圈

（1）曲轴

曲轴为钢质模锻件。

（2）连杆

连杆采用模锻件，大头斜切角为45°，采用锯齿形定位，由两个连杆螺栓连接，连杆螺栓拧紧时必须按转角法的规范要求。

连杆轴承的上瓦和下瓦材料不同，上瓦能承受更高负荷，装配时必须注意不能装错。主轴承的上瓦有油槽，下瓦无油槽。七道主轴承宽度相同，可通用。

（3）活塞

采用强制冷却的内置油冷通道活塞，由耐高热负荷的新型材料制造，连杆小头为楔形结构，相应地提高了活塞强度。活塞上有两道气环和一道组合油环。第一道气环是双面梯形桶面环，工作表面镀铬基陶瓷镀层，有利于磨合及抗拉毛和减摩。第二道气环是表面磷化多元合金锥面环。第三道环是撑簧合金铸铁油环，环高4mm，双刃表面镀铬，具有强刮油能力。

6.5
重汽 D10 系列柴油发动机冷却系统

（1）水泵

水泵安装在发动机前端，水泵蜗壳与正时齿轮室上方铸成一体，蜗壳出水直接进入机体右侧水室。

（2）节温器

节温器根据冷却水温度的高低调节进入散热器的水量，改变水的循环路径，以调节冷却系统的散热能力，保证发动机在合适的温度范围内工作。

为保证发动机的正常工作，节温器必须保持良好的工作状态，必须定期检查节温器，对于卡滞或关闭不严的节温器，应拆下清洗或修复，否则会严重影响发动机的正常工作。

（3）膨胀水箱

膨胀水箱的作用是消除冷却系统低压部分蒸汽，不致产生气阻现象，补充冷却水。膨胀水箱的位置必须高于发动机及散热器。

冷却系统中的各种水箱盖，应保持完好无损，切勿敞开。

（4）风扇

风扇有刚性传动和硅油离合器传动两种形式。

6.6
重汽 D10 系列柴油发动机润滑系统

润滑系统的功能是减摩、冷却和防锈，机油应根据规定选用。多级机油更有利于冷启动，应优先选用。

发动机启动时，由于机油温度低，黏度大，短时间内机油压力会偏高，随着水温升高，机油温度上升，机油压力会逐渐下降。当水温在80~95℃时，额定工况的机油压力为350~550kPa。机油的循环如图6-6-1所示。

为防止机油冷却器堵塞或冬季启动时油温低、黏度大，机油冷却器阻力高等情况造成发动机缺油损坏，在油路中设置了机油冷却器安全阀，该阀的开启压力为（600±36）kPa。

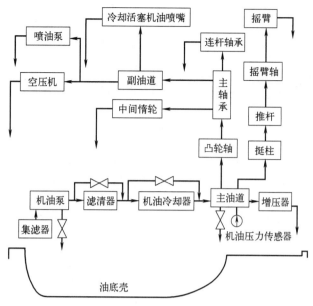

图 6-6-1　润滑系统机油循环框图

主油道限压阀位于曲轴箱右下部，其开启压力为（500＋50）kPa。机油滤清器采用旋装式滤芯，在更换时只需拧下旧滤芯并旋装新滤芯。机油泵采用齿轮泵，除全轮驱动公路车辆上使用双级泵外，其他车型采用单级泵。

6.7
重汽 D10 系列柴油发动机进排气系统

进气管采用铸铝制造，安装在高压油管一侧。排气管采用球墨铸铁制造，分为前排气歧管和后排气歧管。两歧管互相套接并装有钢片密封环，能够有效密封。后排气歧管带夹层双出气口，使前三缸和后三缸分别向增压器提供废气，不会产生干扰。

（1）空气滤清器

采用双级空气滤清器，第一级为旋流除尘器，第二级为纸滤芯及安全滤芯。空气滤清器最大阻力应小于 5kPa，当保养指示灯亮时要及时保养或更换，否则会影响发动机的功率和使用寿命。

在选配和安装空气滤清器及连接管路时，还应高度注意其密封性和可靠性。否则会由于滤清失效而导致发动机早期磨损，进而使发动机在没有达规定的使用寿命时，即出现机油消耗量大量增加、曲轴箱窜气、发动机功率下降、冒黑烟等不正常现象，严重时还会产生活塞环折断、拉缸等故障。

（2）增压及中冷系统

增压器为径流式带有放气阀的废气涡轮增压器，能够有效改善中低速性能，减少排放。润滑冷却增压器的机油从发动机主油道后端引出，直接回油到曲轴箱下部。增压器以极高的转速工作，因此发动机启动后应适当怠速空转（约 5min，短暂停机可适当缩短）后才能加载，在高速、大负荷运转时不得立即停机，应逐渐降低负荷和转速，并空转 3～5min，否则会造成增压器轴承损坏并失效。增压器装配时应在进油口加注清洁机油。

中冷器为空-空冷却形式，中冷器的阻力应小于 15kPa（额定工况时）。

注意，应保证增压管路系统及零件的密封性和中冷器的散热性能。

6.8
重汽 D10 系列柴油发动机燃油系统

采用了日本电装公司的电控高压共轨喷油系统，最高共轨压力可达 180MPa。可实现每循环五次喷油，并可随转速、负荷、水温、增压压力等灵活准确地调整喷油量、喷油次数、共轨压力和提前角，使发动机的排放、噪声、动力性、经济性、平稳性、低温启动性和车辆的操纵性能达到最佳匹配。供油系统燃油循环如图 6-8-1 所示。

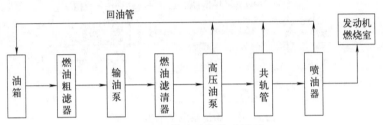

图 6-8-1　供油系统燃油循环

6.9
重汽 D10 系列柴油发动机电气系统

（1）发电机

发电机额定电压为 28V，带有晶体管调节器。发电机在汽车上与蓄电池并联工作，工作时发电机自励。

（2）起动机

起动机为电磁控制，齿轮传动。

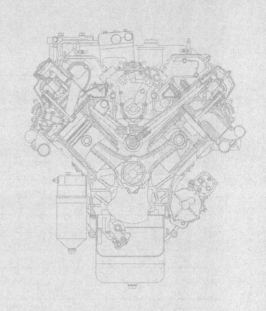

第**7**章

重汽D12系列
柴油发动机

7.1

重汽 D12 系列柴油发动机技术数据

（1）发动机技术参数（表 7-1-1～表 7-1-3）

表 7-1-1　D12 系列国三排放发动机技术参数

机型	D12.34-30	D12.38-30	D12.42-30	D12.46-30
气缸数	6 个			
气缸排列方式	直列			
排放水平	国三/欧三			
额定转速	2000r/min			
最大转矩	1470N·m	1650N·m	1820N·m	2000N·m
全负荷最低燃油消耗率	≤189g/(kW·h)			
发动机净重	1100kg			
缸径×行程	126mm×155mm			
进气方式	增压中冷			
燃料种类	柴油			
排量	11.596L			
最大输出功率	249kW	279kW	309kW	339kW
最大转矩转速	1100～1500r/min			
发动机形式	水冷、四冲程、直喷、高压共轨、四气门			
压缩比	17:1			
每缸气门数	4 个			

表 7-1-2　D12 系列国四排放发动机技术参数

机型	D12.34-40	D12.38-40	D12.42-40	D12.46-40
气缸数	6 个			
气缸排列方式	直列			
额定转速	2000r/min			
最大转矩	1470N·m	1650N·m	1820N·m	2000N·m
全负荷最低燃油消耗率	≤190g/(kW·h)			

机型	D12.34-40	D12.38-40	D12.42-40	D12.46-40
发动机净重	1100kg			
缸径×行程	126mm×155mm			
进气方式	增压中冷			
燃料种类	柴油			
排量	11.596L			
最大输出功率	249kW	279kW	309kW	339kW
最大转矩转速	1100～1500r/min	1100～1400r/min	1100～1500r/min	
发动机形式	直列、水冷、四冲程			
压缩比	17∶1			
每缸气门数	4个			

表 7-1-3　D12 系列国五排放发动机技术参数

机型	D12.32-50	D12.34-50	D12.38-50	D12.40-50	D12.42-50	D12.44-50	D12.46-50
气缸数	6个						
气缸排列方式	直列						
额定转速	2000r/min						
最大转矩	1470N·m	1650N·m	1780N·m	1820N·m	1950N·m	2000N·m	
全负荷最低 燃油消耗率	≤190g/(kW·h)			≤189g/(kW·h)	≤190g/(kW·h)	≤189g/(kW·h)	≤190g/(kW·h)
发动机净重	1100kg						
缸径×行程	126mm×155mm						
进气方式	增压中冷						
燃料种类	柴油						
排量	11.596L						
最大输出功率	235kW	249kW	279kW	294kW	309kW	323kW	339kW
最大转矩转速	1100～1400r/min			1100～1500r/min		1100～1400r/min	
发动机形式	直列、水冷、四冲程						
压缩比	17∶1						
每缸气门数	4个						

（2）配合数据与拧紧力矩（表 7-1-4、表 7-1-5）

表 7-1-4　D12 系列发动机主要零部件配合数据　　　　　　　　mm

项目	数值	项目	数值
气缸套与气缸体间隙	−0.020～0.023	凸轮轴与止推垫片轴向间隙	0.1～0.4
气缸套凸出气缸体上平面值	0.05～0.10	挺柱与挺柱孔间隙	0.025～0.089
主轴承与曲轴间隙	0.074～0.148	齿轮侧隙	0.15～0.33
曲轴与止推垫片轴向间隙	0.116～0.297	喷油器凸出气缸盖底面值	1.3～1.8
连杆轴承与曲轴间隙	0.049～0.123	气门杆与气门导管间隙	
连杆大头端面与曲轴轴向间隙	0.15～0.35	进气门	0.025～0.054
连杆小头衬套与活塞销间隙	0.040～0.061	排气门	0.043～0.072
活塞销与活塞销座间隙	0.009～0.021	气门底面在气缸盖上的凹入值	
冷态活塞环开口工作间隙		进气门	−0.18～0.22
第一环	0.35～0.60	排气门	−0.20～0.20
第二环	0.40～0.60	摇臂衬套与摇臂轴间隙	0.012～0.066
第三环	0.35～0.55	气门间隙	
活塞与气缸套配缸间隙	0.121～0.164	进气门	0.4±0.03
凸轮轴与衬套间隙	0.04～0.12	排气门	0.5±0.03

表 7-1-5　D12 系列发动机主要螺栓、螺母拧紧力矩和拧紧角度

项目	螺纹规格/mm	拧紧力矩＋拧紧角度
主轴承螺栓	M18	140N·m＋(120°±5°)＋(90°±5°)，润滑油润滑
曲轴箱外围螺栓	M8	20～30N·m
连杆螺栓	M14×1.5	120N·m＋(90°±5°)，润滑油润滑
气缸盖主螺栓	M14	60N·m＋(2×120°±5°)，润滑油润滑
气缸盖辅助螺栓	M12×1.5	20～30N·m
气缸盖副螺母	M12	25N·m＋(2×120°±5°)，润滑油润滑
曲轴带轮压紧螺栓	M12×1.5	45N·m＋(135°±5°)
减振器螺栓	M10	25～35N·m
飞轮螺栓	M16×1.5	105N·m＋(270°±5°)，润滑油润滑
飞轮壳与飞轮壳过渡板螺栓	M12	(40＋20)N·m＋(120°±5°)，润滑油润滑
凸轮轴齿轮螺栓	M8	32N·m
中间齿轮轴螺栓	M12	105N·m
气门间隙调整螺母	M10	50～60N·m
喷油器压板压紧螺母	M8	27N·m(允差范围 26～29N·m)
喷油器回油管螺栓	M8	14.2N·m(允差范围 10.8～17.6N·m)
共轨管螺栓	M8	23N·m(允差范围 18～28N·m)
排气管螺栓	M10	50N·m＋(90°±5°)，涂胶
摇臂座螺栓	M10	(74±5)N·m
摇臂罩上罩紧固螺栓	M8	23～26N·m
摇臂罩下罩紧固螺栓	M8	15～20N·m
空压机齿轮压紧螺母	M20×1.5	250～290N·m
空压机紧固螺栓	M10	40N·m
喷油泵齿轮压紧螺母	M20×1.5	180～195N·m
喷油泵安装螺栓	M10	55～65N·m
喷油泵与法兰安装螺栓	M10	55～65N·m
水泵安装螺栓	M10	40N·m
张紧轮紧固螺栓	M10	(45±5)N·m
风扇带轮螺栓	M8	25～35N·m

7.2
重汽 D12 系列柴油发动机结构特点

① D12 系列发动机结构紧凑、刚性好、工作可靠、使用寿命长、性能优良、经济性好。

② D12 系列发动机采用一缸一盖、框架式结构、干式气缸套，气缸中心距、气缸直径相同。

③ D12 系列发动机采用每缸四气门结构，具有换气损失小、充量系数高的特点，同时喷油器中置提高了燃油雾化质量。

④ D12 系列发动机采用后置齿轮传动设计（飞轮端），齿轮噪声较低。

7.3
重汽 D12 系列柴油发动机机体组

（1）曲轴箱

曲轴箱采用球墨铸铁制造，依曲轴中心线水平分为两部分（图 7-3-1）。整个机体刚度高，有利于提高整机的可靠性、延长使用寿命及降低振动和噪声。

机体上有七道主轴承座，宽度全部相同，止推垫片置于第六道主轴承座两侧。

机体采用薄壁干式缸套结构。气缸套与机体缸孔间为过渡配合。气缸套内表面为特制的网纹，对加快磨合和提高耐磨性能均有良好的效果。

（2）气缸盖

D12 系列发动机专用气缸盖由含 NiCr 珠光体合金铸铁制成，一缸一盖，采用四气门进排气系统，每缸四气门的设计使喷油分布更均匀，充气系数更高，减少了排放。气缸盖上进排气道分布于两侧。

气缸盖上采用钢制喷油器衬套结构，对改善喷油器散热、提高喷油器的工作可靠性十分有利。冷却水流入缸盖后，全部通过鼻梁区的水腔，然后流经喷油器衬套进入机体内的出水腔。由于冷却水道布置合理，冷却效果好。

每个气缸盖上有四个 M14 的气缸盖主螺栓及两个 M12 的与邻缸共用的双头螺柱，双头螺柱副螺母通过具有 V 形压紧面的夹紧块压紧。气缸盖主螺栓及副螺母均采用转角法拧紧。

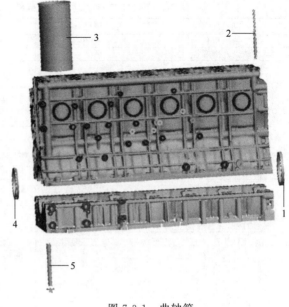

图 7-3-1　曲轴箱
1—后油封；2—气缸盖双头螺柱；3—气缸套；
4—前油封；5—主轴承螺栓

7.4
重汽 D12 系列柴油发动机曲轴连杆组

如图 7-4-1 所示。

（1）曲轴

D12 系列发动机曲轴为钢质模锻件，材料为 42CrMo。曲轴有 12 块平衡重，曲轴经软氮化处理，具有较好的疲劳强度和耐磨性。

曲轴前端有一个曲轴前齿轮，装配时曲轴前齿轮应先按规定加热到 190℃后用专用工具压入曲轴。

（2）曲轴减振器

采用硅油减振器，性能可靠，效果好，扭振振幅应控制在 0.2°以内。

（3）飞轮

采用 SAE1 飞轮，飞轮齿圈齿数为 136 齿。

（4）连杆

采用模锻件，连杆杆身加粗，能承受高爆压。连杆大头斜切角为 45°，采用锯齿形定位，由两个连杆螺栓连接，连杆螺栓拧紧时必须按转角法规范要求。

连杆螺栓只允许使用一次，不允许超限使用，否则可能会发生螺栓断裂进而使机器毁坏。

连杆轴承采用钢背不等厚轴瓦，上瓦与下瓦材料不同，上瓦能承受更高的爆压，装配时注意不能装错。

（5）活塞

采用强制冷却的内置油冷通道活塞，活塞顶部为浅 ω 形燃烧室。

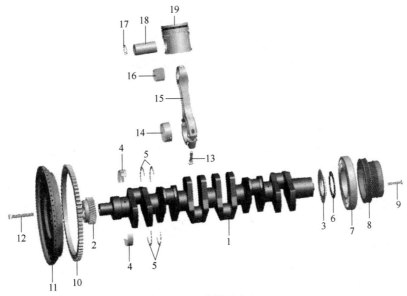

图 7-4-1　曲轴连杆组

1—曲轴；2—曲轴后齿轮；3—曲轴前齿轮；4—主轴瓦；5—止推垫片；6—垫环；7—减振器；8—曲轴带轮；
9—螺栓；10—飞轮齿圈；11—飞轮；12—飞轮螺栓；13—连杆螺栓；14—连杆瓦；15—连杆；
16—连杆衬套；17—活塞销挡圈；18—活塞销；19—活塞及活塞环

7.5
重汽 D12 系列柴油发动机冷却系统

　　D12 系列发动机采用由节温器调节的强制循环冷却系统，通过多楔带驱动冷却水泵。在节温器壳上，有连接暖风管路的接口。冷却系统主要零部件如图 7-5-1 所示。

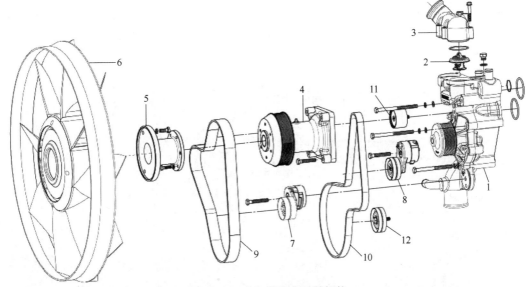

图 7-5-1　冷却系统主要零部件

1—水泵；2—节温器；3—节温器壳；4—风扇托架总成；5—风扇法兰；6—风扇；
7,8—自动张紧轮总成；9,10—多楔带；11,12—惰轮

7.6
重汽 D12 系列柴油发动机润滑系统

（1）油底壳

采用冲压而成的大容量油底壳，其与曲轴的接合面有较深的翻边，刚度大，配以凹形油底壳弹性密封垫，经 12 个油底壳托块和 M8 螺栓压紧，接合面密封性好，不会出现渗漏现象。全系列油底壳基本相同。

（2）机油冷却器

采用板式机油冷却器，有效提高了机油冷却效果。机油冷却器经过振动试验考核，充分保证了使用的安全可靠，为了防止机油冷却器堵塞或冷启动时油温低、黏度大，机油冷却器阻力高等情况造成发动机缺油损坏，油路中设置了机油冷却器安全阀（旁通阀），该阀的开启压力为（600±50）kPa。

（3）主油道限压阀

其位于机油泵上，开启压力为（500±50）kPa。装机前已校正好，用户不可自行更改设定值。

（4）机油泵

采用齿轮式机油泵，流量为 170L/min。

（5）机油滤清器

采用立式双滤芯机油滤清器，避免因重力及振动造成的接合面渗漏。

7.7
重汽 D12 系列柴油发动机进排气系统

进排气系统如图 7-7-1 所示。

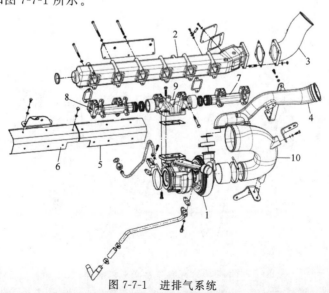

图 7-7-1　进排气系统

1—增压器；2—进气管；3—进气接管；4—增压器连接弯管；5,6—前后隔热罩；

7,8—前后排气歧管；9—中排气歧管；10—增压器进气管

7.8
重汽 D12 系列柴油发动机燃油系统

燃油系统如图 7-8-1 所示。燃油滤清器采用过滤精度更高的双级结构，粗滤器自带油水分离装置，进一步净化了燃油、改善了燃烧情况并提高了发动机性能。使用标准燃油，建议燃油粗滤器滤芯更换周期为 2 万公里，燃油精滤器滤芯更换周期为 3 万公里。喷油泵采用法兰安装方式，喷油泵的润滑油由机体侧面一个油孔引出，回油经齿轮室回到油底壳。喷油器的喷油压力为 25～160MPa。更换喷油器总成时，应将新喷油器 QR 代码写入 ECU，此操作必须由专业维修人员执行。发动机出厂时，共轨喷油系统已完成调整，用户不得更改。

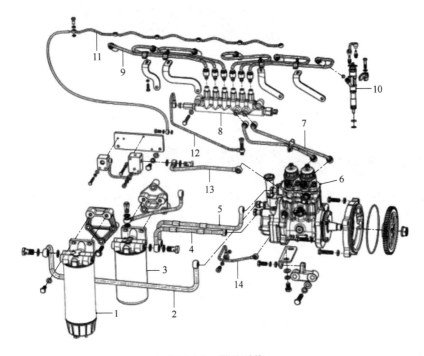

图 7-8-1　燃油系统

1—燃油粗滤器；2—粗滤油管；3—燃油精滤器；4,5—燃油管；6—喷油泵；7,9—高压油管；
8—共轨组件；10—喷油器总成；11～13—回油管；14—喷油泵机油进油管

电控高压共轨喷油系统主要部件包括喷油泵、共轨组件、喷油器总成、电控单元 ECU以及各种传感器，最高共轨压力可达 160MPa。可实现每循环五次喷油，并可随转速、负荷、水温、增压压力等灵活准确地调整喷油量、喷油次数、共轨压力和提前角，使发动机的排放、噪声、动力性、经济性、平稳性、低温启动性和车辆的操纵性能达到最佳匹配。

7.9
重汽 D12 系列柴油发动机电气系统

电气系统包括 ECU、传感器、发电机、起动机等（图 7-9-1）。

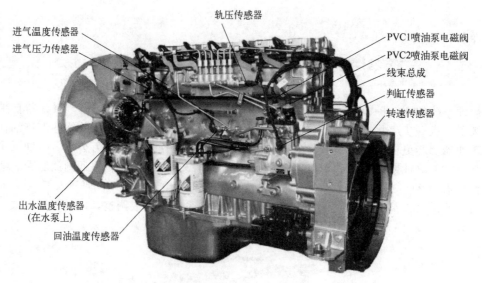

进气温度传感器
进气压力传感器
轨压传感器
PVC1喷油泵电磁阀
PVC2喷油泵电磁阀
线束总成
判缸传感器
转速传感器
出水温度传感器
（在水泵上）
回油温度传感器

图 7-9-1　电气系统

7.10
重汽 D12 系列柴油发动机齿轮系

D12 系列发动机齿轮系由九个齿轮组成（图 7-10-1）。在安装时凸轮轴齿轮上的小孔对准飞轮壳过渡板上的小孔（第 1 缸活塞必须处于压缩上止点位置，即飞轮刻度为 0°），同时中间大齿轮上有标记的齿与曲轴后齿轮上有标记的齿需正确配对，且中间大齿轮轮毂上刻线与凸轮轴齿轮上刻线对好。

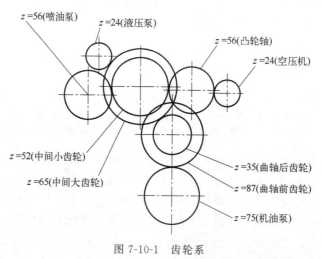

$z=56$(喷油泵)　　$z=24$(液压泵)　　$z=56$(凸轮轴)　　$z=24$(空压机)
$z=52$(中间小齿轮)　　$z=35$(曲轴后齿轮)
$z=65$(中间大齿轮)　　$z=87$(曲轴前齿轮)
$z=75$(机油泵)

图 7-10-1　齿轮系

第**8**章

重汽WD615系列柴油发动机

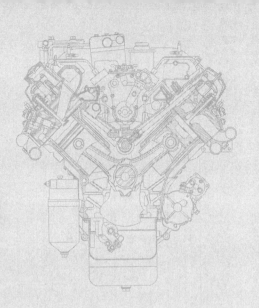

8.1
重汽 WD615 系列柴油发动机技术数据

（1）发动机技术参数（表 8-1-1、表 8-1-2）

表 8-1-1　WD615 系列国二排放发动机技术参数

机型	WD615.47	WD615.57	WD615.62	WD615.69	WD615.87
气缸数	6 个				
气缸排列方式	直列				
额定转速	2200r/min	2100r/min	2200r/min		
最大转矩	1500N·m	1650N·m	1100N·m	1350N·m	1160N·m
全负荷最低燃油消耗率	≤193g/(kW·h)	≤191g/(kW·h)	≤193g/(kW·h)		
发动机净重	850kg				
缸径×行程	126mm×130mm				
进气方式	增压中冷				
燃料种类	柴油				
排量	9.726L				
最大输出功率	273kW	302kW	196kW	247kW	213kW
最大转矩转速	1100~1600r/min				
发动机形式	直列六缸、水冷、四冲程、直喷式				
压缩比	17∶1				
每缸气门数	2 个				

表 8-1-2 WD615 系列国三排放发动机技术参数

机型	WD615.327	WD615.329	WD615.334	WD615.338	WD615.340	WD615.92	WD615.93	WD615.95	WD615.96	WD615.99
发动机形式	直列,水冷,四冲程,直喷,电控共轨									
进气方式	增压中冷									
缸数	6个									
缸径×行程	126mm×130mm									
发动机总排量	9.726L									
额定功率/转速	198kW/2200r/min	213kW/2200r/min	247kW/2200r/min	276kW/2200r/min	294kW/2200r/min	196kW/2200r/min	213kW/2200r/min	247kW/2200r/min	276kW/2200r/min	302kW/2200r/min
最大转矩/转速	1150N·m/1100~1600r/min	1160N·m/1100~1600r/min	1350N·m/1100~1600r/min	1500N·m/1100~1600r/min	1600N·m/1100~1600r/min	1100N·m/1100~1600r/min	1160N·m/1100~1600r/min	1350N·m/1100~1600r/min	1500N·m/1100~1600r/min	1700N·m/1100~1600r/min
总功率特性最低燃油消耗率	188g/(kW·h)									
转矩储备率	33.8%	25.5%	25.9%	25.2%	25.4%	29.3%	25.5%	25.9%	25.2%	29.7%
压缩比	17.5									
发火顺序	1-5-3-6-2-4									
机油燃油消耗比	≤0.1%									
最高空载转速	(2420±50)r/min									
急速稳定转速	(600±50)r/min									
噪声	≤97dB(A)									
前/后纵倾度 长期	10°/10°									
前/后纵倾度 短期	20°/20°									
非公路车机型前/后纵倾度	30°/30°									
排气管侧/油泵侧横倾度 长期	30°/15°									
排气管侧/油泵侧横倾度 短期	30°/30°									
发动机净重	900kg									
外形尺寸	1525mm×773mm×1041mm									
排放水平	国三/欧三									

（2）配合数据与拧紧力矩（表 8-1-3、表 8-1-4）

表 8-1-3　WD615 系列发动机主要零部件配合数据　　　　　　　　　　mm

项目	数值	项目	数值
气缸套与气缸体间隙	−0.02～0.023	凸轮轴与止推垫片轴向间隙	0.1～0.4
气缸套凸出气缸体上平面值	0.05～0.10	挺柱与挺柱孔间隙	0.025～0.089
主轴承与曲轴间隙	0.060～0.136	齿轮侧隙	0.15～0.33
曲轴与止推垫片轴向间隙	0.102～0.305	气门杆与气门导管间隙 　进气门 　排气门	 0.03～0.06 0.05～0.08
连杆轴承与曲轴间隙	0.049～0.126		
连杆大头端面与曲轴轴向间隙	0.15～0.35		
连杆小头衬套与活塞销间隙	0.040～0.061	气门底面在气缸盖上的凹入值 　进气门 　排气门	 1.00～1.40 0.75～1.15
活塞销与活塞销座间隙	0.005～0.018		
冷态活塞环开口工作间隙 　第一环 　第二环 　第三环	 0.35～0.55 0.40～0.60 0.20～0.40	摇臂与摇臂轴间隙	0.012～0.066
活塞与气缸套配缸间隙	0.121～0.164	气门间隙 　进气门 　排气门	 0.3 0.4
凸轮轴与衬套间隙	0.04～0.12		

表 8-1-4　WD615 系列发动机主要螺栓、螺母拧紧力矩

项目	螺纹规格/mm	拧紧力矩＋拧紧角度
主轴承螺栓	M18	(250＋30)N·m(按拧紧顺序要求),润滑油润滑
连杆螺栓	M14×1.5	120N·m＋(90°±5°),润滑油润滑
气缸盖主螺栓	M16	200N·m＋2×90°,润滑油润滑
气缸盖副螺母	M12	100N·m＋2×90°,润滑油润滑
飞轮螺栓	M14×1.5	(60＋20)N·m＋2×(90°±5),润滑油润滑
飞轮壳螺栓	M12	(40＋20)N·m＋(120°±5°),润滑油润滑
机油泵惰轮轴螺栓	M10	(60＋5)N·m,乐泰胶 242 防松
凸轮轴齿轮螺栓	M8	32N·m,乐泰胶 242 防松
中间齿轮紧固螺栓	M10	(60±5)N·m＋90°,乐泰胶 242 防松
曲轴带轮压紧螺栓	M10	(60＋10)N·m
喷油器压板压紧螺栓	M8	26～29N·m
高压油管压紧螺母	M14×1.5	39.2～49N·m
排气管螺栓	M10	(50～70)N·m＋(90°±5°),乐泰防咬胶
摇臂座螺栓	M12	(100＋10)N·m
空压机齿轮压紧螺母	M18×1.5	200N·m,乐泰胶 242 防松
喷油泵齿轮紧固螺母	M24×1.5	350N·m,乐泰胶 271 防松
张紧轮紧固螺栓	M16	195N·m
喷油泵传动轴轴承盖板紧固螺栓	M8	25N·m
喷油泵传动轴轴承夹紧螺母	M35×1.5	150N·m,乐泰胶 271 防松
角度调节板拉紧螺栓	M14×1.5	210^{+20}_{-30}N·m,乐泰胶 242 防松
联轴器弹性连接片连接螺栓	M12	130N·m,乐泰胶 242 防松

8.2
重汽 WD615 系列柴油发动机结构特点

WD615 系列发动机为直列六缸、水冷、直喷式车用高强化柴油发动机，其主要特点如下。

① 高可靠性。
② 动力性好，转矩储备大。
③ 经济性好，燃油消耗和机油消耗少。
④ 低排放、低噪声。
⑤ 低温启动性好。
⑥ 结构合理、操作维修方便。
⑦ 制造工艺先进。

8.3
重汽 WD615 系列柴油发动机机体组

（1）曲轴箱

曲轴箱依曲轴中心线水平分为上下两部分。机体上有七道主轴承座，宽度全部相同，止推垫片置于第二道主轴承座两侧。机体采用干式缸套结构。气缸套与缸孔间为过渡配合。气缸套内表面为特制的平台网纹，对加快磨合和提高耐磨性能均有良好的效果。

（2）气缸盖

气缸盖采用含 NiCr 珠光体合金铸铁制成，一缸一盖，气缸盖上布置一个进气门和一个排气门，进气道和排气道分布于两侧。按直喷式燃烧系统要求，进气道产生一定旋流。气缸盖上采用镶入喷油器衬套结构，对改善喷油器的散热、提高喷油器的工作可靠性十分有利。冷却水流入气缸盖后，全部通过气缸鼻梁区的水腔，然后流经喷油器衬套进入出水管。由于冷却水道布置合理，冷却效果好，经受冷热冲击试验，仍能保证安全可靠。气缸盖总高125mm，在进气门和排气门鼻梁外铣出深 2.5mm 的凹弧形坑，对防止该区热裂起着有益的作用。

8.4
重汽 WD615 系列柴油发动机曲轴连杆组

（1）曲轴

曲轴为钢质模锻件，根据不同强化要求选用两种材料，额定功率在 220kW 以下的机型采用优质 45 钢，额定功率等于或大于 220kW 的机型采用 42CrMo 钢。曲轴的主轴颈为 $\phi 100mm$，连杆轴颈为 $\phi 82mm$，各轴颈的宽度均为 46mm。曲轴经软氮化处理，有较好的疲劳强度和耐磨性。

曲轴前端法兰外圆为曲轴油封的密封面，法兰的八个 M10 螺孔用于连接减振器、带轮。装配时，法兰必须加热到 290℃ 后装入曲轴。

（2）曲轴减振器

采用外径为 280mm 的硅油减振器，性能可靠，效果好，扭振振幅控制在 0.2°以内。

（3）活塞

活塞采用铸造铝合金制造，连杆小头为楔形结构，相应提高了活塞强度。220kW 及以上机型采用内置油冷通道活塞，其余采用不带油冷通道活塞。第一道环槽采用铸铁镶圈，要求与活塞本体有较好的黏结强度和传热效果。活塞上有两道气环和一道组合油环，第一道气环是铸铁镶圈环槽内的内止口梯形桶面环，工作表面镀铬，有利于磨合、抗拉毛和减摩。第二道气环是镀铬锥面环，环高 3mm。第三道环是撑簧铸铁油环，环高 4mm，双刃表面镀铬。活塞销孔直径为 50mm，活塞裙部采用了复杂的型线，保证了活塞与气缸套有良好的接触，在裙部表面喷涂厚 0.02mm 的石墨层，起较好的减摩作用。

活塞顶部有一个浅 ω 形燃烧室。活塞装入气缸体后的压缩余隙为 1mm。活塞采用机油喷嘴冷却，使之达到额定功率也不至于过热。

（4）连杆

连杆采用模锻制造，连杆长 219mm，大头宽 46mm，小头为楔形结构，最薄处尺寸约为 29mm。连杆大头斜切角为 45°，采用锯齿形定位，由两个连杆螺栓连接。连杆螺栓拧紧时必须按转角法规范要求。连杆螺栓性能等级为 12.9 级，材料是 42CrMo。连杆螺栓只允许使用一次，不允许超限使用，否则可能会发生断裂进而使机器毁坏。连杆小头衬套由钢背铜铅合金卷制而成，厚度为 2.5mm，其润滑油槽是 T 形的，有较大的承压面。装机时同组连杆质量差规定在 29g 以内。

（5）连杆轴承

连杆轴承采用钢背不等厚轴瓦。连杆轴承上瓦采用特种结构的"沟槽瓦"，具有更高的承载能力及抗疲劳性能。

（6）主轴承

主轴承采用新镀层材料的钢背等厚轴瓦，能承受更高爆压。七道主轴承宽度相同，可通用。

（7）止推垫片

止推垫片采用钢背低锡铝合金材料，硬度为 35～45HV。

8.5
重汽 WD615 系列柴油发动机冷却系统

WD615 系列发动机水泵安装在发动机前端，水泵蜗壳在正时齿轮室上方，与其铸成一体，蜗壳出水直接进入机体右侧水室，冷却水横掠过机油冷却器，从机体右下部通道流入缸孔水夹层，再经上水孔进入气缸盖水腔，冷却气缸盖后由出水口排入出水管。出水管终端有节温器，节温器有两个出口，一路通往水箱，另一路通向水泵进口（小循环）。

硅油风扇通过双金属感温元件实现由温度控制风扇工作状态，不仅有节能的效果，更重要的是使发动机有良好的热状态，对发动机的正常运行和使用寿命都有明显的作用。拆卸硅油风扇时必须注意，拆下的风扇切不可平卧放置，否则硅油会从传感器轴配合间隙中漏出，从而使风扇失效。

为保证发动机的正常工作，节温器必须保持良好的技术状态，必须定期检查节温器，有卡滞或关闭不严的情况应拆下清洗或修复，否则会严重影响发动机的正常工作。一般建议使用一年后及时更换节温器芯，更换时，只需打开 EGR 出水连接弯管，即可取出节温器芯（图 8-5-1）。安装节温器芯时，应注意安装的方向性，保证通气孔的朝向正确，同时还应保持端正、密封良好。

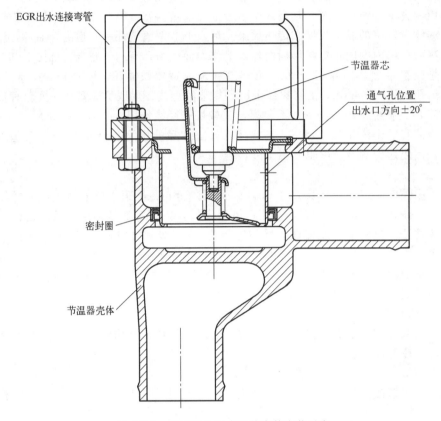

图 8-5-1　节温器及出水连接弯管安装示意

8.6

重汽 WD615 系列柴油发动机润滑系统

（1）机油冷却器

经过振动试验考核，充分保证其使用安全可靠。为了防止机油冷却器堵塞或冬季启动时油温低、黏度大，机油冷却器阻力高等情况造成发动机缺油损坏，油路中设置了机油冷却器安全阀（旁通阀），该阀的开启压力为（600±36）kPa。

（2）主油道限压阀

位于曲轴箱右下部，主油道限压阀通过调整垫片来保证其开启压力为（500±50）kPa。装机前已校正好，用户不可自行更改设定值。

（3）机油滤清器

采用两个并联旋装式滤芯，在更换时，只需拧下旧滤芯并旋装新滤芯，方便、可靠。

（4）机油泵

采用齿轮泵，除全轮驱动公路车辆上使用双级泵外，其他车型采用单级泵。

8.7

重汽 WD615 系列柴油发动机进排气系统

（1）空气滤清器

采用双级纸质空气滤清器，第一级为旋流除尘器，第二级为纸滤芯及安全滤芯。空气滤清器最大阻力应小于 5kPa，当保养指示灯亮时要及时保养或更换，否则会影响发动机功率和使用寿命。

在选配和安装空气滤清器及连接管路时，还应高度注意其密封性和可靠性。否则会由于滤清失效，导致发动机早期磨损，进而使发动机在没有达到规定的使用寿命时，即出现机油耗量大量增加、曲轴箱窜气、发动机功率下降、冒黑烟等不正常现象，严重时还会产生活塞环折断、拉缸等故障。

滤芯要按规定及时保养，从空气滤清器中拆下滤芯后，轻拍其端面使灰尘落下，也可将滤芯横卧在干净水泥地上滚动使灰尘落下，切勿用力摔打，如有条件再用压缩空气反吹（由内向外）则更好。注意，保养时不要污染滤芯内部，滤芯有破损时必须更换。

（2）增压器

采用径流式废气涡轮增压器，润滑冷却增压器的机油从发动机主油道后端引出，直接回油到曲轴箱下部。

增压器以极高的转速工作，因此发动机启动后应适当空转（约 5min，短暂停机可适当缩短）后才能加载。在高速、大负荷运转时，不得立即停机，应逐渐降低负荷和转速，并空转 3～5min，否则会造成增压器轴承损坏并失效。增压器装配时应在进油口加注清洁机油。

（3）增压中冷器

采用管带式空-空冷却方式，中冷器进口位于底部，上部为出口。注意，应保证增压管路系统及零件的密封性和中冷器的散热性能。

（4）低温启动装置

采用进气火焰预热装置，能满足 −25～−30℃ 环境温度下的启动要求。不加进气火焰预热装置，能满足 −5～−10℃ 环境温度下的启动要求。

注意，必须使用相应要求的低温机油。

（5）EGR 装置

EGR（废气再循环）控制是将排气管中一部分废气经过 EGR 热交换器冷却后引入进气管的新鲜混合气中，使气缸内的氧浓度和最高燃烧温度降低，控制发动机有害气体的生成，从而达到减少排放的目的。该装置能根据发动机的工况，通过 ECU 控制 EGR 阀的开启，控制废气再循环，可实现 EGR 率的精确控制。

8.8

重汽 WD615 系列柴油发动机燃油系统

选用电控供油速率喷油泵，通过 ECU 控制其预行程，采用全程式调速器。喷油泵上装有冒烟限制器，以改善低速时废气涡轮的转速低，压气机出口压力低，进气减少使燃烧恶化，而增大烟度的情况。增压补偿器通过空气管感应进气管中压力情况，相应地限制供油量，使发动机在低速时烟度不致过大。

发动机供油提前角调整：按燃油系统配套表中提前角值，把飞轮上刻线与飞轮壳上的标记对准，使喷油泵上的指针与连接法兰上的刻线对准，然后拧紧角度调节板拉紧螺栓（图8-8-1）。

图 8-8-1　发动机供油提前角调整

8.9
重汽 WD615 系列柴油发动机电气系统

电气系统包括 ECU、传感器、发电机、起动机等。ECU 与传感器、电磁阀连接示意如图 8-9-1 所示。

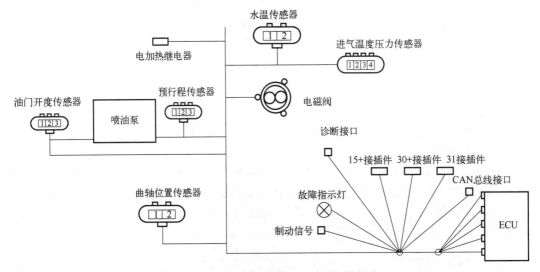

图 8-9-1　ECU 与传感器、电磁阀连接示意

8.10
重汽 WD615 系列柴油发动机齿轮系

WD615 系列国三排放发动机中传动齿轮系由八个齿轮组成。在安装时仅凸轮轴齿轮上

的一处标记在正时齿轮室上两刻痕之间（第 1 缸活塞处于上止点位置即飞轮刻度为 0°）即可。

喷油泵齿轮和正时中间齿轮的传动结构分别如图 8-10-1 和图 8-10-2 所示。

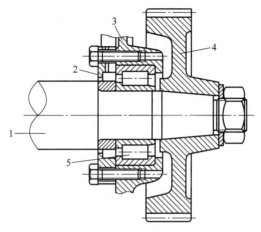

图 8-10-1　喷油泵齿轮传动结构

1—喷油泵传动轴；2—轴承盖；3—正时齿轮室；4—喷油泵传动齿轮；5—滚柱轴承

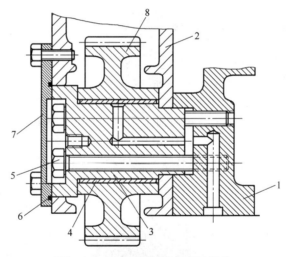

图 8-10-2　正时中间齿轮传动结构

1—气缸体；2—正时齿轮室；3—中间齿轮轴；4—衬套；5—六角头螺栓；6—O 形圈；7—盖板；8—正时中间齿轮

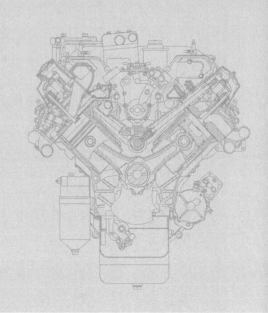

第9章

重汽国五后处理系统

9.1

重汽国五后处理系统工作原理

重汽国五后处理系统采用选择性催化还原（SCR）装置，该系统可靠性好，成本低，且完全符合国五/欧五排放标准，具备车载诊断（OBD）功能。

SCR系统工作原理是将还原剂喷入排气管，排气中的氮氧化物在催化剂的作用下与还原剂反应被还原成氮气和水。SCR系统目前采用的还原剂是尿素。SCR系统用的标准化尿素水溶液（符合DIN 70070）称为添蓝（Adblue）。

如图9-1-1所示，重汽国五后处理系统采用的是压缩空气辅助SCR系统。DCU（后处

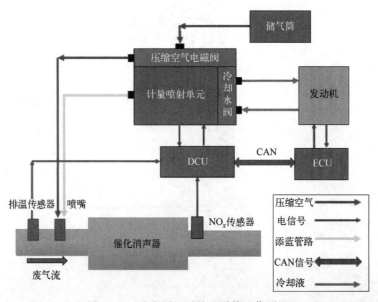

图 9-1-1　重汽国五后处理系统工作原理

理控制单元）通过 CAN 总线与发动机 ECU 通信，获得发动机的运行参数，再加上排温（排气温度）传感器的信号，计算出尿素水溶液喷射量，然后控制计量喷射单元喷射适量的尿素水溶液到排气管中。压缩空气主要起雾化作用，使尿素水溶液经喷嘴后尽可能完全雾化。

尿素在排气管混合区遇高温分解成氨气（NH_3），与排气充分混合后进入催化消声器。在催化消声器里，NH_3 和 NO_x 反应生成氮气和水，排入大气。

由于尿素水溶液在 $-11℃$ 以下会结晶，因此行驶在寒区的车辆需要加热装置解冻。需要加热的部分分别是尿素箱、尿素管和尿素泵，其中尿素管采用电加热，尿素箱及尿素泵采用发动机冷却液加热。加热系统为选配。

9.2
重汽国五后处理系统结构组成

空气辅助 SCR 系统构成见表 9-2-1。

表 9-2-1　空气辅助 SCR 系统构成

	尿素泵箱集成式系统		尿素泵箱集成式系统
加热式系统	DCU	非加热式系统	DCU
	尿素喷嘴		尿素喷嘴
	排温传感器		排温传感器
	NO_x（氮氧）传感器		NO_x（氮氧）传感器
	SCR 线束（加热）		SCR 线束（非加热）
	尿素箱		尿素箱
	电加热压力管		压力管
	冷却液橡胶管（2 根）		—
	$\phi 8mm \times 1mm$ 和 $\phi 6mm \times 1mm$ 空气管（各 1 根）		$\phi 8mm \times 1mm$ 和 $\phi 6mm \times 1mm$ 空气管（各 1 根）
	国五消声器		国五消声器

9.2.1　尿素泵箱集成式系统

（1）尿素泵箱集成式系统简介

尿素泵箱集成式系统（简称尿素泵箱）的作用主要是将尿素水溶液按照需求量输送到尿素喷嘴，然后喷入排气管。其外形尺寸为 $610mm \times 158mm \times 192mm$，质量约为 4.5kg。

尿素泵箱集成式系统分为加热式和非加热式两种，其外形分别如图 9-2-1 和图 9-2-2 所示。加热式系统和非加热式系统从外观上可以清晰辨认，加热式系统带有螺旋式冷却水通道。

（2）工作介质

压缩空气：SCR 系统在正常工作条件下需要干净且干燥的压缩空气，压力为 $5.6 \sim 8.5bar$[❶]，空气消耗量为 25L/min。

尿素水溶液：符合 DIN 70070 标准，需经过 $75\mu m$ 滤芯过滤，喷射能力为 $0 \sim 8L/h$。SCR 系统需要温度介于 $5 \sim 50℃$ 之间的尿素水溶液，当环境温度低于 $-5℃$ 时，带有加热系统的尿素泵箱集成式系统自动启动加热功能。

（3）外部接口

尿素泵箱集成式系统的接口定义如图 9-2-3 所示，其接口功能说明见表 9-2-2。

---

❶　$1bar = 0.1MPa$。

图 9-2-1 加热系统

图 9-2-2 非加热系统

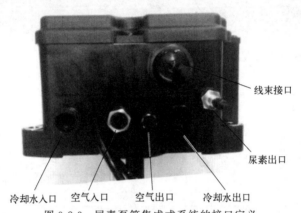

线束接口

尿素出口

冷却水入口　空气入口　空气出口　冷却水出口

图 9-2-3 尿素泵箱集成式系统的接口定义

表 9-2-2 接口功能说明

接口	功能说明	接口	功能说明
线束接口	SCR 后处理线束	冷却水入口	发动机取水口
尿素出口	喷嘴-尿素管接口	空气出口	喷嘴-空气管接口
冷却水出口	发动机回水口	空气入口	辅助用气储气筒

（4）内部元件构成

表 9-2-3 给出了加热式和非加热式系统的内部元件构成。可以看出，加热式和非加热式系统大部分元件相同，加热式系统比非加热式系统多了冷却水阀和加热继电器。

表 9-2-3 加热式和非加热式系统内部元件构成

加热式	非加热式
计量阀	计量阀
混合腔尿素压力传感器	混合腔尿素压力传感器
蓄压腔尿素压力传感器	蓄压腔尿素压力传感器
尿素泵	尿素泵
回吹阀	回吹阀
泄压阀	泄压阀
稳压阀	稳压阀
尿素滤芯	尿素滤芯
泵壳体组件	泵壳体组件
尿素液位温度传感器(加热)	尿素液位温度传感器(非加热)
泵内线束(加热)	泵内线束(非加热)
加热继电器	
冷却水阀	

图 9-2-4 所示为加热式系统内部结构。

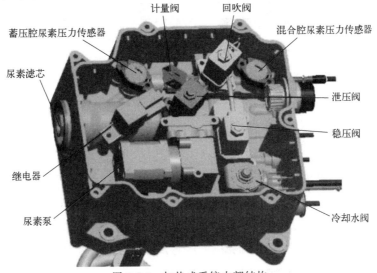

图 9-2-4　加热式系统内部结构

（5）尿素液位温度传感器参数

加热式和非加热式尿素液位温度传感器的外观分别如图 9-2-5 和图 9-2-6 所示。

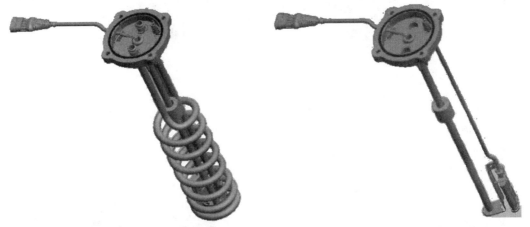

图 9-2-5　加热式尿素液位温度传感器　　图 9-2-6　非加热式尿素液位温度传感器

液面高度对应的尿素液位传感器电阻值见表 9-2-4。尿素温度传感器是一个负温度系数电阻传感器，温度对应的电阻值见表 9-2-5。

表 9-2-4　液面高度对应的尿素液位传感器电阻值

液面高度/mm	电阻值/Ω	液面高度/mm	电阻值/Ω
＞446	150	236	449
446	170	215	540
425	190	194	640
404	212	173	790
383	236	152	1010
362	266	131	1370
341	281	110	2050
320	296	89	3550
299	326	68	7870
278	359	47	131870
257	410		

表 9-2-5　温度对应的尿素温度传感器电阻值

温度/℃	电阻值/kΩ	温度/℃	电阻值/kΩ
−40	109.6	20	4.121
−35	79.17	25	3.300
−30	57.82	30	2.660
−25	42.67	35	2.156
−20	31.80	40	1.759
−15	23.93	45	1.443
−10	18.16	50	1.190
−5	13.91	55	0.9963
0	10.74	60	0.8217
5	8.362	65	0.6879
10	6.558	70	0.5785
15	5.181		

（6）安装要求

① 要给空气管、加热管及尿素管和尿素滤芯预留足够的拆装空间（图 9-2-7）。

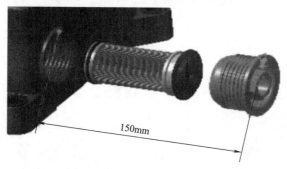

图 9-2-7　尿素滤芯拆装空间

② 外轮廓以外 100mm 范围内不能布置妨碍拆装的部件（图 9-2-8）。

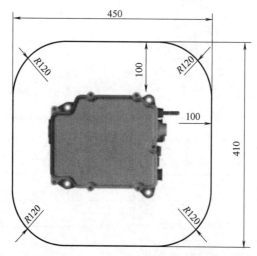

图 9-2-8　外轮廓以外 100mm 范围内不能布置妨碍拆装的部件

③ 为便于泵及传感器的拆装，上方需留有拆装空间（图 9-2-9）。最小预留空间 $H_{min}=355mm-127mm=228mm$；将泵及传感器总成全部拆出，需预留空间 $H=655mm-127mm=528mm$。

图 9-2-9　上方需留有拆装空间

9.2.2　DCU

SCR 系统由一个独立的控制单元（DCU）控制。DCU 的外形尺寸为 176mm×176mm×

52mm，工作环境温度为 −40~85℃，防护等
级为 IP67。DCU 的主要功能是采集各传感器
的信号，并根据 CAN 总线上的发动机工况信
息和各传感器信号，控制尿素水溶液的喷射时
刻和喷射量，控制策略的合理与否直接影响到
NO_x 转化率的高低与氨气泄漏的水平。DCU
还可以对整个系统进行实时诊断，对系统出现
的不同状态做出及时反应，实现车载诊断功
能。其外观如图 9-2-10 所示。

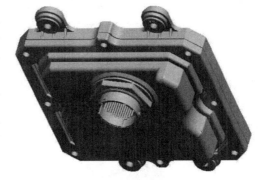

图 9-2-10　DCU 外观

（1）安装要求

① 散热要求：由于 DCU 在正常工作过程
中会产生一定的热量，必须进行合理的布置，
通过传导、对流以及辐射等方式将热量散发出去，以保证 DCU 的工作温度处于合理的范
围内。

a. DCU 安装位置应通风良好，而且 DCU 附近有一定的空间（建议有 100mm 以上的距
离），以利于散热。

b. 严禁 DCU 被隔热材料包裹，或布置在密闭空间内。

c. DCU 一定要避免布置在排气管与增压器等高热源直接辐射范围内。

d. 严禁 DCU 的外壳被灰尘、泥土等覆盖。

② 振动要求：由于发动机自身的运转特性、变速箱振动以及车身颠簸等因素，导致
DCU 会受到各种频率振动的影响，因此在布置 DCU 时应注意以下事项。

a. DCU 通过四个固定螺栓固定在尿素箱支架上。

b. DCU 的安装位置应远离振动源，如发动机、起动机以及气泵等。

c. DCU 线束在接入 DCU 前应捆扎和固定牢靠，避免将振动传递到 DCU 上。

③ 外部环境要求：DCU 的安装位置应尽量高且干燥，其他注意事项如下。

a. DCU 满足车载使用要求，抗振、耐油、防水。

　　b. 应避免 DCU 接触油、水以及腐蚀性液体，特别是 DCU 接插件要注意防护，避免被油、水浸泡。

　　c. 应避免油、水等液体留在 DCU 表面，特别是要避免在线束接插件表面的附着与残留。

　　d. DCU 的安装位置应远离地面以及车轮等容易溅水、溅泥、溅石与出现水雾等的地方。

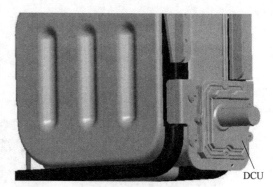

图 9-2-11　DCU 的安装方向

　　e. 便于安装和维修。

　　(2) 安装方向

　　竖直安装（图 9-2-11），以避免油、水等在 DCU 表面滞留。

9.2.3　尿素喷嘴

　　尿素喷嘴是一个不锈钢喷射器，安装在排气管上，质量约为 160g，作用是将计量喷射单元送来的尿素水溶液和压缩空气同时喷入排气管中，并使喷出的尿素水溶液均匀雾化。

　　尿素喷嘴包括内喷孔和外喷孔，内喷孔为尿素喷孔，外喷孔为空气喷孔，内喷孔和外喷孔同轴，这样在喷出尿素水溶液前，尿素水溶液与压缩空气无混合过程，从中心喷孔喷出的尿素水溶液被从圆周喷孔喷出的压缩空气吹散、雾化，以达到比单独高压喷射尿素水溶液更好的雾化效果。

　　喷嘴垂直于排气管轴线安装在排气管顶部，安装时将喷嘴插入并焊接在排气管或消声器上的安装座内，使喷嘴上的定位销钉落入安装座上的缺口内，旋紧螺母即可，如图 9-2-12 所示。

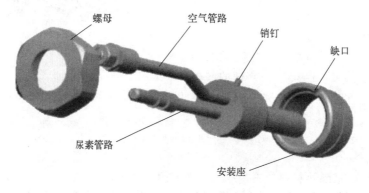

图 9-2-12　尿素喷嘴的安装

　　为保证尿素水溶液尽可能雾化完全并与排气均匀混合，喷嘴到催化消声器入口的排气管长度要求大于 4.5 倍管径。为防止变径和拐弯造成的涡流和低速气流区造成排气管内尿素结晶，喷嘴必须安装在排气直管段，要求喷嘴上游直管长度大于 1.5 倍管径，下游直管长度大于 2 倍管径。若无法满足大于 4.5 倍管径要求，则必须满足喷嘴距离催化消声器入口的距离大于 200mm（图 9-2-13）。应避免在排气管上 315°～45° 的范围内安装尿素喷嘴。推荐在 45°～85° 之间以及 275°～315° 之间的范围内安装尿素喷嘴（图 9-2-14）。

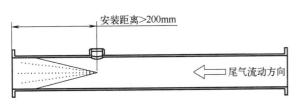

图 9-2-13　喷嘴安装位置

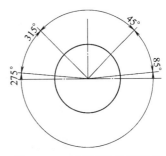

图 9-2-14　喷嘴安装角度要求

9.2.4　排气温度传感器

排气温度传感器简称排温传感器，用于测量流经排气系统的废气温度（图 9-2-15）。排温传感器是一个正温度系数电阻传感器，通过输出与废气温度成比例的电压信号，向后处理控制单元（DCU）提供输入信号。该比例电压信号通过电阻温度探测器（RTD）产生，RTD的特性随环境温度而变化（表 9-2-6）。

根据喷嘴距离催化消声器的距离，排温传感器的布置方式有如下两种。

① 若喷嘴安装距离无法满足大于 4.5D（D为排气管外径）要求时，排温传感器最好布置在喷嘴的上游，距离喷嘴约 30mm 处（图 9-2-16）。

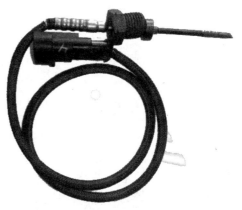

图 9-2-15　排气温度传感器外观

表 9-2-6　排温传感器温度与阻值对应关系

温度/℃	电阻值/Ω	温度/℃	电阻值/Ω
0	201.50	300	420.68
50	239.49	400	489.06
100	276.90	500	555.10
150	313.72	600	618.80
200	349.96	700	680.16
250	385.61		

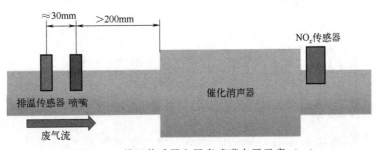

图 9-2-16　排温传感器和尿素喷嘴布置示意（一）

② 若喷嘴安装距离可以满足大于 4.5D 要求时，则排温传感器布置在喷嘴的下游，距离催化消声器入口约 30mm 处（此位置可调整，距离催化消声器的载体越近，越能真实地反映载体的实际温度，对于标定催化剂的转化效率越准确），但是一定要使喷嘴与排温传感器的距离大于 200mm，避免尿素水溶液直接喷到排温传感器上，使排温传感器失效（图 9-2-17）。

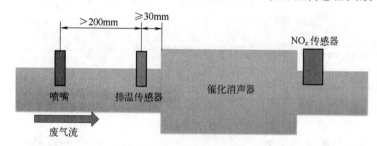

图 9-2-17　排温传感器和尿素喷嘴布置示意（二）

注意，不要在传感器的任何部位喷漆与涂抹其他物质；不要对传感器任何部件进行机械清洗和化学清洗；传感器电缆应避免直接接触排气管，防止线束损坏。

9.2.5　NO$_x$ 传感器

NO$_x$（氮氧）传感器用于测量选择性催化还原反应后 NO$_x$ 的浓度，其信号用于尿素水溶液喷射的闭环控制和 OBD 功能。NO$_x$ 传感器由感应单元和控制单元两部分组成，其间的电缆长度为 908mm（图 9-2-18）。感应单元安装在催化消声器上的安装孔内，拧紧力矩为（50±10）N·m。控制单元安装在附近的支架上，通过 CAN 通信与 DCU 联系。

调整催化消声器的轴向安装角度，尽量使 NO$_x$ 传感器安装孔位于较高的位置，不能使 NO$_x$ 传感器位于催化消声器的最低位置，因为排气中的水蒸气冷凝形成的液态水大量溅到传感器上，或者积液浸泡传感器，都会造成传感器的损坏（图 9-2-19）。

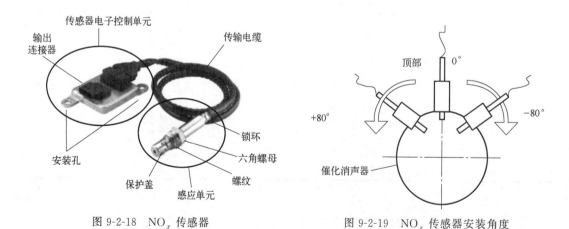

图 9-2-18　NO$_x$ 传感器　　　　　图 9-2-19　NO$_x$ 传感器安装角度

NO$_x$ 传感器的最后一个固定点到感应单元之间的电缆要留出安全弯，此部分留长的电缆是为了补偿车辆行走时催化消声器的振动，以免拉断电缆（图 9-2-20）。

9.2.6　SCR 线束

SCR 线束提供 SCR 装置与电源、传感器、计量喷射单元、CAN 总线的连接，保证 SCR 系统在正常环境下稳定工作（图 9-2-21）。

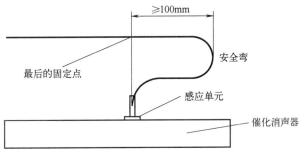

图 9-2-20　NO$_x$ 传感器电缆留长示意

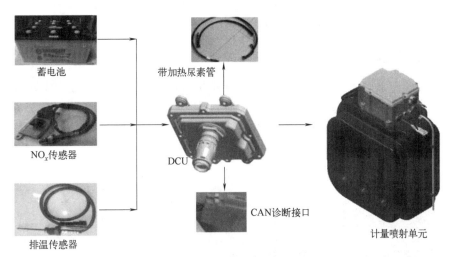

图 9-2-21　SCR 线束连接

电源连接：由于 DCU 在发动机停机后，仍需要控制计量喷射单元继续使用压缩空气对尿素管及尿素喷嘴进行吹扫，防止尿素结晶，并会写相关的运行数据到存储器里，因此要求在停机后的 1min 内确保 DCU 仍能正常供电。建议 DCU 供电直接与蓄电池连接。

CAN 总线连接：CAN 诊断接口与整车线束 OBD 诊断接口及车辆仪表 CAN 总线连接。

线束安装位置：线束应远离排气管等高温部件和起动机、发电机等部件，需超过200mm，否则需要加装隔热套。

线束固定：线束应用卡簧等固定，以免松动、磨损，相邻两固定点的距离不应超过 500mm。

9.2.7　尿素箱

尿素箱用于存储尿素水溶液，同时应能准确检测出尿素水溶液的使用情况，监控尿素箱内温度，通过发动机冷却水对箱内结冰的尿素水溶液加热，保证尿素水溶液的正常供给，并能检测箱内液位高度，尿素水溶液用尽时系统会发出警示。

（1）结构

尿素箱主要包括以下零部件。

① 箱体：用于盛装尿素水溶液。

② 通气阀：用于平衡内外气体压力。

③ 放水螺塞：用于放出残留尿素水溶液。

④ 箱盖：阻挡灰尘。

（2）安装要求

尿素箱一般和油箱同侧安装，两者间隔一定距离，以防油箱温度过高，加热尿素水溶液，腐蚀后处理系统。尿素箱不能受太阳直射和排气管烘烤，若尿素箱与排气管布置距离过近，应使用隔热材料阻热。车辆上尿素箱加注口附近需设置醒目的标识，该标识可设置在尿素箱仓门内侧或其他醒目的位置。

9.2.8 催化消声器

催化消声器的主要作用是催化氮氧化物的还原反应和降低发动机的排气噪声，是 SCR 催化转化器和发动机排气消声器的集成体。整体材料为不锈钢，内装 SCR 催化转化器芯子和消声管路，表层不锈钢板下部装有绝热材料，运行过程中表面平均温度低于 200℃。在催化消声器的入口处设有排温传感器安装座及尿素喷嘴安装座。

9.2.9 压力管

SCR 系统压力管（尿素管）材料需要耐腐蚀并具有一定的强度，连接计量喷射单元到尿素喷嘴。其安装要求如下。

① 避免接口处尿素水溶液泄漏，否则会导致尿素结晶。

② 管路应避免直接暴露在排气管等的热辐射区域。

③ 安装牢固，弯曲处需保护，禁止管路发生任何折弯。

④ 尿素管的 90°接头安装在尿素喷嘴这一侧。

9.3
重汽国五后处理系统的检修

拆卸前应先断开尿素泵箱上线束接口、尿素出口、冷却水出口、空气出口、空气入口、冷却水入口及液位温度传感器接头处的连接（图 9-3-1）。

若尿素泵箱上空间足够，则直接将尿素泵箱与尿素箱间的螺栓拆除（共四个），然后进行检修（图 9-3-2）。

下面对尿素泵箱主要零部件的安装方法和注意事项进行介绍。

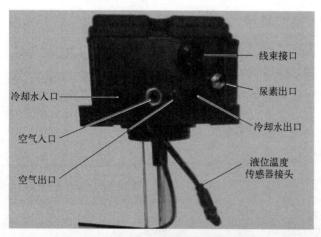

图 9-3-1　尿素泵箱外部管路接口及线束接头

图 9-3-2　计量喷射单元

（1）组装计量阀、蓄压腔尿素压力传感器、适配器

① 检查蓄压腔尿素压力传感器应有密封圈（图9-3-3），把弹簧和蓄压腔尿素压力传感器预组装到适配器上（图9-3-4）。

② 将计量阀按箭头方向（图9-3-5）装入主体，密封圈装入主体密封槽。

③ 将适配器和蓄压腔尿素压力传感器一起按箭头方向（图9-3-6）装入主体和计量阀，然后用2.7～3N·m的拧紧力矩紧固螺栓。

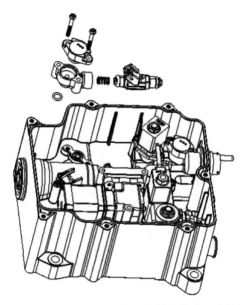

图 9-3-3　检查蓄压腔尿素压力传感器应有密封圈

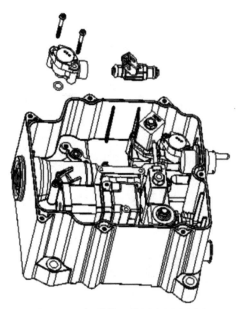

图 9-3-4　把弹簧和蓄压腔尿素压力
传感器预组装到适配器上

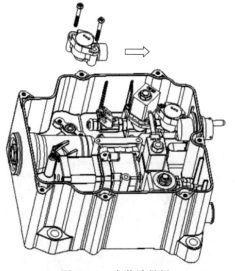

图 9-3-5　安装计量阀

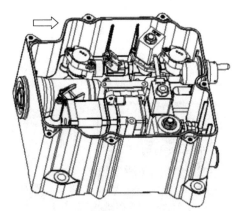

图 9-3-6　安装适配器和蓄压腔尿素压力传感器

注意事项

① 组装前要确认与密封圈配合处的密封面上没有杂物，如有需要，用棉布清理干净。

② 密封圈上需涂抹少量硅油或橄榄油润滑，使密封圈顺畅地进入孔内，不可强行挤压

密封圈，以免造成破损，导致泄漏。

③ 蓄压腔尿素压力传感器内侧的应变片一定不能压倒，否则可能会损坏。

（2）安装尿素模块和尿素隔膜泵

① 将密封圈放入主体密封槽（图9-3-7），装入尿素模块，用2.7～3N·m的拧紧力矩紧固螺栓（图9-3-8）。

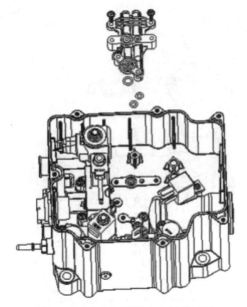

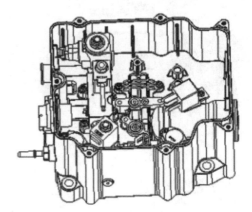

图9-3-7　将密封圈放入主体密封槽　　　　　　图9-3-8　紧固尿素模块螺栓

② 将密封圈放入尿素模块密封槽（图9-3-9），泵垫装入主体配合位置，装入尿素隔膜泵，用2.7～3N·m的拧紧力矩紧固螺栓（图9-3-10）。

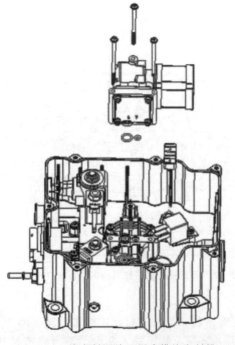

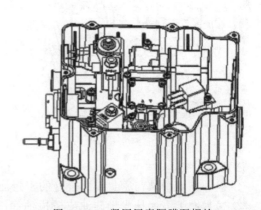

图9-3-9　将密封圈放入尿素模块密封槽　　　　图9-3-10　紧固尿素隔膜泵螺栓

注意事项

① 组装前要确认与密封圈配合处的密封面上没有杂物，如有需要，用棉布清理干净。

② 所有密封圈一定要放入槽内，否则会泄漏。

③ 按照规定力矩紧固，一定不能选错螺栓规格。

（3）安装空气稳压阀

① 将密封圈放入密封槽（图9-3-11）。

② 装入空气稳压阀，按①～③的顺序紧固空气稳压阀螺栓，拧紧力矩为4～4.5N·m（图9-3-12）。

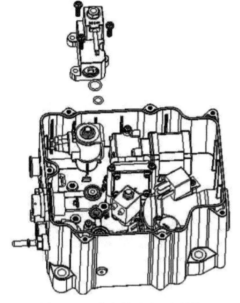

图9-3-11 将密封圈放入密封槽

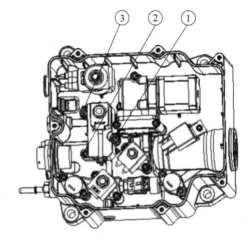

图9-3-12 紧固空气稳压阀螺栓

注意事项

① 组装前要确认与密封圈配合处的密封面上没有杂物，如有需要，用棉布清理干净。

② 密封圈一定要放入槽内，否则会泄漏。

③ 按照规定力矩和拧紧顺序紧固螺栓。

（4）安装泄压阀和回吹阀

① 分别将密封圈装入密封槽。

② 分别装入泄压阀和回吹阀（图9-3-13），然后用2.7～3N·m的拧紧力矩紧固螺栓（图9-3-14）。

注意事项

① 组装前要确认与密封圈配合处的密封面上没有杂物，如有需要，用棉布清理干净。

② 注意区分泄压阀和回吹阀及其对应的密封圈规格（图9-3-15）。

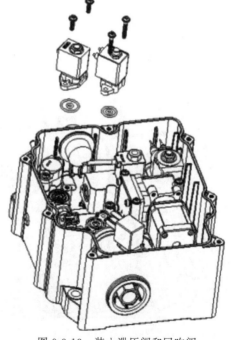

图9-3-13 装入泄压阀和回吹阀

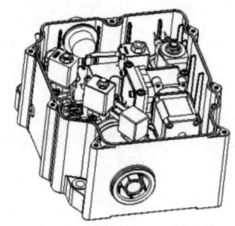

图 9-3-14 紧固泄压阀和回吹阀螺栓

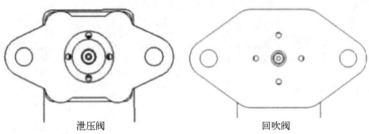

泄压阀   回吹阀

图 9-3-15 区分泄压阀和回吹阀

（5）安装混合腔尿素压力传感器

① 检查混合腔尿素压力传感器应有密封圈
（图 9-3-16）。

② 将混合腔尿素压力传感器完全压入主体
对应孔中（图 9-3-17），然后用 2.7～3N·m 的
拧紧力矩紧固螺栓（图 9-3-18）。

注意事项

① 组装前要确认与密封圈配合处的密封面
上没有杂物，如有需要，用棉布清理干净。

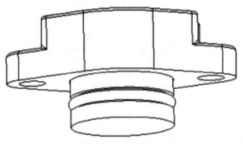

图 9-3-16 检查混合腔尿素压力
传感器应有密封圈

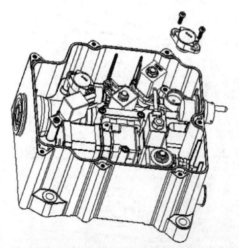

图 9-3-17 安装混合腔尿素压力传感器

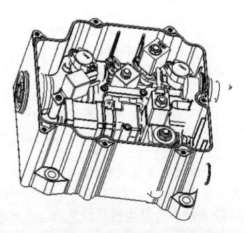

图 9-3-18 紧固混合腔尿素压力传感器螺栓

② 密封圈上需涂抹少量硅油或橄榄油润滑，使密封圈顺畅地进入孔内，不能强行挤压密封圈，以免造成破损，导致泄漏。

③ 混合腔尿素压力传感器和密封圈是配套的。

④ 按照规定的拧紧力矩紧固螺栓。

（6）安装尿素管接头和空气进、出口接头螺母座

① 检查尿素管接头应有密封圈（图9-3-19），将尿素管接头拧入主体对应孔，然后用4～4.5N·m拧紧力矩紧固（图9-3-20）。

② 把橡胶垫圈、卡簧放入对应的空气进、出口孔，然后拧入螺母座，再分别用5～5.5N·m（进口）和1.7～2N·m（出口）的拧紧力矩紧固（图9-3-20）。

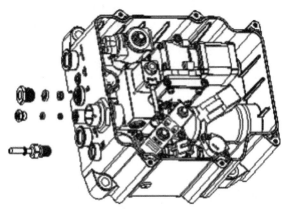

图9-3-19 检查尿素管接头应有密封圈 　　　图9-3-20 紧固尿素管接头和空气进、出口接头螺母座

（7）安装连接器

① 将密封垫装到连接器上（图9-3-21），把连接器穿入主体线束接口孔，从外侧拧上螺母，拧紧力矩为3.5～4N·m（图9-3-22）。

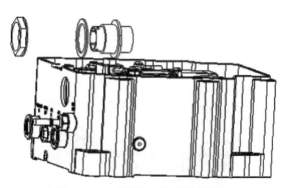

图9-3-21 将密封垫装到连接器上

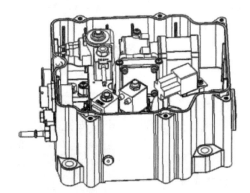

图9-3-22 从外侧拧上螺母并紧固

② 把内部线束连接器对应连接起来。

注意事项

不要漏接连接器。

（8）安装上盖

① 如果上盖密封圈和胶塞脱出需要先将其装入上盖，密封圈小端在槽底部（图9-3-23）。

② 将上盖装到主体上（图9-3-24），再用2.7～

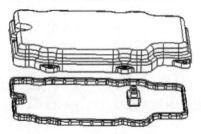

图9-3-23 安装上盖密封圈和胶塞

3N·m 的拧紧力矩紧固螺栓（图 9-3-25）。

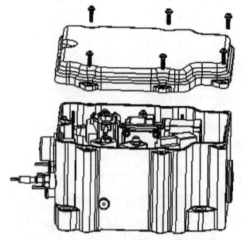

图 9-3-24　将上盖装到主体上

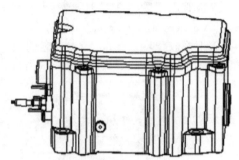

图 9-3-25　紧固上盖螺栓

注意事项

组装前要确认与密封圈配合处的密封面上没有杂物，如有需要，用棉布清理干净。

（9）安装滤芯

① 滤芯大端在外侧，把滤芯压入主体腔体内（图 9-3-26）。

② 拧上滤网盖，用 15～18N·m 的拧紧力矩紧固（图 9-3-27）。

图 9-3-26　安装滤芯　　　　　　　　　　图 9-3-27　紧固滤网盖

注意事项

① 组装前要确认与密封圈配合处的密封面上没有杂物，如有需要，用棉布清理干净。

② 滤芯装入的方向一定要正确，小端在里面，大端在外面。

③ 密封圈上需涂抹少量硅油或橄榄油润滑，使密封圈顺畅地进入孔内，不能强行挤压密封圈，以免造成破损，导致泄漏。

④ 滤芯先压到位后再装滤网盖。

（10）安装继电器

将继电器安装到主体上，用 2～2.2N·m 的拧紧力矩紧固螺栓（图 9-3-28）。

（11）安装冷却水阀

① 冷却水阀密封圈装入铁芯，保证阀芯和

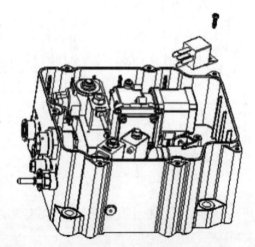

图 9-3-28　安装继电器

弹簧在铁芯内，把铁芯拧入主体内，用 $10\sim12N\cdot m$ 的拧紧力矩紧固铁芯（图 9-3-29）。

②将线圈装到铁芯上，用 $5\sim7N\cdot m$ 的拧紧力矩紧固螺母（图 9-3-29）。

注意事项

①组装前要确认密封圈配合处的密封面上没有杂物，如有需要，用棉布清理干净。

②一定不能漏装电磁阀内部零件。

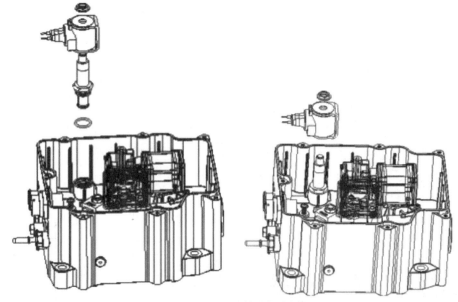

图 9-3-29　安装冷却水阀

9.4
重汽国五后处理系统故障诊断与排除

9.4.1　OBD 故障诊断

OBD（车载诊断）系统随时监控发动机和 SCR 系统的工作状态。当发动机排放（主要是 NO_x）超过法规规定的限值，或者当和排放监控相关的传感器（NO_x 传感器、进气温度压力传感器等）发生故障，或者出现影响后处理系统正常工作的故障（如排温传感器损坏、尿素泵故障、尿素喷嘴故障、与排放相关的 CAN 通信故障等）时，OBD 系统将点亮故障指示灯（MIL）（图 9-4-1）进行报警，同时 OBD 系统会将故障信息存入存储器，维修人员可通过重汽 EOL 诊断工具读出故障信息（表 9-4-1），根据故障信息的提示，维修人员可迅速准确地确定故障的性质和部位。

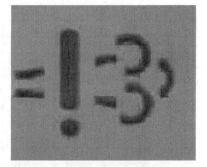

图 9-4-1　仪表上的故障指示灯（MIL）

当发动机排放超过一定的排放限值，或者与排放相关的后处理系统部件发生故障时，需要有一定的限矩动作，发动机进入跛行回家模式。限矩后发动机转矩只能达到最大转矩值的 60%。根据不同的故障，限矩动作会在不同的时间激活，但都需要在车辆速度为零以后才正式激活。当 OBD 系统确认导致限矩激活的故障修复后，限矩状态解除，发动机动力恢复。

表 9-4-1　故障代码表

部件，系统	故障代码	故障代码是否不可删除	MIL 激活准则	转矩限制准则
系统电压低于下限	P0562	否	1 个驾驶循环	立即
系统电压高于上限	P0563	否	1 个驾驶循环	立即
催化剂上游温度传感器电压低于下限	P0427	是	3 个驾驶循环	36h 后
催化剂上游温度传感器电压高于上限	P0428	是	3 个驾驶循环	36h 后
尿素压力传感器电压低于下限	P204C	是	3 个驾驶循环	36h 后
尿素压力传感器电压高于上限	P204D	是	3 个驾驶循环	36h 后
尿素压力传感器电压信号不可信	P204B	否	3 个驾驶循环	36h 后
尿素液位传感器电压低于下限	P203C	否	1 个驾驶循环	36h 后
尿素液位传感器电压高于上限	P203D	否	1 个驾驶循环	36h 后
尿素箱液位低	P203F	是	1 个驾驶循环	36h 后
尿素箱空	P1D19	是	立即	立即
尿素温度传感器电压低于下限	P2044	否	3 个驾驶循环	36h 后
尿素温度传感器电压高于上限	P2045	否	3 个驾驶循环	36h 后
尿素泵开路	P1D06	是	3 个驾驶循环	36h 后
尿素泵与地短路	P1D07	是	3 个驾驶循环	36h 后
尿素泵与电源短路	P1D08	是	3 个驾驶循环	36h 后
尿素箱加热电路开路	P1D0A	否	3 个驾驶循环	36h 后
尿素箱加热电路与地短路	P1D0B	否	3 个驾驶循环	36h 后
尿素箱加热电路与电源短路	P1D0C	否	3 个驾驶循环	36h 后
尿素管加热电路开路	P1D0D	否	3 个驾驶循环	36h 后
尿素管加热电路与地短路	P1D0E	否	3 个驾驶循环	36h 后
尿素管加热电路与电源短路	P1D0F	否	3 个驾驶循环	36h 后
进气阀开路	P1D13	否	3 个驾驶循环	36h 后
进气阀与地短路	P1D14	否	3 个驾驶循环	36h 后
进气阀与电源短路	P1D15	否	3 个驾驶循环	36h 后
尾气 NO_x 排放水平超过 3.5g/(kW·h)	P1D17	是	3 个驾驶循环	36h 后
尾气 NO_x 排放水平超过 7g/(kW·h)	P1D18	是	3 个驾驶循环	36h 后
蓄压腔压力建立失败	P1D22	是	3 个驾驶循环	36h 后
蓄压腔内压力异常	P1D23	是	3 个驾驶循环	36h 后
解冻失败	P1D25	否	3 个驾驶循环	36h 后
混合腔压力异常	P1D26	是	3 个驾驶循环	36h 后
泄压阀开路	P1D28	是	3 个驾驶循环	36h 后
泄压阀与地短路	P1D29	否	3 个驾驶循环	36h 后
泄压阀与电源短路	P1D2A	否	3 个驾驶循环	36h 后
混合腔压力传感器电压信号不可信	P1D2B	是	3 个驾驶循环	36h 后
混合腔压力传感器电压信号低于下限	P1D2D	是	3 个驾驶循环	36h 后
混合腔压力传感器电压信号高于上限	P1D2E	是	3 个驾驶循环	36h 后
计量阀开路	P2047	是	3 个驾驶循环	36h 后
计量阀与地短路	P2048	是	3 个驾驶循环	36h 后
计量阀与电源短路	P2049	是	3 个驾驶循环	36h 后
通信 CAN+线低于下限	U0031	否	2 个驾驶循环	36h 后
通信 CAN+线高于下限	U0032	否	2 个驾驶循环	36h 后
通信 CAN-线低于下限	U0034	否	2 个驾驶循环	36h 后
通信 CAN-线高于上限	U0035	否	2 个驾驶循环	36h 后
与 ECU 通信断开	U0100	否	2 个驾驶循环	36h 后
与 NO_x 传感器通信断开	U0113	是	3 个驾驶循环	36h 后

部件,系统	故障代码	故障代码是否不可删除	MIL 激活准则	转矩限制准则
从 ECU 接收的数据无效	U0401	是	3 个驾驶循环	36h 后
NO_x 传感器被移出	P1D21	是	1 个驾驶循环	36h 后
NO_x 传感器短路	P2216	是	1 个驾驶循环	36h 后
NO_x 传感器开路	P2213	是	1 个驾驶循环	36h 后
NO_x 传感器加热电路短路	P2220	是	1 个驾驶循环	36h 后
NO_x 传感器加热电路开路	P2218	是	1 个驾驶循环	36h 后
NO_x 传感器供电异常	P2214	是	1 个驾驶循环	36h 后

9.4.2 重汽 EOL 诊断工具的使用方法

（1）进入操作主界面

点击"重汽自制 SCR 系统"，选择"国五空气辅助（重汽三代）"，点击"确定"，进入"重汽自制 SCR 操作主界面"（图 9-4-2）。

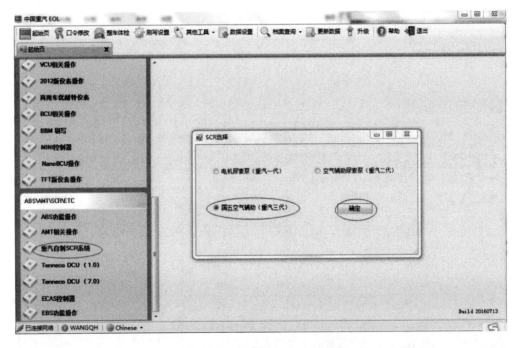

图 9-4-2　进入操作主界面的方法

只有当左下角显示"适配器已连接""DCU 已连接"时（图 9-4-3），才可进行测试，否则需检查 OBD 诊断接口是否连接正常，EOL 工具是否正常。

（2）读取故障代码

进入自制 SCR 操作主界面后，首先点击"故障读取"，确认当前是否有故障（图 9-4-4）。根据读取到的故障代码，采取相应的解决措施（见表 9-4-1）。

（3）进入空气辅助 SCR 测试界面

点击"测试驱动"，选择"标准测试"，选择"国五空气辅助"（图 9-4-5）。注意，如果不再进行其他测试，在退出测试前需进行排空测试。

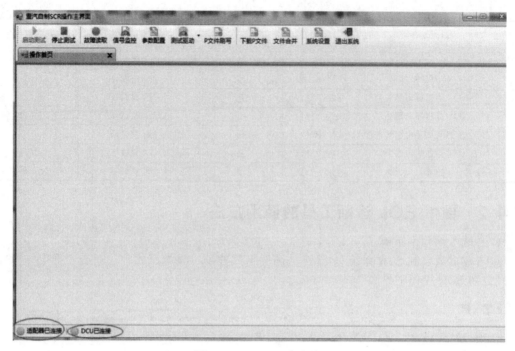

图 9-4-3　DCU 正常连接

图 9-4-4　进入空气辅助 SCR 故障读取界面

图 9-4-5　进入空气辅助 SCR 测试界面

（4）泵建压测试

在"泵建压测试"选项中，点击"测试条件及帮助"，会弹出测试条件，按照要求进行相关操作及检查，点击"确定"（图 9-4-6）。

点击"开始测试"按钮，在下方"尿素泵出口压力测试值"上会实时显示泵的压力值，同时时间也会显示在其右侧（图 9-4-7）。若在 5min 内泵压未达到 2～4bar，则按照"测试条件及帮助"选项卡提示的步骤进行相关的检查。注意，测试完成或者需要进行其他测试

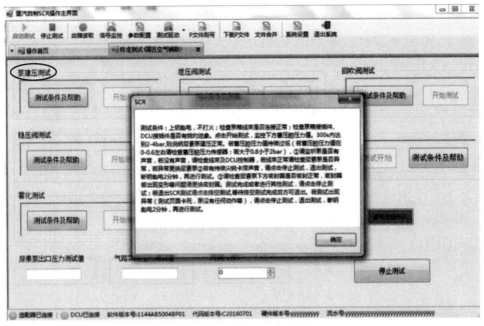

图 9-4-6　泵建压测试条件

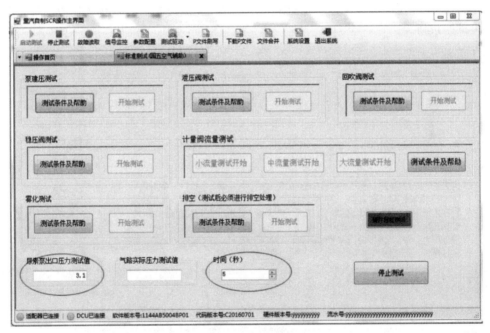

图 9-4-7　压力值和建压时间显示窗口

时，需点击右下角"停止测试"按钮。

（5）稳压阀测试

在"稳压阀测试"选项中，点击"测试条件及帮助"，会弹出测试条件，按照要求进行相关操作及检查，点击"确定"，然后点击"开始测试"按钮（图 9-4-8）。测试时，注意监听稳压阀是否有动作的声音，并且用手感知喷嘴口是否有气流。注意，测试完成或者需要进行其他测试时，需点击"停止测试"按钮。

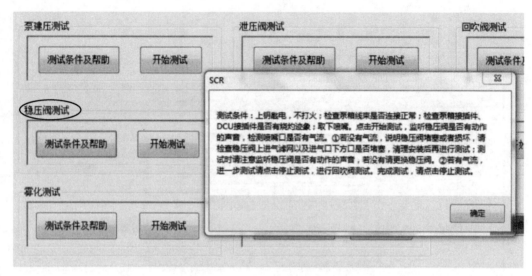

图 9-4-8　稳压阀测试条件

（6）泄压阀测试

在"泄压阀测试"选项中，点击"测试条件及帮助"，会弹出测试条件，按照要求进行相关操作及检查，点击"确定"，然后点击"开始测试"按钮（图 9-4-9）。注意，在此步骤之前，先进行泵建压测试，并且建压测试正常；测试完成或者需要进行其他测试时，需点击"停止测试"按钮。

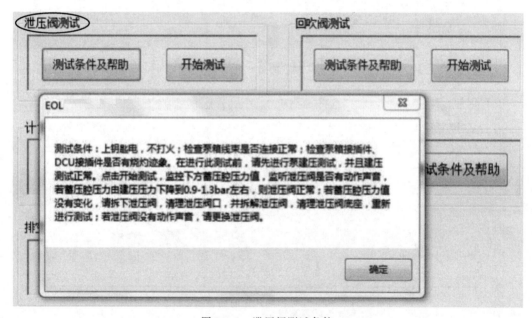

图 9-4-9　泄压阀测试条件

（7）回吹阀测试

在"回吹阀测试"选项中，点击"测试条件及帮助"，会弹出测试条件，按照要求进行相关操作及检查，点击"确定"，然后点击"开始测试"按钮（图 9-4-10）。在回吹阀测试时，注意监控"气路实际压力测试值"，若压力值在 2.5～4.8bar 之间，证明稳压阀和回吹阀均无故障，否则，按照"测试条件及帮助"选项卡提示的步骤进行测试及检查。注意，测

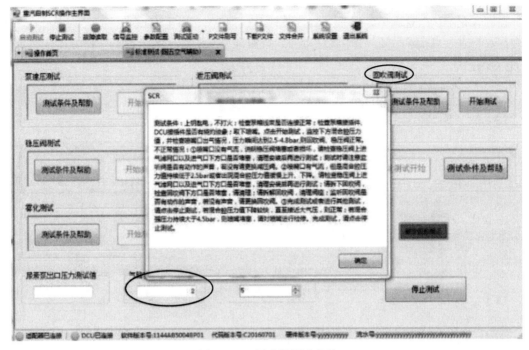

图 9-4-10　回吹阀测试条件

试完成或者需要进行其他测试时，点击"停止测试"按钮。

（8）计量阀流量测试

在"计量阀流量测试"选项中，点击"测试条件及帮助"，会弹出测试条件，按照要求进行相关操作及检查，点击"确定"，然后分别点击"小流量测试开始""中流量测试开始""大流量测试开始"按钮，观察流量差别（图 9-4-11）。

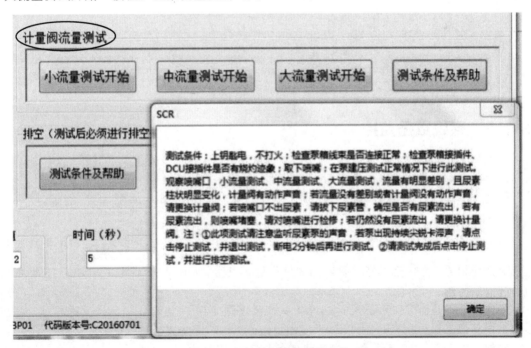

图 9-4-11　计量阀流量测试条件

（9）雾化测试

在"雾化测试"选项中，点击"测试条件及帮助"，会弹出测试条件，按照要求进行相关操作及检查，点击"确定"，然后点击"开始测试"按钮进行测试（图9-4-12）。

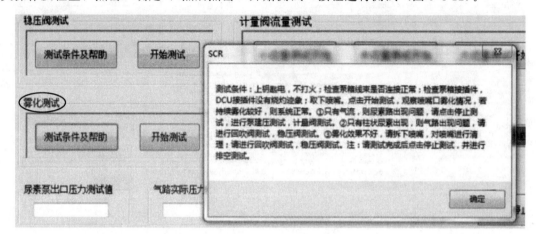

图 9-4-12　雾化测试条件

（10）排空测试

注意，所有的测试完成后，需进行排空处理。

在"排空"选项中，点击"测试条件及帮助"，会弹出测试条件，按照要求进行相关操作及检查，点击"确定"，然后点击"开始测试"按钮进行测试（图9-4-13）。

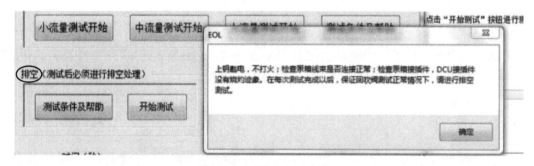

图 9-4-13　排空测试条件

9.4.3　系统数据监控

并不是所有的故障都能报出故障代码，有很多故障，如尿素消耗不正常等，不一定会有故障代码显示，无法给维修人员提供明确的排查方向。当碰到这种情况时，可通过"信号监控"功能，监控整个系统的状态，将监控数据与正常数据对比，从差异中寻找故障排查方向。

点击主界面中的"信号监控"，进入图9-4-14所示界面，点击"🔧"，根据实际故障情况选择相关信号。选择好需要监控的信号后，点击"OK"，然后点击"开始"，即可启动系统数据监控。

所选信号都是由ECU发送的CAN报文信息（图9-4-15），若任一信号发送异常，都会影响系统正常工作。

例如，若DCU没有接收到废气流量的信息，DCU认为废气流量是0，则不会控制尿素

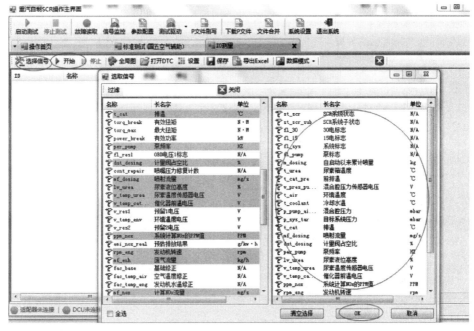

图 9-4-14　SCR 信号监控界面

图 9-4-15　ECU 发送 CAN 报文信息

喷嘴喷射尿素。

　　系统上电后，可先选择图 9-4-16 所示信号，了解当前后处理系统所处的环境状态，有助于分析问题。

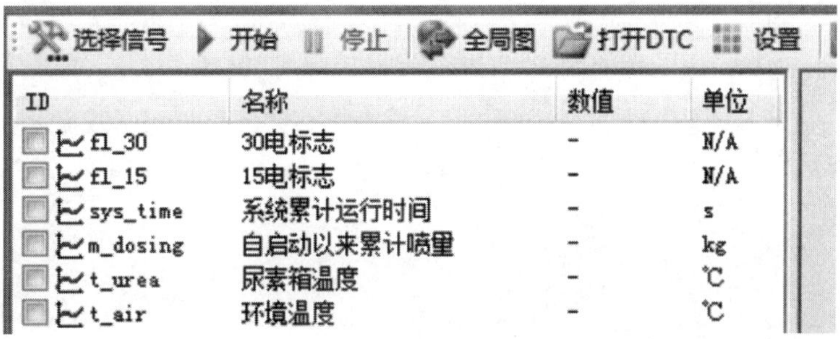

图 9-4-16　SCR 后处理系统状态

图 9-4-17 所示信号比较常用，基本能反映当前后处理系统的状态。

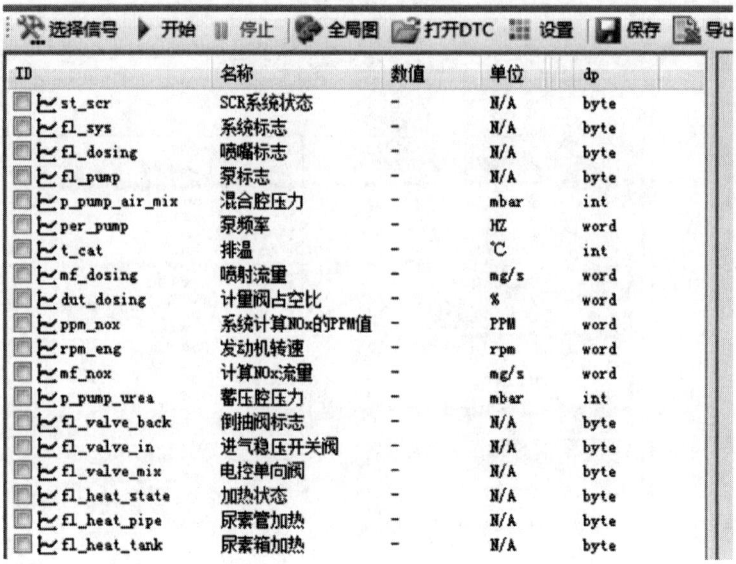

ID	名称	数值	单位	dp
st_scr	SCR系统状态	-	N/A	byte
fl_sys	系统标志	-	N/A	byte
fl_dosing	喷嘴标志	-	N/A	byte
fl_pump	泵标志	-	N/A	byte
p_pump_air_mix	混合腔压力	-	mbar	int
per_pump	泵频率	-	HZ	word
t_cat	排温	-	℃	int
mf_dosing	喷射流量	-	mg/s	word
dut_dosing	计量阀占空比	-	%	word
ppm_nox	系统计算NOx的PPM值	-	PPM	word
rpm_eng	发动机转速	-	rpm	word
mf_nox	计算NOx流量	-	mg/s	word
p_pump_urea	蓄压腔压力	-	mbar	int
fl_valve_back	倒曲阀标志	-	N/A	byte
fl_valve_in	进气稳压开关阀	-	N/A	byte
fl_valve_mix	电控单向阀	-	N/A	byte
fl_heat_state	加热状态	-	N/A	byte
fl_heat_pipe	尿素管加热	-	N/A	byte
fl_heat_tank	尿素箱加热	-	N/A	byte

图 9-4-17 SCR 系统常用监控信号

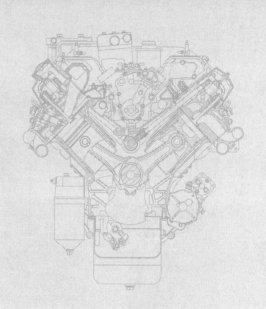

第10章

重汽国六后处理系统

10.1
重汽国六后处理系统工作原理

重汽国六后处理系统工作原理如图 10-1-1 所示，SCR（选择性催化还原）系统架构如图 10-1-2 所示，HCI（碳氢喷射）系统架构如图 10-1-3 所示。

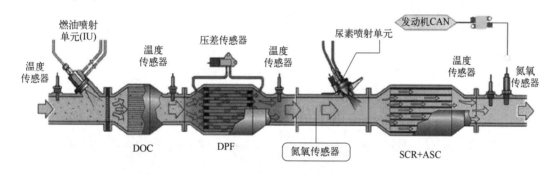

图 10-1-1　重汽国六后处理系统工作原理

DOC—氧化催化器；DPF—颗粒捕集器；SCR—选择性催化还原装置；ASC—氨过滤器

DOC（氧化催化器）催化氧化发动机尾气中的 HC、CO、NO 等气态排放物，生成 NO_2 和 CO_2。HC 氧化放热用于 DPF 的主动再生；NO_2 用于 DPF 的被动再生。DPF（颗粒捕集器）为壁流式结构，捕集排气中的炭颗粒。DPF 载体有对称和非对称两种结构（图 10-1-4）。非对称孔设计方案（大孔进、小孔出）比对称孔设计方案过滤表面积大。

DPF 再生分为被动再生和主动再生。被动再生：将 NO 在 DOC 中氧化为 NO_2，NO_2 比 O_2 活跃，在 250～450℃时氧化炭颗粒（图 10-1-5）。主动再生：实际运行过程中，排气温度达不到被动再生条件（排气温度 250～450℃），需通过喷油在 DOC 中发生氧化反应，将排气温度提高到 550℃以上，使炭燃烧氧化生成二氧化碳（图 10-1-6）。

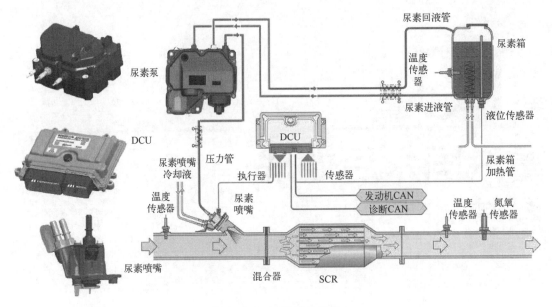

图 10-1-2　SCR 系统架构

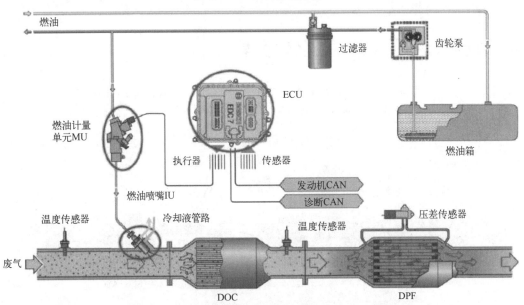

图 10-1-3　HCI 系统架构

(a) 对称孔设计方案　　　　(b) 非对称孔设计方案

图 10-1-4　DPF 载体

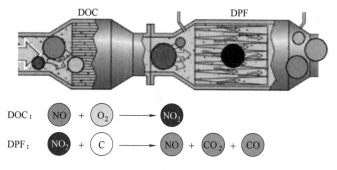

DOC: NO + O₂ → NO₂

DPF: NO₂ + C → NO + CO₂ + CO

图 10-1-5　被动再生

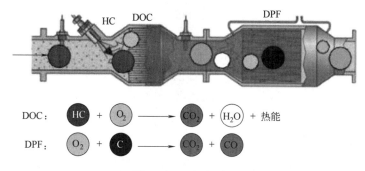

DOC: HC + O₂ → CO₂ + H₂O + 热能

DPF: O₂ + C → CO₂ + CO

图 10-1-6　主动再生

　　SCR（选择性催化还原）采用的还原剂是尿素。尿素在高温下分解出 NH_3，排气中的氮氧化物与 NH_3 反应，被还原成氮气和水。为防止氨气的泄漏，SCR 装置后有氨过滤器（ASC），NH_3 与 O_2 在其中反应生成氮气和水。混合器是国六后处理系统新增的装置，用于制造涡流、湍流，使尿素喷雾液滴与排气混合更加充分，提高混合均匀性，提高 NO_x 的转化率，并减少低温下尿素沉积物的生成量。

10.2
重汽国六后处理系统结构组成

10.2.1　后处理器与传感器

（1）后处理器

国六后处理器的类型见表 10-2-1 和表 10-2-2。

表 10-2-1　箱式国六后处理器

类型	MC07/MC09 箱式后处理器	MC11/MC13 箱式后处理器
图示		
外形尺寸	680mm×600mm×600mm	830mm×600mm×600mm

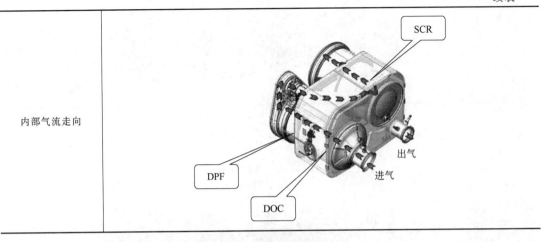

内部气流走向	SCR DPF 出气 进气 DOC

表 10-2-2　U 型国六后处理器

类型	MC11/MC13 平行于 车架后处理器	MC11/MC13 垂直于 车架后处理器	MC07/MC09 垂直于 车架后处理器
图示			
外形尺寸	773mm×631mm×631mm	351mm×735mm×726mm	351mm×695mm×726mm
内部气流走向	DOC　DPF　进气　出气　SCR		

（2）传感器

后处理器上集成有四个温度传感器、两个 NO_x 传感器、一个压差传感器、一个 PM 传感器（图 10-2-1、图 10-2-2）。

① 温度传感器。四个温度传感器分别位于 DOC 前、DPF 前、SCR 前、SCR 后。DOC 前排温传感器用于测量 DOC 前的排气温度，作为是否可进行主动再生的判定条件；DPF 前排温传感器用于监控 DPF 再生时的温度，判定再生是否正常；SCR 前排温传感器用于测量 SCR 前的排气温度，以控制尿素喷射特性；SCR 后排温传感器用于测量 SCR 后的排气温度，以便更加准确地反映 SCR 的反应温度。其外观如图 10-2-3 所示。

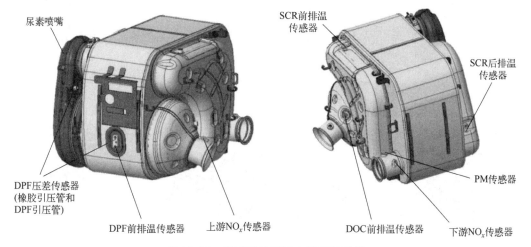

图 10-2-1　箱式后处理器上传感器布置

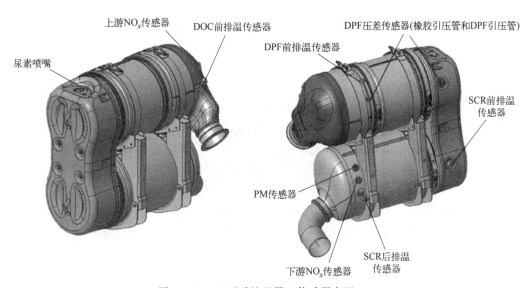

图 10-2-2　U 型后处理器上传感器布置

②　NO_x 传感器。两个 NO_x 传感器分别位于 DOC 前和 SCR 后。DOC 前（上游）氮氧传感器用于测量发动机原排的氮氧化物含量；SCR 后（下游）氮氧传感器用于测量发动机尾气的氮氧化物含量。其外观如图 10-2-4 所示。

图 10-2-3　温度传感器

图 10-2-4　NO_x 传感器

③ 压差传感器。用于监测 DPF 前后压差，判断 DPF 碳载量，通过橡胶引压管、DPF 引压管与欧六后处理器相连。其外观如图 10-2-5 所示。

④ PM 传感器　位于 SCR 后，用于测量尾气中 PM 颗粒物的含量，检测 DPF 的过滤效率。其外观如图 10-2-6 所示。

图 10-2-5　压差传感器　　　　　　　　　　图 10-2-6　PM 传感器

⑤ 尿素液位温度质量传感器　尿素液位传感器可将实际尿素液位直观地显示到仪表上。当尿素液位不高于 10％时，仪表盘上指示灯会长亮，提示用户及时添加尿素水溶液（图 10-2-7）。

图 10-2-7　仪表上显示的尿素液位

尿素温度传感器是一个负温度系数电阻传感器，温度不同则电阻不同，加电后向控制单元传输不同的电流信号，控制单元依此判断实际尿素温度。

尿素质量传感器（国六后处理系统新增）集成在尿素液位温度传感器上，可实时监控尿素水溶液的浓度与质量，判断尿素水溶液浓度与基准浓度 32.5％的偏差是否超过限值。当由于尿素质量导致氮氧化物排放量超标时，将激活故障指示灯。

尿素液位温度质量传感器顶部设有一个通气管，用于平衡尿素箱内外的气体压力（图 10-2-8）。首保时应检查并清理通气管，以后每 5000km 需要清理通气管。

10.2.2　国六后处理排气系统

（1）系统组成

国六后处理排气系统由 DPM 排气管、金属软管、国六后处理器（DOC＋DPF＋SCR＋ASC）、后处理器装饰罩及相关支架等组成（图 10-2-9～图 10-2-11）。

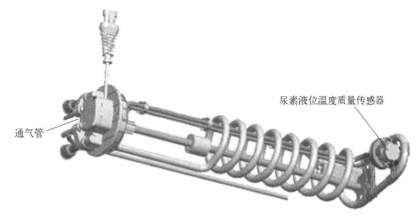

图 10-2-8 通气管和尿素液位温度质量传感器的位置

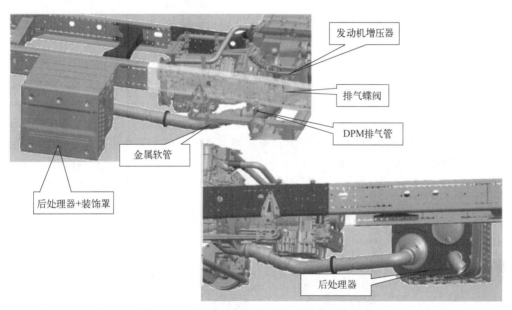

图 10-2-9 箱式后处理器排气系统整车的布置

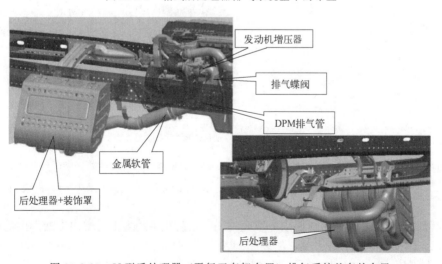

图 10-2-10 U 型后处理器（平行于车架布置）排气系统整车的布置

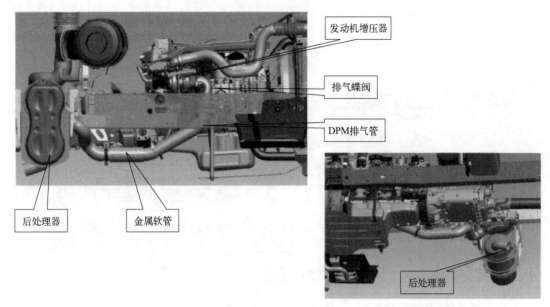

图 10-2-11　U 型后处理器（垂直于车架布置）排气系统整车的布置

　　DPM 排气管位于排气制动阀下游，其上设有 IU（燃油喷射单元）模块安装接口，提供 DPF（颗粒捕集器）主动再生时所需燃油（图 10-2-12）。IU 模块的安装注意事项：安装位置必须保证干燥、无油污；确保密封单元没有损坏，且密封单元只允许使用一次，不能重复使用；燃油管螺母的拧紧力矩为（18±2）N·m。检测 IU 模块燃油管和冷却水管的泄漏方法：可能的泄漏区域必须保证干燥、无油污；使发动机运行在中等转速下 5min，然后关闭发动机，目视检查是否有任何燃油和冷却水泄漏，若有，必须更换相应的部件；在第一次喷射后目视检查是否有任何燃油泄漏，若有，必须更换相应的部件。

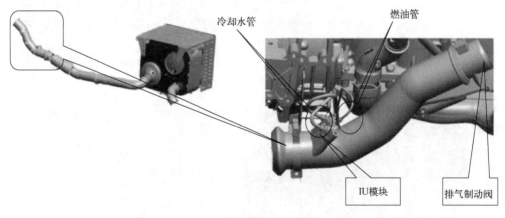

图 10-2-12　DPM 排气管

　　金属软管的作用是吸收发动机的振动，防止底盘振动和热膨胀载荷通过排气管路传送到涡轮增压器（图 10-2-13）。金属软管中的波纹部分比较脆弱，在运输和安装过程中应避免磕碰。

　　排气管路的连接需保证密封要求，不允许漏气，防止主动再生的燃油渗漏产生危险。两排气管连接处采用互相匹配的法兰，加装密封垫（图 10-2-14），并用卡箍扎紧（图 10-2-15），拧紧力矩为（17±1）N·m。安装密封垫时，先将密封垫白色保护膜撕掉，然后将密封垫

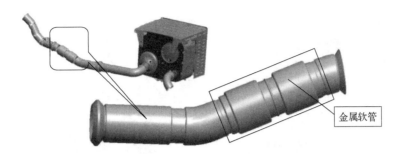

图 10-2-13　金属软管

粘贴到排气管锥形法兰端面，要求粘贴平整牢固，密封垫轴线与排气管轴线重合。密封垫为一次性件，拆卸时需更换。

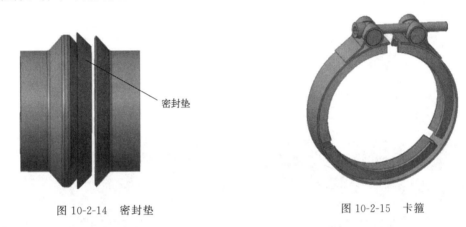

图 10-2-14　密封垫　　　　　　　　　　图 10-2-15　卡箍

（2）部件安装

箱式后处理器通过前固定支架、后固定支架、上支撑板、销轴、固定拉带、张紧销、拉紧销、内六角圆柱头螺栓等进行固定（图 10-2-16）。内六角圆柱头螺栓拧紧力矩为（80±5）N·m，每 5000km 进行复紧。在后处理器本体上设有吊装吊耳，可用于后处理器的拆装。箱式后处理器的安装如图 10-2-17 所示。

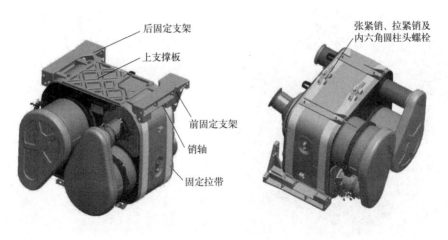

图 10-2-16

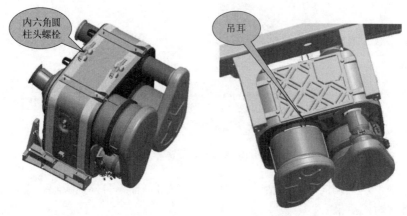

图 10-2-16　箱式后处理器的固定

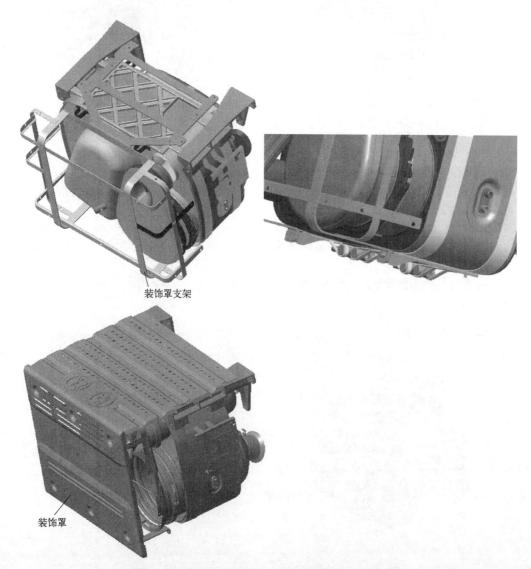

图 10-2-17　箱式后处理器的安装

U型后处理器（平行于车架布置）的固定方式采用托架＋拉带的形式。后处理器先与固定装置分装，然后整体安装到车架上。后处理器固定装置包括前托架、后托架、垫板、销轴、固定拉带、张紧销、拉紧销、内六角圆柱头螺栓等（图 10-2-18）。内六角圆柱头螺栓拧紧力矩为（80±5）N·m，每 5000km 需要复紧。平行于车架布置的 U 型后处理器的安装如图 10-2-19 所示。

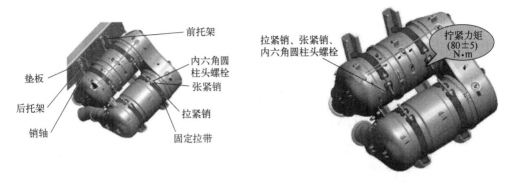

图 10-2-18　U 型后处理器（平行于车架布置）的固定

U型后处理器（垂直于车架布置）的固定方式采用前、后支架的形式。后处理器先与前、后支架分装，然后整体安装到车架上（图 10-2-20）。

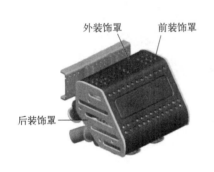

图 10-2-19　U 型后处理器（平行于车架布置）的安装

图 10-2-20　U 型后处理器（垂直于车架布置）的安装

10.2.3　国六后处理 SCR 系统

（1）系统组成

SCR 系统由尿素供给单元、尿素喷射单元、尿素液位温度质量传感器、尿素箱、SCR总成、后处理控制单元及相应管路和线束构成。

① 尿素供给单元。将尿素箱中的尿素水溶液供给尿素喷射单元，由压力传感器、隔膜泵、尿素滤芯和反向阀等组成，温度低时可以加热（图 10-2-21）。

进液管接头：从尿素箱到尿素供给单元。

回液管接头：从尿素供给单元到尿素箱。

压力管接头：从尿素供给单元到尿素喷射单元。

② 尿素喷射单元。将尿素水溶液喷入国六后处理器中（图 10-2-22）。国六后处理器尿素喷射单元采用六孔尿素喷嘴。

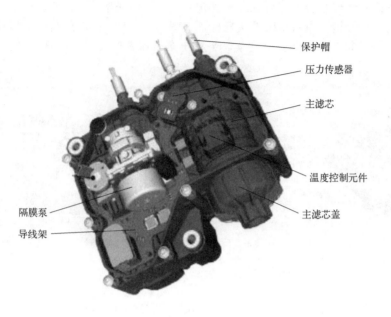

保护帽

压力传感器

主滤芯

温度控制元件

主滤芯盖

隔膜泵

导线架

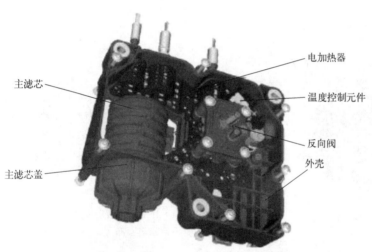

电加热器

温度控制元件

主滤芯

反向阀

主滤芯盖

外壳

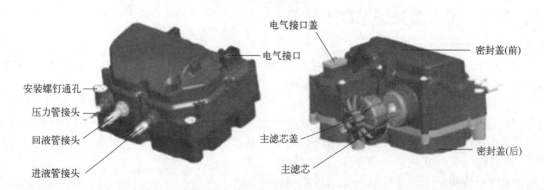

电气接口盖

电气接口

密封盖(前)

安装螺钉通孔

压力管接头

回液管接头

主滤芯盖

密封盖(后)

进液管接头

主滤芯

图 10-2-21　尿素供给单元

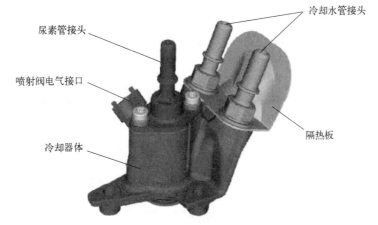

图 10-2-22　尿素喷射单元

③ 尿素箱。固定与安装分别如图 10-2-23 和图 10-2-24 所示。

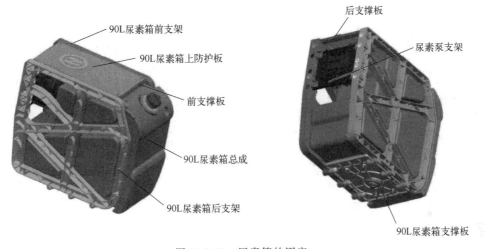

图 10-2-23　尿素箱的固定

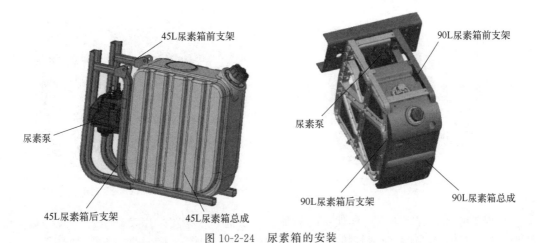

图 10-2-24　尿素箱的安装

螺栓拧紧顺序及拧紧力矩要求如下。

a. 90L 尿素箱支撑板与 90L 尿素箱总成连接螺栓拧紧力矩为 50N·m（图 10-2-25）。

b. 90L 尿素箱前、后支架与 90L 尿素箱支撑板连接螺栓拧紧力矩为 85N·m（图 10-2-26）。

c. 90L 尿素箱前、后支架与 90L 尿素箱总成连接螺栓拧紧力矩为 50N·m（图 10-2-26）。

d. 尿素泵支架与 90L 尿素箱前、后支架连接螺栓拧紧力矩为 24N·m（图 10-2-27）。

e. 90L 尿素箱上防护板、前支撑板、后支撑板与 90L 尿素箱前、后支架连接螺栓拧紧力矩为 10N·m（图 10-2-28）。

f. 90L 尿素箱总成与车架连接螺栓拧紧力矩为 200N·m（图 10-2-29）。

图 10-2-25　第一步

图 10-2-26　第二、三步

图 10-2-27　第四步

图 10-2-28　第五步

图 10-2-29　第六步

④ 电加热尿素管。国六后处理系统标配加热功能，尿素箱采用发动机冷却液加热，尿素管采用电加热。电加热尿素管接头和管身都具有加热功能，管身由波纹管、加热线、尼龙管组成（图 10-2-30）。

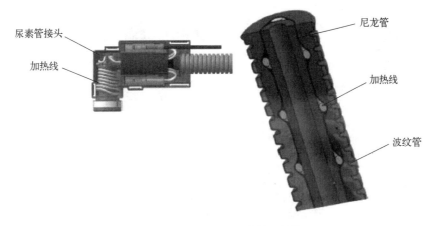

图 10-2-30　电加热尿素管的结构

（2）系统布置与防错设计

在布置 SCR 系统时，应尽量保证尿素排空时间短；防止系统在工作结束后，尿素回流进入喷嘴；尽可能减少系统中由于废气冷却产生的冷凝液体。

国六后处理器上有四个温度传感器，在装配过程中很容易装错，装错后会导致测温错误，无法进行主动再生。目前采取的防错措施如下：温度传感器座采用不同的螺纹规格（图10-2-31）：DOC 前排温传感器采用的螺纹规格为 $M16 \times 1.5$；DPF 前排温传感器采用的螺纹规格为 $M12 \times 1.25$；SCR 前排温传感器采用的螺纹规格为 $M16 \times 1.5$；SCR 后排温传感器采用的螺纹规格为 $M14 \times 1.5$。

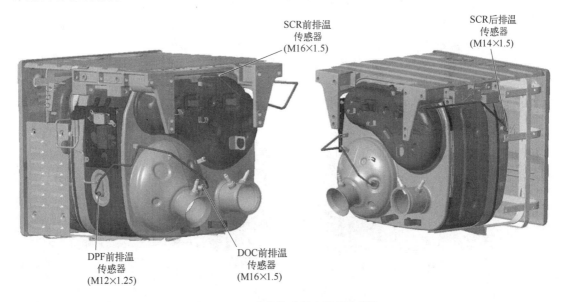

图 10-2-31　温度传感器座的螺纹规格

各温度传感器需求的线束长度不一样。后处理温度传感器线束分为两支，后处理器进气侧和排气侧各一支。

国六后处理 SCR 系统整车布置如图 10-2-32 所示。

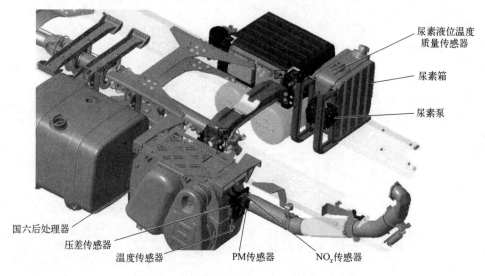

图 10-2-32　国六后处理 SCR 系统整车布置

（3）DPF 再生

国六后处理系统 DPF（颗粒捕集器）再生策略是被动再生为主，主动再生为辅。主动再生不是持续发生的，只有颗粒捕集过多时，才在尾气中喷入一定的燃油，在 DOC（氧化催化器）作用下，烧掉 DPF 上积聚的炭颗粒。

10.2.4　国六后处理 HCI 系统

HCI 系统主要由 DPM 喷射系统、DOC 总成、DPF 总成组成。通过温度传感器测到的温度信息，实时监控 DPF 系统，并将信号传输至 ECU，ECU 计算碳载量，决定是否需要主动再生以及主动再生的喷油量。

DPM 喷射系统的作用是控制 DOC 前燃油喷射的喷射精度。DPM 喷射系统主要有 MU 和 IU 两个单元（图 10-2-33）。MU 是后处理系统中 DOC 前燃油喷射计量单元，MU 从发动机低压油路吸取燃油，无额外的燃油泵。MU 接口及其在车上的安装位置如图 10-2-34 所示。

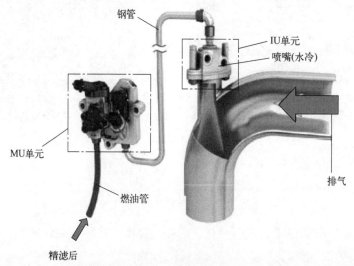

图 10-2-33　国六后处理 HCI 系统

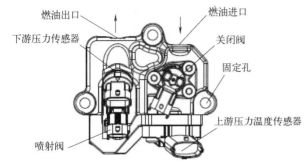

图 10-2-34　MU 接口及其在车上的安装位置

IU 是后处理系统中 DOC 前燃油喷射单元，布置在排气蝶阀后的排气管上，因为与排气直接接触，需要冷却水进行冷却。IU 接口及其在车上的安装位置如图 10-2-35 所示。

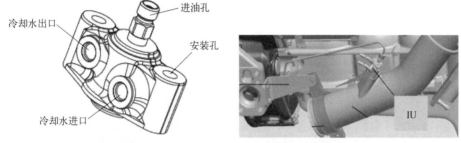

图 10-2-35　IU 接口及其在车上的安装位置

国六后处理 HCI 系统整车布置如图 10-2-36 所示。

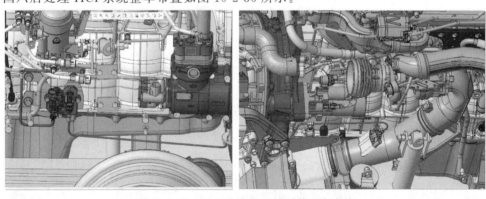

图 10-2-36　国六后处理 HCI 系统整车布置

10.3
重汽国六后处理系统的检修

10.3.1　国六后处理系统拆装

10.3.1.1　箱式后处理器 DPF 的拆装

（1）拆卸

① 松开上装饰罩固定螺栓，拆卸上装饰罩（图 10-3-1）。

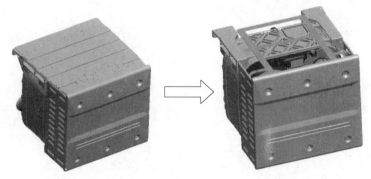

图 10-3-1 拆卸上装饰罩

② 松开装饰罩支架固定螺栓，拆卸装饰罩支架（图 10-3-2）。

图 10-3-2 拆卸装饰罩支架

③ 拆卸压差传感器硬管接头（图 10-3-3）。

④ 松开导流罩上下两个卡箍，取下导流罩（图 10-3-4）。

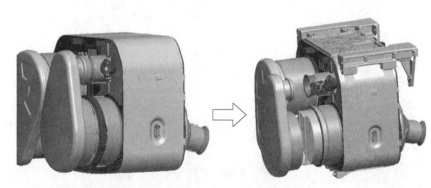

图 10-3-3 拆卸压差
传感器硬管接头

图 10-3-4 取下导流罩

⑤ 取出 DPF 总成。

（2）安装

① 安装两个垫片到 DPF 总成法兰两侧（图 10-3-5）。

② 将 DPF 总成插入 DPF 套筒（图 10-3-6）。

图 10-3-5　安装两个垫片到 DPF 总成法兰两侧　　　　图 10-3-6　将 DPF 总成插入 DPF 套筒

③ 安装垫片到导流腔管接口处（图 10-3-7）。

④ 安装导流罩，预装 V 形卡箍。

⑤ 检查 V 形卡箍应对齐，并与法兰配合整齐。

⑥ 拧紧小卡箍（6N·m）和大卡箍（10N·m）。

⑦ 用软头锤均匀敲击 V 形卡箍外围（图 10-3-8）。

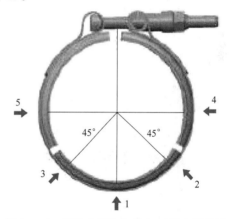

图 10-3-7　安装垫片到导流腔管接口处　　　图 10-3-8　用软头锤均匀敲击 V 形卡箍外围

⑧ 拧紧小卡箍（12N·m）和大卡箍（20N·m）。

⑨ 装配压差传感器硬管接头。

⑩ 安装装饰罩支架和装饰罩。

10.3.1.2　U 型后处理器（垂直于车架）DPF 的拆装

（1）拆卸

① 松开装饰罩固定螺栓，拆卸装饰罩（图 10-3-9）。

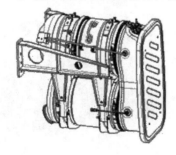
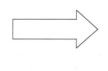
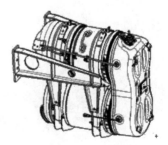

图 10-3-9　拆卸装饰罩

② 拆卸尿素喷嘴、SCR 前排温传感器和压差传感器引压管（图 10-3-10）。

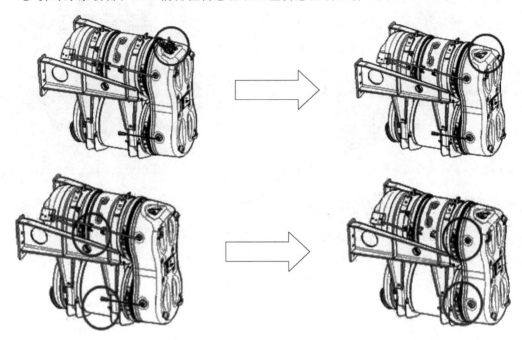

图 10-3-10　拆卸尿素喷嘴、SCR 前排温传感器和压差传感器引压管

③ 拆卸 DPF 总成固定拉带（图 10-3-11）。

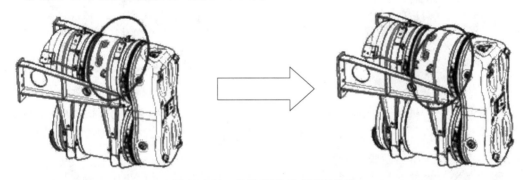

图 10-3-11　拆卸 DPF 总成固定拉带

④ 松开混合腔总成上下两个 V 形卡箍，取下混合腔总成（图 10-3-12）。

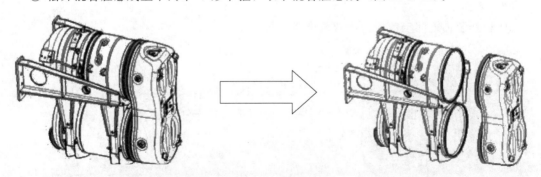

图 10-3-12　取下混合腔总成

⑤ 松开 DPF 总成固定 V 形卡箍,拆卸 DPF 总成(图 10-3-13)。

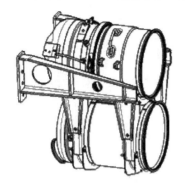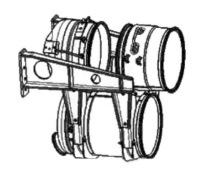

图 10-3-13　拆卸 DPF 总成

(2)安装

① 安装密封垫到 DOC 总成法兰处。

② 安装 DPF 总成,并预装 V 形卡箍。

③ 安装密封垫到混合腔总成法兰处(图 10-3-14)。

④ 安装混合腔总成到后处理器本体上,预装 V 形卡箍。

⑤ 检查 V 形卡箍应对齐,并与法兰配合整齐。

⑥ 拧紧三处卡箍和固定拉带到(18±2)N·m。

⑦ 安装尿素喷嘴及 SCR 前排温传感器,安装压差传感器引压管。

⑧ 安装装饰罩。

10.3.1.3　U 型后处理器(平行于车架)DPF 的拆装

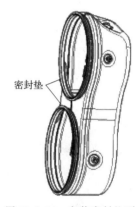

密封垫

图 10-3-14　安装密封垫到混合腔总成法兰处

(1)拆卸

① 松开装饰罩固定螺栓,拆除装饰罩。

② 松开 DPF 后引压管接头、SCR 前排温传感器并拆下混合腔上的两个 V 形卡箍,拆除混合腔。

③ 拆下 DPF 与 DOC 的连接卡箍及固定 DPF 后引压管的固定螺栓。

④ 取出 DPF 半封装总成。

(2)安装

① 安装密封垫到 DPF 前端面与 DOC 连接处(图 10-3-15)。

② 将 DPF 半封装总成与 DOC 连接,并用 V 形卡箍连接。

③ 安装密封垫到混合腔的两个卡箍连接处,并安装混合腔(图 10-3-16)。

④ 安装 DPF 后引压管、引压管固定螺栓及 SCR 前排温传感器。

⑤ 检查 V 形卡箍应对齐,并与法兰配合整齐。

⑥ 拧紧三处 V 形卡箍到(18±2)N·m。

⑦ 安装装饰罩。

密封垫

图 10-3-15　安装密封垫到 DPF 前端面与 DOC 连接处

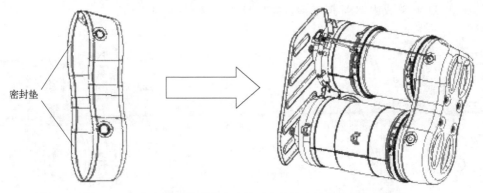

图 10-3-16　安装密封垫到混合腔的两个卡箍连接处并安装混合腔

10.3.2　国六后处理系统保养

10.3.2.1　DPF 保养

DPF 除了收集碳烟外，还能够收集机油、添加剂以及柴油燃烧产生的物质（多为硫酸盐，称为灰分）。碳烟可以通过被动再生或主动再生方式消耗掉，从而使 DPF 整个生命周期内都能保持较高的捕集效率，但是灰分是无法通过再生方式消除掉的，其积聚在 DPF 的内壁，一方面减小了 DPF 的有效过滤面积，进而影响了 DPF 的捕集效率，另一方面增大了排气背压。

DPF 的保养主要是清灰，控制系统及 HCI 系统各零件原则上在生命周期内免维护，但定期进行检查和隐患排查也是十分必要的。若出现 DPF 系统故障或 DPF 主动再生功能失效时，应按照清灰过程处理 DPF 中的积炭。在使用满足国六法规的柴油和机油的前提下，每行驶 30 万公里或两年进行清灰。清灰里程及时间受多方面因素影响，包括发动机运行情况、所使用的机油及燃油品质等。

（1）清灰方法

① 加热和吹扫清灰。

a. 将 DPF 拆下，称重。

b. 将 DPF 总成加热，加热温度为（600±50）℃，加热时间为 20min。

c. DPF 总成加热完成后，采用压缩空气对 DPF 总成进行反吹（图 10-3-17），吹灰压力为 1.3MPa，吹灰时间为 20min。DPF 总成堵塞严重时，可以延长吹灰时间。

d. DPF 总成吹灰结束后，取出 DPF，称重。

② 清洗机清灰。

a. 将 DPF 拆下，称重。

b. 将 DPF 出气端朝上放入 DPF 清洗机，加入 DPF 清洗液。

c. 设定清洗温度为 45℃，清洗时间为 5min。可根据 DPF 堵塞程度调节清洗温度和时间。DPF 清洗机采用超声波清洗方式，点击清洗按钮开始清洗。

d. DPF 清洗结束后，进行 DPF 冲洗和吹扫。DPF 冲洗时间为 20min，吹扫时间为 10min。

e. DPF 冲洗和吹扫结束后，取出 DPF，烘干，称重。

（2）清灰注意事项

① 不要通过敲击或拍打方式清除 DPF 上的灰分。

② 为保证后处理器的密封性，每次拆装 DPF，都需要更换卡箍和密封垫。

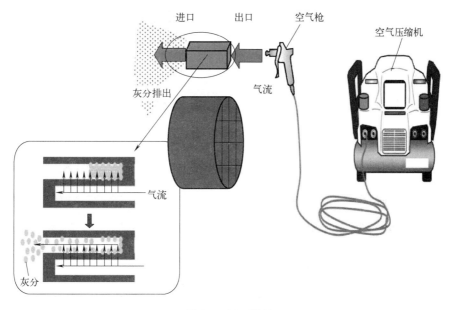

图 10-3-17　清灰

③ 完成清灰后要确保 DPF 安装正确。

④ 使用不适当的保养方法可能毁坏 DPF 或使操作人员接触到危险物。

⑤ 清灰不同于再生过程。通常使用压缩空气和真空系统清灰，并将灰引入密封容器内（不要在开放区域使用压缩机清灰）。

⑥ 当发动机长时间在不能主动再生的工况下工作时，清灰模式有可能提前进入。

⑦ DPF 采用清洗机清洗的同时，DOC 总成也必须采用压缩空气进行吹灰，吹灰压力为 1.3MPa，吹灰时间为 20min。DOC 总成堵塞严重时，可以加长吹灰时间。

10.3.2.2　SCR 系统保养

（1）定期检查并添加尿素水溶液

① 建议采用专业加注设备加注，防止尿素水溶液溅洒。

② 加注时，不能超过最高液位线，箱体顶部要预留一定的膨胀容积，防止低温下尿素结冰体积增大导致箱体胀裂。

③ 使用合格的尿素水溶液。

不合格尿素水溶液的危害：导致发动机限矩限速；堵塞尿素泵、尿素喷嘴；不合格尿素水溶液中的金属杂质易导致 SCR 催化剂的永久性中毒，造成 SCR 系统催化转化的效率下降。

（2）定期检查并更换 SCR 系统滤芯、清洗零部件

① 第一次保养周期为 5 万公里，需要到重汽指定服务站进行保养，保养内容为更换尿素液位传感器滤网、尿素泵主滤芯，清洗尿素泵、尿素喷嘴、尿素箱及系统管路。

② 第二次保养根据车辆运行工况，极差工况的尿素液位传感器滤网更换周期可缩短至 3 万公里，尿素泵主滤芯更换周期仍为 5 万公里，同时清洗尿素泵、尿素喷嘴、尿素箱及系统管路。尿素喷射单元底部的密封垫是一次性使用件，每次拆卸后均需更换。

③ 检查系统表面清洁度，尤其是线束接头的防水防尘情况，若外表面或保护罩上积聚碎石块、泥土等杂物，需及时清除。

④ 检查尿素管、冷却水管和电力线是否完整、固定可靠，液力管线不应有松动或弯折。

⑤ 检查尿素喷射单元安装法兰及国六后处理器中是否有尿素结晶附着（拆卸尿素喷射单元或服务站配备内窥镜时）。

后处理系统保养周期见表 10-3-1。

表 10-3-1　后处理系统保养周期

项目	保养周期	备注
检查尿素水溶液液位	日常检查	
更换尿素液位传感器滤网、尿素泵主滤芯	日常检查，每隔 50000km 更换	建议根据污染情况及时更换
清洗尿素泵、尿素喷嘴、尿素箱及系统管路	日常检查，每隔 50000km 清洗	建议根据污染情况及时清洗
检查尿素液位温度质量传感器通气管	日常检查，每隔 5000km 清理	建议根据污染情况及时清理
检查尿素喷射单元安装法兰及国六后处理器中是否有尿素结晶附着	日常检查，定期保养	
复紧后处理器紧固螺栓	首次保养复紧，然后每隔 5000km 复紧	
DPF 清灰	整车行驶 2 年或 300000km	

10.4
重汽国六后处理系统故障诊断与排除

（1）喷嘴卡滞/漏气

故障描述

① 喷嘴卡滞，对应仪表文字提示"NO_x 排放超标"，诊断仪检查显示为"P204764 尿素喷射单元的喷阀故障（卡滞）"。

② 喷嘴底座处漏气，周边被黑色炭粉覆盖（图 10-4-1）。

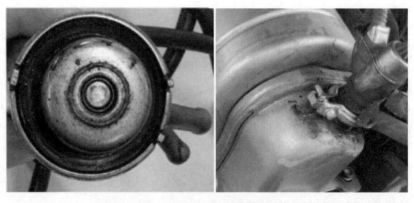

图 10-4-1　喷嘴底座周边被黑色炭粉覆盖

原因分析

① 喷嘴卡滞是堵塞或超温造成的。堵塞原因可能为尿素结晶、杂质附着；超温原因是喷嘴的冷却能力不足，超过喷嘴线圈许用温度。

② 喷嘴漏气是由于装配不当造成的。

解决措施

① 检查喷嘴表面及孔道是否有异物件，按照操作指导进行清洗操作。

② 检查喷嘴冷却管路是否有泄漏或堵塞。

③ 按照安装指导进行卡箍复紧操作，并进行漏气检测。

（2）DPF 堵塞

故障描述

① 颗粒捕捉器吸附颗粒过载。

② DOC 端面和 DPF 端面累炭过快（图 10-4-2、图 10-4-3）。

图 10-4-2　DOC 端面

图 10-4-3　DPF 端面

原因分析

① 漏气、漏油。

② 发动机燃烧问题造成原始排放情况差。

③ 燃油和机油品质差。

解决措施

① 进行手动强制再生操作（图 10-4-4）。

② 检查进气和排气管路、中冷管路、节气门、喷嘴等的气密性。

图 10-4-4　进行手动强制再生操作（DPF 按键）

③ 检查发动机喷油器、油管等是否漏油。

④ 检查燃油和机油品质是否合格。

（3）背压阀故障

故障描述

① 排气背压阀卡滞或电路故障（图 10-4-5）。

图 10-4-5　排气背压阀卡滞或电路故障

② 排气背压阀变形、断裂（图 10-4-6）。

原因分析

① 电气接口进水导致端子腐蚀。

② 外部磕碰造成排气背压阀损坏。

解决措施

① 检查电气接口是否插接到位，端子防水堵是否缺失。

② 更换排气背压阀。

（4）尿素箱通气阀漏液

故障描述

① 尿素箱顶部通气阀漏液。

② 通气阀管路漏液，尿素结晶。

原因分析

① 通气阀与尿素箱连接处密封不严（图 10-4-7）。

② 通气阀内部膜片破损（图 10-4-8）。

图 10-4-6　排气背压阀断裂

图 10-4-7　通气阀与尿素箱连接处密封不严

图 10-4-8　通气阀内部膜片破损

解决措施

① 重新装配通气阀。

② 更换通气阀。

（5）加注反喷

故障描述

加注时尿素会从加注口涌出，无法正常加注。

原因分析

加注口内橡胶圈变形（图 10-4-9），堵塞管口，加注过程不畅，造成溶液溢出。

解决措施

① 检查加注口或管路内部是否有异物或尿素结晶堵塞。

② 检查管路是否有变形、弯折或被压扁。

（6）冬季结冰无法加注

故障描述

寒区试验时，低温环境下无法加注。

图 10-4-9　加注口内橡胶圈变形

原因分析

低温环境下会导致尿素水溶液结冰。若尿素箱内尿素水溶液较多，则加注管与尿素箱接口位置有可能被冻住（图 10-4-10）。

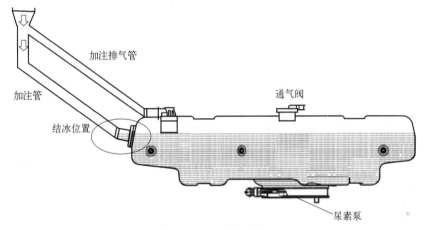
图 10-4-10　结冰位置

解决措施

① 若出现尿素水溶液结冰无法加注的问题，可将车辆移至暖库，自然解冻后，可正常添加尿素水溶液。

② 定量加注，冬季使用时控制尿素水溶液加注量，每次不超过 6L。

（7）其他故障

① 再生时管路泄漏烟雾。

原因分析

再生过程中，排气管路密封失效，导致再生喷油时，烟雾从排气管路中泄漏出来。

解决措施

重新安装排气管路，正确安装密封垫。

② 再生异常。

原因分析

各排温传感器安装错位，导致再生过程中排温异常。

解决措施

按照技术要求正确安装各排温传感器。

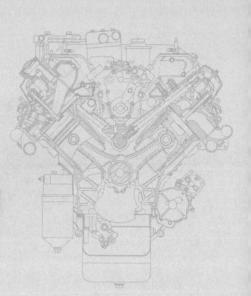

第11章

重汽发动机的结构原理与维护保养

11.1
柴油发动机的工作过程与结构原理

11.1.1 四冲程柴油发动机的工作过程

（1）进气行程

起动机通电带动曲轴旋转，曲轴的转动使活塞自上而下运动，这时，排气门关闭，进气门打开，新鲜空气进入气缸和燃烧室（图11-1-1）。

（2）压缩行程

活塞从下止点向上运动，这时，进气门和排气门均关闭，吸入气缸内的空气受到活塞的压缩，压力升高，温度也随之升高（图11-1-2）。

（3）做功行程

当活塞压缩到上止点，喷油器向燃烧室喷入雾状柴油，油雾与压缩空气充分混合，在高温高压作用下自行着火燃烧，气体膨胀做功，推动活塞向下运动，从而推动曲轴转动，对外输出功率（图11-1-3）。

（4）排气行程

活塞从下止点向上运动，这时，进气门关闭，排气门打开，燃烧废气在活塞的推动下排出燃烧室外，完成一个工作循环，此时曲轴转动两周（图11-1-4）。

当发动机完成排气行程后，在曲轴飞轮总成的惯性力作用下，又重复上述工作过程，使发动机连续运转对外输出功率。

11.1.2 高压共轨喷油系统的结构原理

发动机启动后，高压油泵吸入燃油，ECU通过接收各传感器的信号，控制油量计量单元，达到控制油轨压力的目的，控制喷油器电磁阀，使燃油以正确的喷射压力在正确的喷油时刻喷射出正确的油量。高压共轨喷油系统外观如图11-1-5所示。

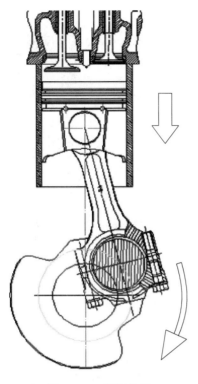

图 11-1-1　进气行程

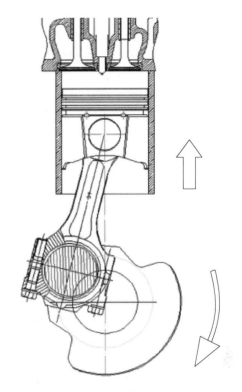

图 11-1-2　压缩行程

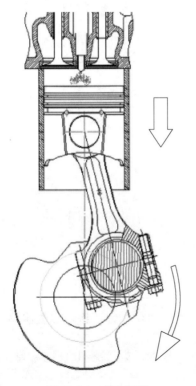

图 11-1-3　做功行程

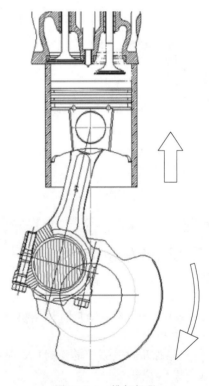

图 11-1-4　排气行程

如图 11-1-6 所示，车辆通过加速踏板位置传感器得到驾驶员的驾驶需求，并将加速踏板位置传感器的电信号传送给 ECU。ECU 根据车辆工况，计算出基本喷油量，并由进气温度、进气压力、冷却液温度等的修正信号对喷油量进行修正，通过执行机构的快速响应对喷油量进行精确控制，使发动机输出相应转矩，实现驾驶员的需求。

图 11-1-5　高压共轨喷油系统外观

喷射压力的建立与燃油的喷射是分开进行的，喷射压力由高压油泵产生，与发动机的转速和所需的喷油量无关，高压油泵的输送量由一个比例阀调节，喷油时间和喷油量在 ECU 中进行计算，通过电磁阀控制喷油器执行。

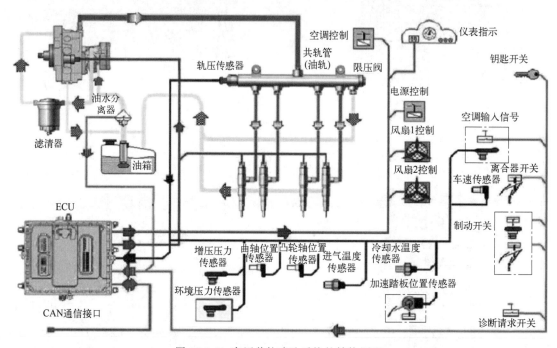

图 11-1-6　高压共轨喷油系统的结构原理

11.2
重汽柴油发动机的使用

（1）基本要求

① 操作人员必须认真阅读使用保养说明书，熟悉发动机结构，严格遵守说明书规定的操作和保养规程。

② 严格保证进气系统的密封性，不短路、不漏气。根据污染状况和进气阻力指示器清洁或更换空气滤芯。

③ 保证按使用保养说明书使用和定期更换高质量机油和机油滤清器，严格按机油尺刻线加注机油，不能过少或过多。

④ 保证按使用保养说明书的规定使用冷却液，严禁直接使用自然水。添加冷却液至膨胀水箱规定刻线区域。发动机热状态时严禁打开膨胀水箱盖，以防被热气烫伤。

⑤ 保证按使用保养说明书的规定使用燃油，定期更换燃油滤清器。定期放掉燃油粗滤器和燃油模块中的水和沉淀物，检查油箱的清洁度。

⑥ 每天启动前，应检查机油、燃油、冷却液的液位，检查进气系统的密封性。

⑦ 启动时应急速运行 3～5min，进行暖机，当水温达 60℃时方可起步，停车时也应急速运行 1～3min 后再熄火。

⑧ 保证按使用保养说明书进行使用、检查、保养、维修。应请有资质的人员进行维修。尽可能到重汽的特约服务站进行保养、维修。

⑨ 特别强调，连杆螺栓、气缸盖螺栓、主轴承螺栓等重要螺栓必须按使用保养说明书或维修手册的规定方法拧紧和更换。

⑩ 电控高压共轨发动机的喷油系统在发动机运行中会产生高电压（110V），当发动机运行时，不要触碰喷油器电磁阀导线或部件，以免触电。

⑪ 电控高压共轨发动机的燃油喷射压力很高（160MPa 或更高），其油轨和高压油管内的燃油都具有很高的压力。因此，在燃油发生泄漏时，应使发动机停止运行，待燃油管路中的压力下降后再进行修理，避免人身受到伤害。

⑫ 为防止短路，发动机线束部分禁止用水冲洗。若发现线束部分有水，应用冷风吹干后才能启动发动机。

（2）注意事项

① 避免长时间低负荷运行。在急速或低负荷下长时间运行，当增压压力很低时，润滑油会通过涡轮增压器的油封渗出，并随增压空气被吸入进气歧管，导致在气门、活塞顶部、排气道内和废气涡轮上生成积炭。低负荷时，燃烧温度很低以致不能保证燃油的完全燃烧，这意味着润滑油会被燃油稀释，影响发动机正常运转。

② 避免长时间停用。发动机较长时间停用时，应至少每 14 天使发动机运转一次，使其达到工作温度，以防发动机内部锈蚀。

③ 避免急停。停机之前，发动机要空负荷运转 1～3min，这样可以均衡发动机的内部温度，同时使涡轮增压器得到冷却，这有助于减少故障并延长其使用寿命。

④ 避免超负荷运行。发动机启动后，应先急速运行 3～5min，机油压力应高于 100kPa，当冷却水温未高于 60℃时，切勿突然迅速高速大负荷运行，否则将使发动机零部件的耐磨性和可靠性受到影响。

11.3
重汽柴油发动机的维护

11.3.1　机油的更换

（1）检查油品

最低环境温度不低于－20℃的地区推荐采用 SAE 10W-40 黏度级别的机油（图 11-3-1），不同等级的油品不允许混用。

（2）检查油位

发动机处于水平状态，关闭发动机 20min 以

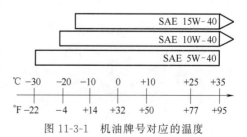

图 11-3-1　机油牌号对应的温度

后，才可以检查机油液位。从发动机上拔出机油尺，用干净的无绒布擦拭，将机油尺插回机油尺管内，再次拔出机油尺，机油液位必须在机油尺的最大和最小标记之间（图11-3-2），始终不得低于最小刻度。多次检查确定机油液位，偏低时应加注机油。注意，切勿加注机油超过最大刻度，加注过多的机油会损坏发动机。

（3）排空机油

更换周期：公路运输整车运行半年或6万公里，非公路运行500h，以先达到者为准。

发动机处于水平状态，且在发动机关闭至少10min以后，才可以更换机油。在发动机的下面放一个接油容器，拧松并卸下油底壳1上的放油螺塞2，排空废油。安装一个新的复合密封圈后，在油底壳上拧入放油螺塞，按规定力矩拧紧（图11-3-3）。

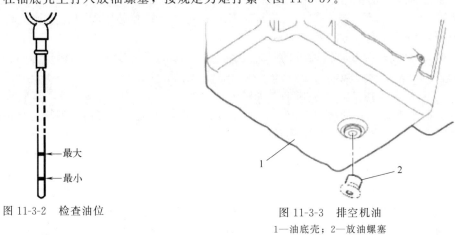

图 11-3-2　检查油位

图 11-3-3　排空机油
1—油底壳；2—放油螺塞

（4）更换机油滤清器

拆卸机油滤清器盖1，拆卸密封圈2，将机油滤芯3从机油滤清器壳体4中拔出。将新的密封圈2涂抹少量机油后套入机油滤清器盖1的密封槽内，将新的滤芯3插入滤清器壳体4预装配，插入并紧固滤清器盖1，不要超过规定的力矩，否则滤清器盖可能会断裂（图11-3-4）。

（5）加注机油

从发动机高压油泵壳体上的机油加注口1加注适量的新机油（图11-3-5、表11-3-1），加注完20min以后，才可以检查机油液位。

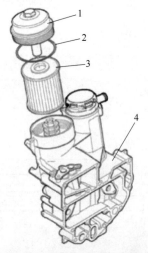

图 11-3-4　更换机油滤清器
1—机油滤清器盖；2—密封圈；3—滤芯；4—机油滤清器壳体

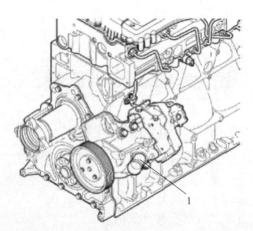

图 11-3-5　加注机油
1—机油加注口

表 11-3-1　机油加注量

初次加注和更换滤芯时的加注量	42L
日常保养机油加注量(不换滤芯)	40L

注意,加注机油前,需确保发动机无泄漏。

11.3.2　燃油模块的维护

(1) 排空燃油滤清器

① 使用工具将燃油滤清器盖 1 拧 2～3 圈,将其拆下 (图 11-3-6)。

② 拧下放水塞 2 并排空燃油滤清器。

③ 重新拧紧放水塞 2。

(2) 更换燃油滤芯及清洗滤网

① 拆卸燃油滤清器盖 1 (图 11-3-7)。

② 拆卸密封圈 2。

③ 将燃油滤芯 3 从燃油滤清器壳体 9 中拔出。

④ 拆卸手油泵的滤杯 7。

⑤ 将燃油滤网 6 从手油泵壳体 4 中拔出。

⑥ 拆卸密封圈 5。

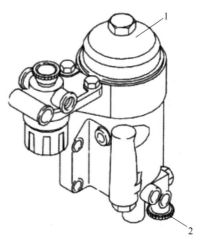

图 11-3-6　排空燃油滤清器
1—燃油滤清器盖;2—放水塞

⑦ 在洁净的燃油中清洗滤网 6 和滤杯 7,再用洁净的压缩空气吹干。

⑧ 在新更换的密封圈 5 上涂少量燃油,连同滤网 6 和滤杯 7 一起拧入壳体 4,并按规定力矩拧紧。

⑨ 在新更换的密封圈 2 上涂少量燃油后装配在盖 1 上,再将新的滤芯 3 插入盖 1 预装配,最后一起拧入壳体 9,并按规定力矩拧紧。

注意,更换燃油滤芯前应排空燃油滤清器;严禁污物进入,否则可能会损坏高压共轨喷油系统;不要重复使用旧的燃油滤芯;只能使用高压共轨喷油系统专用的燃油滤清器。

(3) 排气

逆时针旋转手油泵的手柄 8 (图 11-3-7),将其拉起,然后上下拉压手柄 8,在排除燃油滤清器中的空气的同时,使滤清器内充满燃油,当手油泵受到一定阻力时,将手柄 8 按到底,顺时针锁止。

注意,检查并保证燃油系统无泄漏。

11.3.3　气门间隙的检查调整

以 MC11 系列发动机为例。

(1) 拆除气缸盖罩

① 松开气缸盖罩 2 上的安装螺栓 3 (图 11-3-8)。

② 从气缸盖 1 上拆除气缸盖罩 2,要求安装螺栓和气缸盖罩垫以及隔套一起从气缸盖罩上拆除。

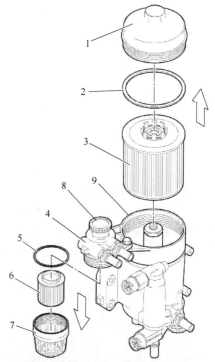

图 11-3-7　更换燃油滤芯及清洗滤网
1—燃油滤清器盖;2,5—密封圈;3—滤芯;
4—手油泵壳体;6—滤网;7—滤杯;
8—手油泵手柄;9—燃油滤清器壳体

注意，检查气缸盖罩垫是否良好，必要时更换新件。

（2）安装发动机曲轴旋转装置

① 从飞轮壳上取下密封盖。

② 在飞轮壳上安装发动机曲轴旋转装置 1（图 11-3-9）。

（3）转动曲轴到调整位置

使用发动机曲轴旋转装置和棘轮扳手，沿发动机运行方向转动曲轴，直至摇臂与摇臂桥接触。

（4）检查进气门间隙

在球形座 1 和气门桥 3 之间插入安装了塞尺 2 的夹具 4（图 11-3-10）。

若气门间隙不满足（0.5±0.03)mm，则应调整。

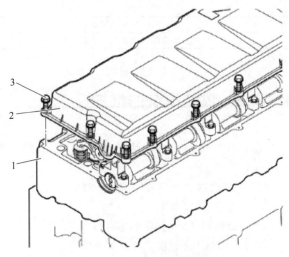

图 11-3-8　拆除气缸盖罩
1—气缸盖；2—气缸盖罩；3—安装螺栓

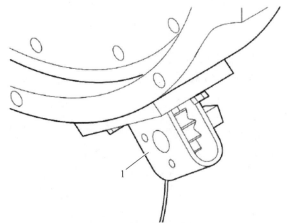

图 11-3-9　安装发动机曲轴旋转装置
1—发动机曲轴旋转装置

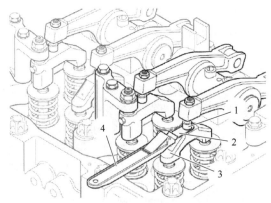

图 11-3-10　检查进气门间隙
1—球形座；2—塞尺；3—气门桥；4—夹具

（5）调整进气门间隙

① 松开锁止螺母 2 和调整螺栓 1（图 11-3-11）。

② 在球形座 3 和气门桥 4 之间插入安装了塞尺 6 的夹具 5。

③ 旋入调整螺栓 1 直至塞尺 6 能在球形座 3 和气门桥 4 之间移动，且受到微小的阻力。

④ 用气门调节扳手稳住调整螺栓 1。

⑤ 使用扭力扳手拧紧锁止螺母 2 至 45N·m。

⑥ 再次检查，如有必要，重复此程序。

（6）检查排气门间隙

① 反复按压气门桥 2 以挤出 EVB 活塞 5 中的机油（图 11-3-12）。

② 在球形座 1 和气门桥 2 之间插入安装了塞尺 4 的夹具 3。

若气门间隙不满足（0.8±0.03)mm，则应调整。

（7）移动 EVB 活塞至调整位置

注意，不要将 EVB 活塞完全压入气门桥。

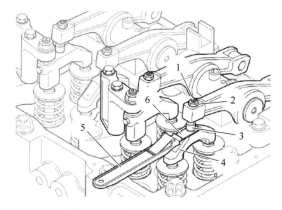

图 11-3-11　调整进气门间隙

1—调整螺栓；2—锁止螺母；3—球形座；
4—气门桥；5—夹具；6—塞尺

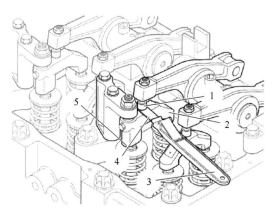

图 11-3-12　检查排气门间隙

1—球形座；2—气门桥；3—夹具；
4—塞尺；5—EVB 活塞

① 松开锁止螺母 2 并旋松数圈（图 11-3-13）。

② 旋入调整螺栓 1，向下挤压气门桥 3 数次，直至到达压力点。

③ 从 EVB 活塞 4 中挤出所有机油。

（8）调整排气门间隙

① 松开锁止螺母 3（图 11-3-14）。

② 旋入调整螺栓 2，向下挤压气门桥 6，直至到达压力点。

③ 在该位置使用调整螺栓 1 锁止气门桥 6。

④ 在球形座 4 和气门桥 6 之间插入安装了塞尺 5 的夹具。

⑤ 旋入调整螺栓 2 直至塞尺 5 能在球形座 4 和气门桥 6 之间移动，且受到微小的阻力。

⑥ 用气门调节扳手稳住调整螺栓 2。

⑦ 使用扭力扳手拧紧锁止螺母 3 至 45N·m。

⑧ 再次检查，如有必要，重复此程序。

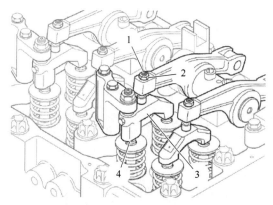

图 11-3-13　移动 EVB 活塞至调整位置

1—调整螺栓；2—锁止螺母；3—气门桥；4—EVB 活塞

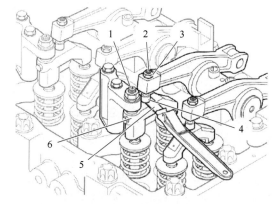

图 11-3-14　调整排气门间隙

1,2—调整螺栓；3—锁止螺母；
4—球形座；5—塞尺；6—气门桥

（9）检查 EVB 活塞间隙

① 轻微向下挤压气门桥 1（图 11-3-15）。

② 在 EVB 压块 4 和气门桥 1 之间插入安装了塞尺 2 的夹具 3。

若 EVB 活塞间隙不满足 (0.6±0.03)mm，则应调整。

（10）调整 EVB 活塞间隙

注意，旋入调整螺栓时，气门桥不能移动排气门。

① 松开锁止螺母 2（图 11-3-16）。

② 旋出调整螺栓 1 直至可以插入安装了塞尺 4 的夹具 3。

③ 和插入的塞尺 4 一起旋入调整螺栓 1 直至气门桥遇到阻力，可通过明显增加的阻力来辨别。

④ 用气门调节扳手稳住调整螺栓 1。

⑤ 使用扭力扳手拧紧锁止螺母 2 至 45N·m。

⑥ 再次检查，如有必要，重复此程序。

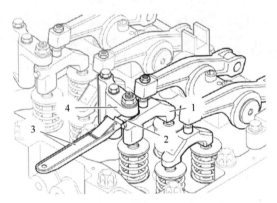

图 11-3-15　检查 EVB 活塞的间隙
1—气门桥；2—塞尺；3—夹具；4—EVB 压块

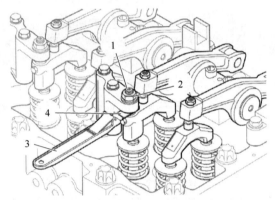

图 11-3-16　调整 EVB 活塞间隙
1—调整螺栓；2—锁止螺母；3—夹具；4—塞尺

（11）拆除发动机曲轴旋转装置

从飞轮壳上拆除发动机曲轴旋转装置。

（12）安装气缸盖罩

① 安装气缸盖罩前清理密封垫及槽中的油渍。

② 盖好气缸盖罩，旋入安装螺栓。注意螺栓的区别，在排气侧的 8 个螺栓为不带橡胶减振垫的螺栓总成，其余的 10 个螺栓为带橡胶减振垫的螺栓总成。

③ 按图 11-3-17 所示顺序拧紧安装螺栓至 10N·m。

11.3.4　多楔带的检查更换

（1）检查多楔带状况

① 关闭发动机。

② 检查多楔带是否沾有油污，是否存在裂纹、过热烧结、磨损等，如有损坏，需及时更换。

（2）检查多楔带张紧力

确认多楔带张紧轮处于弹簧张紧力作用下，正常情况下是免维护的。

（3）更换新的多楔带

① 使用扳手沿顺时针方向旋转张紧轮螺栓 1 至挡块位置，并对其进行稳固（图 11-3-18）。

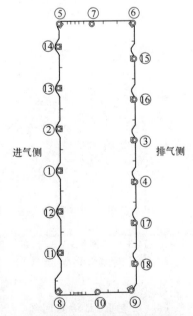

图 11-3-17　气缸盖罩安装螺栓
的拧紧顺序

② 移除旧的多楔带，更换新的多楔带 2，确认多楔带的安装位置。

③ 自动张紧轮缓慢回位直到与新的多楔带接触。再次检查多楔带的接触面。

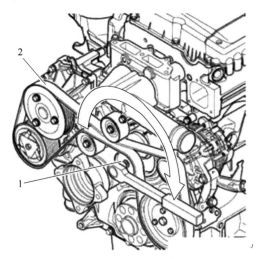

图 11-3-18　更换新的多楔带

1—张紧轮螺栓；2—多楔带

11.3.5　保养计划

（1）日常检查

① 每天启动发动机之前，检查机油、燃油、冷却液的液位。

② 每周启动发动机之前，检查并拧紧松动的紧固件，目视检查是否有泄漏。

③ 每两周启动发动机之前，检查多楔带的状况及张紧力，检查进气系统的滤芯。

④ 每天启动发动机之后，检查机油压力。

注意，保养时将车辆停放在水平面上，彻底清理检查和保养区域。

（2）首次保养

首次保养在 1000km 和 5000km 之间进行。

（3）S12 保养

进行每年（12 个月后）的保养。

（4）冬季保养

为了维持发动机正常运转和行车安全，在气温开始下降时，及时进行冬季保养。

① 及时更换为黏度合适的机油。

② 根据环境温度选用合适的燃油。

③ 排空燃油模块中的水。

④ 检查并加满冷却系统的冷却液。

⑤ 检查电器。

保养清单见表 11-3-2。

表 11-3-2　保养清单

项目		周期
冷却系统	检查冷却液液位	日常检查
	检查系统状态和密封性	首次保养，S12
	复紧软管卡箍	首次保养，S12
	检查中冷器和散热器翅片污染情况	S12

项目		周期
冷却系统	更换冷却液,检查膨胀水箱安全阀(必要时更换新件)	20万公里或最迟2年
	核对冷却液规格	冬季保养,S12
	检查多楔带状态和张紧情况	S12
燃油系统	检查燃油液位	日常检查
	检查系统状态和密封性	首次保养,S12
	清洁燃油模块手油泵滤网,更换燃油精滤器滤芯	根据燃油压力传感器提醒,最长不得超过2万公里
	更换燃油粗滤器滤芯	与燃油精滤器滤芯同步更换
进排气系统	检查空气滤清器滤芯污染情况	更换机油时
	更换滤芯	根据车辆规定
	检查系统状态和密封性	首次保养,更换机油时
	复紧软管卡箍	首次保养,S12
气缸盖	检查气门间隙,必要时调整	S12
润滑系统	检查机油液位	日常检查
	更换机油和滤芯	按更换周期
电气系统	检查起动机、发电机的状态	首次保养,S12

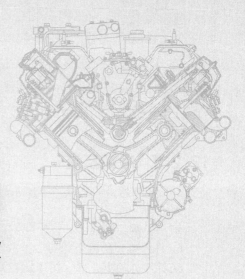

第12章

重汽柴油发动机的拆装、诊断与维修

12.1
重汽柴油发动机通用装配要求

　　① 发动机在装配前必须检查零部件的工作表面有无损伤，清洗是否干净。必须在装配过程中采用各种方式保证零部件不产生磕碰伤。

　　② 热装零件按照加热规范进行操作，例如飞轮齿圈电感加热 $200\sim300℃$。

　　③ 各零部件均应在严格保持清洁的条件下进行装配，特别是喷油器、进油接管和高压油管等。

　　④ 所有的碗形塞压入前涂少量乐泰胶 648。

　　⑤ 油漆未干的零部件不得进行装配。

　　⑥ 发动机各密封处及防松处均应按规定涂胶。使用密封、防松胶料的部位应去除防锈油等，以满足涂胶的要求。涂覆后多余的胶料必须清除。

　　⑦ 必须保证主要螺栓、螺母的拧紧力矩和拧紧顺序。未规定拧紧顺序的应按从中间到两边或交叉的顺序拧紧。

　　⑧ 装配完的部件应按规定注入润滑油。凡运动摩擦副零件表面均应有一定量润滑油，其中轴瓦类零件表面应有较多润滑油。

　　⑨ 各运动副应转动灵活，不允许有卡滞现象。

　　⑩ 各种管路应清洁畅通，安装时允许进行微量矫正，但不得进行敲打，不允许有凹痕、褶皱、压扁、裂纹等。

　　⑪ 外部零件的装配应整齐，软管卡箍上螺钉要位于水平或垂直位置，邻近者还应保持一致。

　　⑫ 要根据技术参数调整主要零部件的配合间隙。

　　⑬ 与发动机内腔相通的各种外露接口，在部装、总装后，必须在清理后封闭。

　　⑭ 装配发动机时，应使用专用工具。

12.2
重汽柴油发动机的检修

12.2.1 冷却系统

（1）散热风扇的更换

① 拆卸风扇。

a. 旋下固定螺栓 1。

b. 将风扇 3 从风扇托架 2 上取下（图 12-2-1）。

c. 拆卸硅油离合器（图 12-2-2）：旋下固定螺栓 2；按照向前的方向将硅油离合器 1 从风扇 3 中取出。

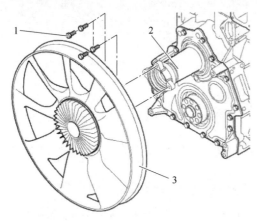
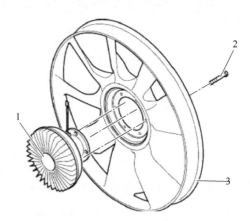

图 12-2-1　拆下风扇

1—固定螺栓；2—风扇托架；3—风扇

图 12-2-2　拆卸硅油离合器

1—硅油离合器；2—固定螺栓；3—风扇

② 安装风扇。

a. 安装硅油离合器：将硅油离合器从前端装入风扇。

b. 旋上固定螺栓并按规定力矩拧紧。

c. 将风扇装到风扇托架上，旋上新固定螺栓并拧紧。

（2）风扇托架间隙的检查

① 检查风扇托架轴向间隙（图 12-2-3）。

a. 安装千分表支架 2、千分表 1 和定位销。

b. 以一定的预紧力将定位销放置在驱动齿轮 3 上。

c. 将驱动齿轮 3 压向曲轴箱方向。

d. 将千分表 1 调零。

e. 将驱动齿轮 3 沿着千分表 1 的方向拉到最终位置并读出差值。如果轴向间隙超出公差范围，必须更换风扇托架。

② 检查风扇托架径向间隙（图 12-2-4）。

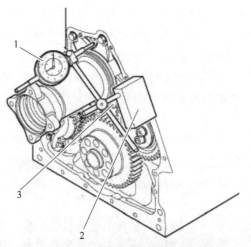

图 12-2-3　检查风扇托架轴向间隙

1—千分表；2—千分表支架；3—驱动齿轮

a. 安装千分表支架 2、千分表 3 和定位销。

b. 以一定的预紧力将定位销放置在风扇毂 1 上。

c. 水平向左将风扇毂 1 压向最终位置。

d. 将千分表 3 调零。

e. 将风扇毂 1 沿着千分表 3 的方向拉到最终位置并读出差值。如果径向间隙超出公差范围，检查风扇轴和风扇轴轴承。

（3）风扇托架的拆装及检查

① 安装发动机曲轴旋转装置。

a. 取下飞轮壳密封盖。

b. 将发动机曲轴旋转装置装到飞轮壳上并锁止。

② 拆下风扇毂（图 12-2-5）。

a. 将曲轴齿轮 4 用固定螺栓 5 固定。

b. 旋下固定螺栓（左旋螺纹）1。

c. 将风扇毂 2 从风扇托架 3 上取下。

③ 拉出风扇托架径向轴封（图 12-2-6）。

用冲击式拉出器 4 和拉拔钩 3 从风扇托架 1 中拉出径向轴封 2。

④ 拆卸风扇托架（图 12-2-7）。

a. 标记固定螺栓 1 和 2 的安装位置。

b. 旋下固定螺栓 1 和 2。

c. 取下 O 形圈 4。

d. 取下风扇托架 3。

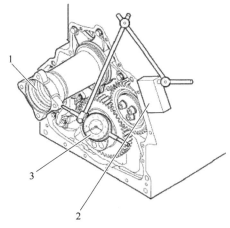

图 12-2-4 检查风扇托架径向间隙
1—风扇毂；2—千分表支架；3—千分表

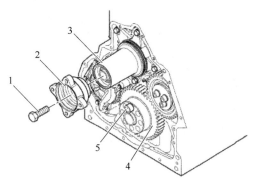

图 12-2-5 拆下风扇毂
1，5—固定螺栓；2—风扇毂；3—风扇托架；4—曲轴齿轮

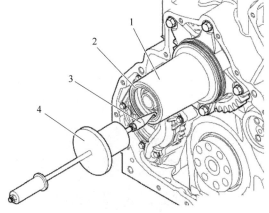

图 12-2-6 拉出风扇托架径向轴封
1—风扇托架；2—径向轴封；3—拉拔钩；4—冲击式拉出器

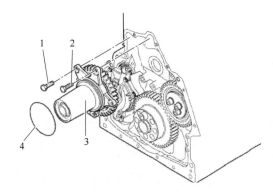

图 12-2-7 拆卸风扇托架
1，2—固定螺栓；3—风扇托架；4—O 形圈

⑤ 检查风扇托架。

a. 将风扇轴 2 从壳体 1 中拉出（图 12-2-8）。

b. 检查风扇轴轴承内径（图 12-2-9）：用千分表 1 和内径卡规 4 检查前部轴承 2 的内径。

c. 对后部轴承重复此程序。若内径超出公差范围，壳体必须更换。

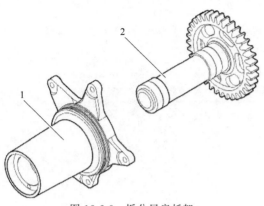

图 12-2-8　拆分风扇托架

1—壳体；2—风扇轴

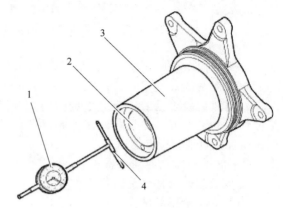

图 12-2-9　检查风扇轴轴承内径

1—千分表；2—前部轴承；3—壳体；4—内径卡规

d. 检查风扇轴外径（图 12-2-10）：用千分尺 1 在工作面 2 和 3 处检查风扇轴外径。若外径超出公差范围，风扇轴必须更换。

⑥ 组装风扇托架。

a. 在风扇轴的轴颈上涂一薄层干净的发动机机油。

b. 将风扇轴装入壳体。

⑦ 安装风扇托架。

a. 在新 O 形圈上涂一薄层润滑油。

b. 装上 O 形圈。

c. 装上风扇托架。

d. 根据标记旋上两个固定螺栓。

e. 拧紧两个固定螺栓。

⑧ 压入径向轴封（图 12-2-11）。

用套装把手 4、垫片和压入冲头 3 将径向轴封 2 压入风扇托架 1，直至挡块位置。

⑨ 安装风扇毂（图 12-2-12）。

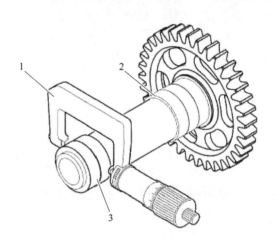

图 12-2-10　检查风扇轴外径

1—千分尺；2,3—工作面

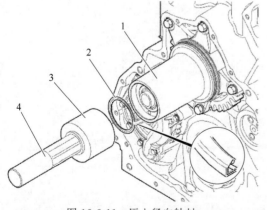

图 12-2-11　压入径向轴封

1—风扇托架；2—径向轴封；3—压入冲头；4—套装把手

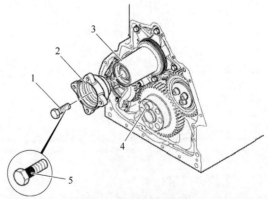

图 12-2-12　安装风扇毂

1,4—固定螺栓；2—风扇毂；3—风扇托架；
4—乐泰胶；5—涂胶

a. 将新风扇毂 2 装入风扇托架 3。

b. 在轮毂接合面上，涂一薄层乐泰胶。

c. 旋上固定螺栓（左旋螺纹）1 并以初始力矩进行首次拧紧。

d. 对固定螺栓（左旋螺纹）1 进行 90°转角。

e. 旋下固定螺栓 4。

⑩ 拆下发动机曲轴旋转装置。

将发动机曲轴旋转装置从飞轮壳上取下。

（4）节温器的拆装

① 拆卸节温器弯管（图 12-2-13）。

a. 标记固定螺栓 4 和 5 的安装位置。

b. 旋下固定螺栓 4 和 5。

c. 取下节温器弯管 2 和支架 3。

d. 将 O 形圈 1 从节温器上取下。

e. 清洁密封面。

② 拆卸节温器（图 12-2-14）。

a. 将带有密封圈 2 的节温器 1 从节温器壳体 3 中取出（图 12-2-14）。

b. 清洁密封面。

③ 安装节温器。

a. 将新密封圈装入节温器壳体。

b. 将节温器装入，球阀或 TOP 标记朝上。

④ 安装节温器弯管。

a. 将新 O 形圈装到节温器上。

b. 将节温器弯管装到节温器壳体上。

c. 根据标记将两个新固定螺栓旋上并拧紧。

（5）水泵的拆装

① 拆卸水泵。

注意，多楔带张紧轮处于弹簧张紧力作用下。

a. 松开固定螺栓 2（图 12-2-15）。

b. 沿着顺时针方向旋转多楔带张紧轮 1 至挡块位置，并对其进行固定。

c. 取下多楔带 3。

d. 小心地松开多楔带张紧轮 1。

e. 旋下固定螺栓 1（图 12-2-16）。

f. 将多楔带带轮 2 从轮毂 3 上拔下。

g. 标记固定螺栓 1 和 4 的安装位置（图 12-2-17）。

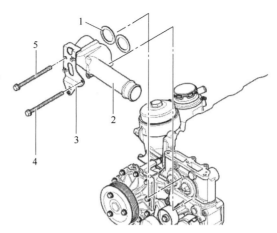

图 12-2-13　拆卸节温器弯管
1—O 形圈；2—节温器弯管；3—支架；4，5—固定螺栓

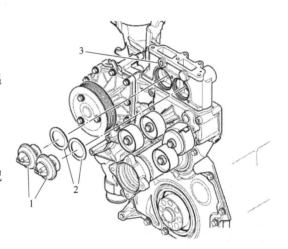

图 12-2-14　拆卸节温器
1—节温器；2—密封圈；3—节温器壳体

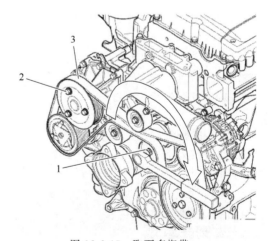

图 12-2-15　取下多楔带
1—多楔带张紧轮；2—固定螺栓；3—多楔带

h. 旋下固定螺栓 1 和 4。

i. 取下水泵 2 和垫片 3。

j. 清洁密封面。

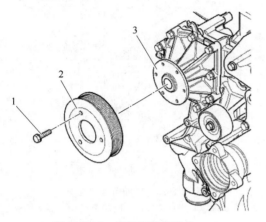 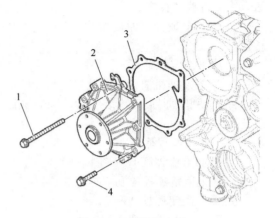

图 12-2-16 拆卸多楔带带轮

1—固定螺栓；2—多楔带带轮；3—轮毂

图 12-2-17 取下水泵

1,4—固定螺栓；2—水泵；3—垫片

② 安装水泵。

a. 装上带垫片的水泵。

b. 根据标记旋上并拧紧两个新固定螺栓。

c. 将多楔带带轮装到轮毂上。

d. 用手拧紧固定螺栓。

e. 沿顺时针方向旋转多楔带张紧轮至挡块位置，并对其进行固定。

f. 装上多楔带。

g. 小心地放开多楔带张紧轮。

h. 拧紧固定螺栓。

12.2.2 进排气系统

（1）排气歧管的拆装

① 拆卸排气歧管。

a. 旋出安装螺栓 2（图 12-2-18）。

b. 拆除隔热罩 1 和 3。

c. 标记安装螺栓 2 和 3 的安装位置（图 12-2-19）。

d. 旋出安装螺栓 2 和 3。

e. 和垫片 1 一起取下排气歧管 4。

f. 清洁接触面。

g. 将排气歧管 1 和 3 从排气歧管 2 上拉出（图 12-2-20）。

h. 从排气歧管 1 和 3 上拆除密封环。

i. 清洁接触面。

② 安装排气歧管。

a. 在排气歧管上插入新的密封环，各密封环缺口依次错开 90°。

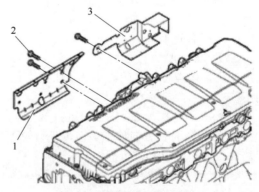

图 12-2-18 拆除隔热罩

1,3—隔热罩；2—安装螺栓

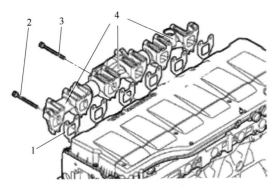

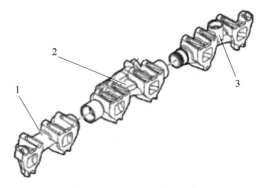

图 12-2-19　取下排气歧管

1—垫片；2,3—安装螺栓；4—排气歧管

图 12-2-20　分解排气歧管

1～3—排气歧管

b. 将排气歧管连接在一起。

c. 从 A 开始，按 A～F 的顺序拧紧排气歧管（图 12-2-21）。

d. 定位垫片，使其凸出的部分面对排气歧管。

e. 定位排气歧管。

f. 旋入新的安装螺栓。

g. 按顺序拧紧安装螺栓至初始力矩。

h. 按顺序对安装螺栓进行 90°转角。

i. 安装隔热罩。

（2）进气管的拆装

① 拆卸进气管。

a. 旋出安装螺栓 1、2 和 7（图 12-2-22）。

b. 拆卸进气管 6。

c. 松开卡箍 5。

d. 和 O 形圈 3 一起拆除进气歧管 4。

② 安装进气管。

a. 和卡箍一起在涡轮增压器上定位进气歧管并使其对齐进气管。

b. 在新的 O 形圈上涂一薄层专用凡士林并将其插入进气歧管。

c. 插入进气管。

d. 旋入并拧紧新的安装螺栓 1（图 12-2-22）。

e. 旋入并拧紧新的安装螺栓 2（图 12-2-22）。

f. 插入新的安装螺栓 7（图 12-2-22），然后旋上并拧紧新的安装螺母。

g. 拧紧卡箍至规定力矩。

（3）进气歧管的拆装

① 拆卸进气歧管。

a. 旋出安装螺栓 1 和 2 并拆卸支架 3（图 12-2-23）。

b. 断开电气连接插头 3（图 12-2-24）。

c. 旋出安装螺栓 5 并拆除增压传感器 4。

d. 旋出安装螺栓 1。

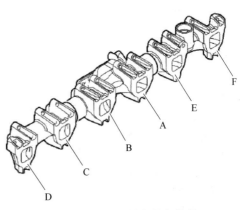

图 12-2-21　拧紧排气歧管

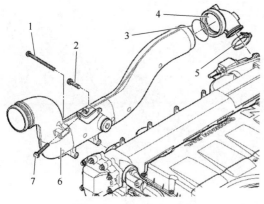

图 12-2-22　拆卸进气管
1,2,7—安装螺栓；3—O形圈；
4—进气歧管；5—卡箍；6—进气管

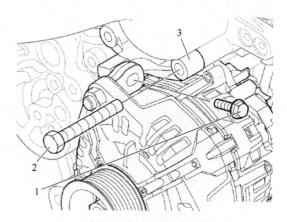

图 12-2-23　拆卸支架
1,2—安装螺栓；3—支架

e. 拆除进气歧管 2。

f. 清洁接触面。

② 安装进气歧管。

a. 在接触面涂一薄层乐泰胶。

b. 定位进气歧管。

c. 旋入新的安装螺栓。

d. 和新的 O 形圈一起插入增压传感器。

e. 旋入并拧紧安装螺栓。

f. 连接电气连接插头。

g. 安装支架。

（4）涡轮增压器的拆装

① 拆卸涡轮增压器。

a. 拆除压缩空气管 1（图 12-2-25）。

b. 从蝶阀气缸 3 上拆除压缩空气管 2。

c. 旋出卡箍 3 上的螺栓（图 12-2-26）。

d. 从涡轮增压器 1 上拆除垫片和排气弯管 2。

e. 清洁接触面。

f. 拆除进油管 1（图 12-2-27）。

g. 旋出安装螺栓 3（图 12-2-28）。

h. 在螺纹管处旋出回油管 2。

i. 拆除垫片 4 和密封圈 1。

j. 清洁接触面。

k. 使用梅花扳手旋出安装螺母 1（图 12-2-29）。

l. 一起拆除涡轮增压器 2 和垫片 3。

m. 清洁接触面。

② 安装涡轮增压器。

a. 更换新的垫片，和涡轮增压器一起固定到发动机上。

b. 旋入新的安装螺母，并用梅花扳手拧紧至初始力矩。

c. 拧紧安装螺母至 90°转角。

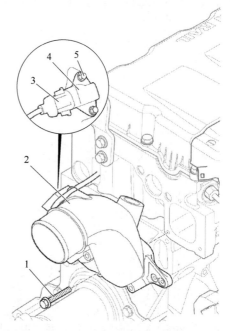

图 12-2-24　拆除进气歧管
1,5—安装螺栓；2—进气歧管；
3—电气连接插头；4—增压传感器

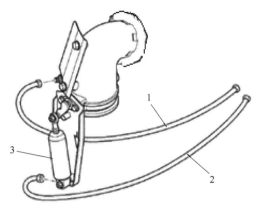

图 12-2-25　拆除压缩空气管

1,2—压缩空气管；3—蝶阀气缸

图 12-2-26　拆除排气弯管

1—涡轮增压器；2—排气弯管；3—卡箍

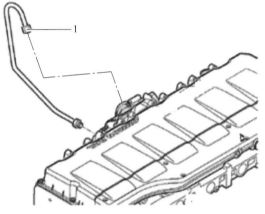

图 12-2-27　拆除油压管路

1—进油管

图 12-2-28　拆除回油管

1—密封圈；2—回油管；3—安装螺栓；4—垫片

d. 使用梅花扳手 1 和扭力扳手 2，将安装螺母（右下）拧紧至初始力矩（图 12-2-30）。

e. 拧紧安装螺母（右下）至 90°转角。

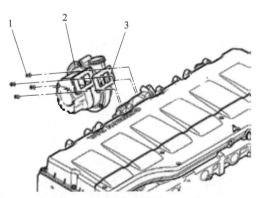

图 12-2-29　拆除涡轮增压器

1—安装螺母；2—涡轮增压器；3—垫片

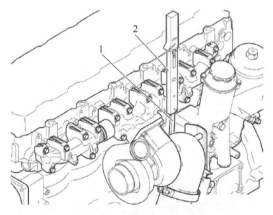

图 12-2-30　安装右下方螺母

1—梅花扳手；2—扭力扳手

f. 使用梅花扳手 1 和扭力扳手 2，将安装螺母（左下）拧紧至初始力矩（图 12-2-31）。

g. 拧紧安装螺母（左下）至 90°转角。

h. 更换回油管密封圈和垫片，安装螺栓并紧固。

i. 在连接进油管之前向涡轮增压器中注入清洁的发动机机油。使用漏斗 1 向涡轮增压器 2 的注油口倒入清洁的发动机机油直至涡轮增压器 2 上的导油管注满（图 12-2-32）。

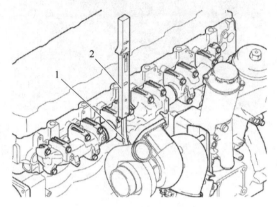

图 12-2-31　安装左下方螺母

1—梅花扳手；2—扭力扳手

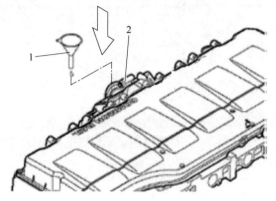

图 12-2-32　向涡轮增压器注油

1—漏斗；2—涡轮增压器

j. 安装进油管。

k. 安装排气弯管。

l. 连接压缩空气管。

12.2.3　配气机构和曲柄连杆机构

（1）缸盖的拆装

辅助工作：

拆除和安装发动机控制单元；

拆除和安装冷却水弯管；

拆除和安装节温器；

拆除和安装节温器壳；

拆除和安装排气歧管；

拆除和安装进气管；

拆除和安装涡轮增压器；

检查和设定气门间隙；

拆除和安装喷油器及共轨组件；

拆除和安装燃油模块；

拆除和安装机油模块。

① 拆卸缸盖。

a. 断开转速传感器的电气连接插头 1（图 12-2-33）。

b. 旋转 90°，打开锁止销 2（图 12-2-34）。

c. 拆除线束总成盖板 1。

d. 旋出安装螺栓 1（图 12-2-35）。

e. 将线束支架 2 和线束一起放到一边并固定。

f. 旋出安装螺栓 3（图 12-2-36）。

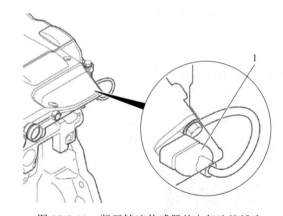

图 12-2-33　断开转速传感器的电气连接插头

1—电气连接插头

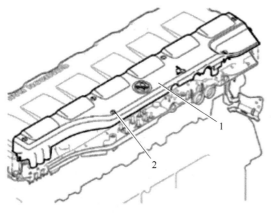

图 12-2-34　拆除线束总成盖板

1—线束总成盖板；2—锁止销

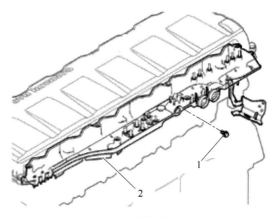

图 12-2-35　拆除线束支架

1—安装螺栓；2—线束支架

g. 将气缸盖罩 2 从气缸盖 1 上拆除。

注意，安装螺栓必须和气缸盖罩垫以及隔套一起从气缸盖罩上拆除。

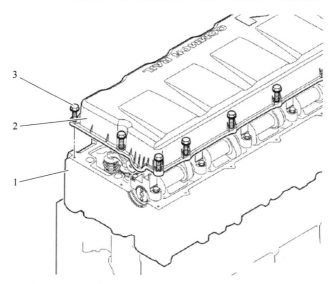

图 12-2-36　拆除气缸盖罩

1—气缸盖；2—气缸盖罩；3—安装螺栓

h. 将发动机曲轴旋转装置 1 安装在飞轮壳上（图 12-2-37）。

i. 按发动机运行方向，使用发动机曲轴旋转装置 1 和棘轮扳手调节发动机直至 1 缸处于 TDC（上止点）标记 2。

j. 旋出安装螺栓 5（图 12-2-38）。

k. 拆除 EVB 压块 6。

l. 旋出安装螺栓 3 和 4。

m. 一起拆除气门摇臂桥 2 和摇臂座支架 1。

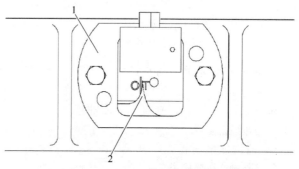

图 12-2-37　将发动机曲轴调到上止点标记

1—发动机曲轴旋转装置；2—TDC 标记

n. 标记气门桥 1 和 2 的安装位置（图 12-2-39）。

o. 拆除气门桥 1 和 2。

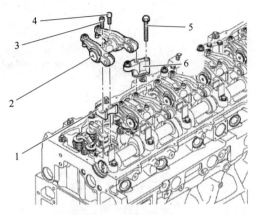

图 12-2-38　拆除摇臂装置

1—摇臂座支架；2—气门摇臂桥；

3～5—安装螺栓；6—EVB 压块

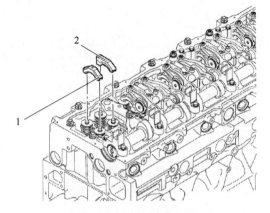

图 12-2-39　拆除气门桥

1,2—气门桥

p. 将专用工具 1 安装在将要松开的缸盖螺栓上（图 12-2-40）。

q. 使用专用工具 1 和扳手 2 松开所有的缸盖螺栓。

r. 旋出缸盖螺栓 1（图 12-2-41）。

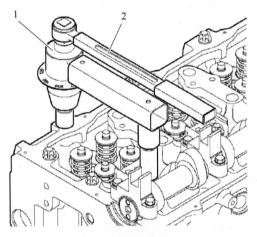

图 12-2-40　松开缸盖螺栓

1—专用工具；2—扳手

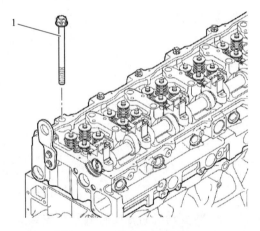

图 12-2-41　旋出缸盖螺栓

1—缸盖螺栓

s. 将所有的起重吊钩 6 安装在缸盖 4 和凸轮轴上（图 12-2-42）。

t. 将吊钩链 3 装在起重吊钩 6 和横梁 5 上。

u. 使用举升装置将缸盖 4 从曲轴箱 1 上抬起。

v. 拆除缸盖垫片 2。

w. 清洁接触面。

x. 清洁缸盖螺栓的螺孔。

y. 移除专用工具。

② 安装缸盖。

a. 旋转凸轮轴 3 使 TDC 标记 1 和缸盖面 2 对齐（图 12-2-43）。

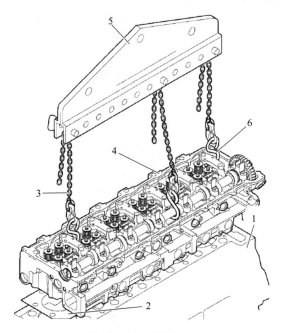

图 12-2-42　拆除缸盖
1—曲轴箱；2—缸盖垫片；3—吊钩链；
4—缸盖；5—横梁；6—起重吊钩

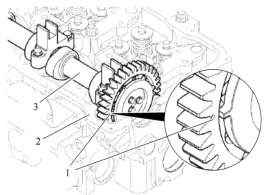

图 12-2-43　将凸轮轴调到 TDC 标记
1—TDC 标记；2—缸盖面；3—凸轮轴

b. 将测量盘 2 放在气缸套上（图 12-2-44）。

c. 和垫圈 5 一起旋入六角头螺栓 4 并拧紧。

d. 将千分表支架 6 和千分表 3 一起放在测量盘 2 上。

e. 将千分表 3 调零。

f. 小心地将千分表测头 1 放在气缸套上并注意千分表上的变化。若气缸套凸出量超出公差范围，则应安装一个新的气缸套或曲轴箱。

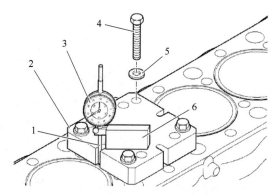

图 12-2-44　检查气缸套凸出量
1—千分表测头；2—测量盘；3—千分表；4—六角头螺栓；5—垫圈；6—千分表支架

g. 在曲轴箱的定位销上安装新的缸盖垫片。

h. 使用起重吊钩及专用工具将缸盖放在曲轴箱上。

i. 按图 12-2-45 所示顺序拧紧缸盖螺栓。

j. 在新的缸盖螺栓的接触面上涂一薄层 White T 润滑脂。

注意，勿使用旧的气缸盖螺栓，即使仅使用过一次也应更换。

k. 旋入缸盖螺栓并手动拧紧。

按图 12-2-45 所示顺序拧紧缸盖螺栓至初始力矩。

按图 12-2-45 所示顺序拧紧缸盖螺栓至第二力矩。

按图 12-2-45 所示顺序拧紧缸盖螺栓至第三力矩。

l. 将专用工具 1 安装在要拧紧的缸盖螺栓上（图 12-2-46）。

按图 12-2-45 所示顺序，使用专用工具 1 和扳手 2 拧紧缸盖螺栓至 90°转角。

按图 12-2-45 所示顺序，第二次使用专用工具 1 和扳手 2 拧紧缸盖螺栓至 90°转角。

按图 12-2-45 所示顺序，第三次使用专用工具 1 和扳手 2 拧紧缸盖螺栓至 90°转角。

m. 检查凸轮轴上的 TDC 标记必须和缸盖面对齐。若标记未对齐，则拆除凸轮轴并重新安装。

n. 安装气门桥，气门桥的凹口必须朝向凸轮轴。

o. 将摇臂座支架装在缸盖上。

p. 将气门摇臂桥装在摇臂座支架上。

q. 旋入安装螺栓。

r. 拧紧安装螺栓 4 至规定力矩（图 12-2-38）。

s. 拧紧安装螺栓 3 至规定力矩（图 12-2-38）。

t. 安装 EVB 压块。

u. 旋入并拧紧安装螺栓 5（图 12-2-38）。

v. 安装气缸盖罩并紧固螺栓至规定力矩。

w. 安装线束总成支架。

x. 安装线束总成盖板。

y. 连接转速传感器电气连接插头。

z. 拆除发动机曲轴旋转装置。

（2）气门油封的拆装

辅助工作：

检查和调整气门间隙；

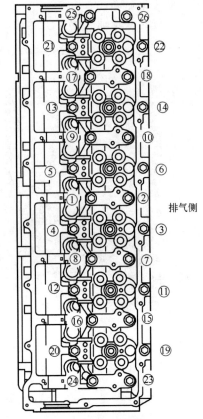

进气侧　　　　排气侧

图 12-2-45　缸盖螺栓的拧紧顺序

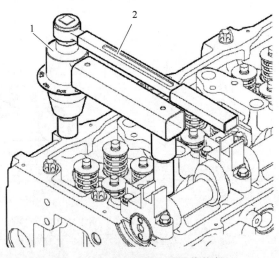

图 12-2-46　缸盖螺栓的最终拧紧
1—专用工具；2—扳手

拆除和安装喷油器及共轨组件。

① 拆卸气门油封。

a. 拆卸线束总成盖板。

b. 拆卸气缸盖罩。

c. 连接发动机曲轴旋转装置。

d. 拆卸摇臂装置。

e. 拆卸气门桥。

f. 将管接头 2 旋入轴承支架 1 中（图 12-2-47）。

g. 将装配工具 3 旋入管接头 2。

h. 通过旋转螺纹主轴 5 在弹簧座上定位支架 4（图 12-2-48）。

i. 将气门弹簧压缩工具 2 钩在装配工具 3 上。

j. 将加长杆 1 装在气门弹簧压缩工具 2 上。

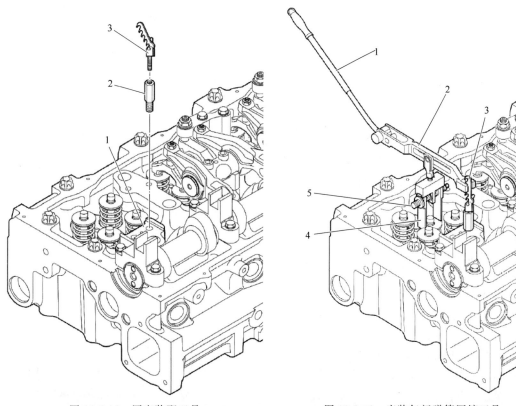

图 12-2-47　固定装配工具

1—轴承支架；2—管接头；3—装配工具

图 12-2-48　安装气门弹簧压缩工具

1—加长杆；2—气门弹簧压缩工具；

3—装配工具；4—支架；5—螺纹主轴

注意，确保支架正确地安装在弹簧座上，不要用手将气门锁夹从气门弹簧上拆除。

k. 用加长杆 1 下压气门弹簧压缩工具（图 12-2-49）。

l. 将气门锁夹 2 从气门杆 3 上拆除。

m. 释放气门弹簧压缩工具。

n. 和垫圈及弹簧座一起拆除气门弹簧。

o. 对其他气门重复此程序。

p. 移除专用工具。

q. 将装配工具 2 压在气门油封 1 上（图 12-2-50）。

r. 夹住装配工具 2。

s. 用冲击锤 3 将气门油封 1 从气门导管中取出。

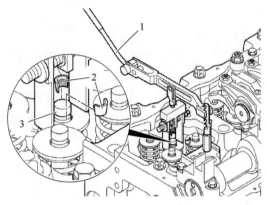

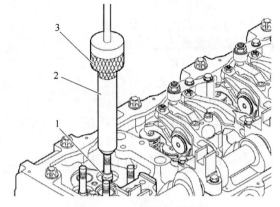

图 12-2-49　拆除气门锁夹
1—加长杆；2—气门锁夹；3—气门杆

图 12-2-50　拆除气门油封
1—气门油封；2—装配工具；3—冲击锤

② 安装气门油封。

注意，进气门和排气门的油封颜色不同，红色的安装在进气门上，棕色的安装在排气门上。

a. 在安装套筒 2 和气门油封 3 上涂一薄层清洁的发动机机油（图 12-2-51）。

b. 将安装套筒 2 压在气门杆 1 上。

c. 将气门油封 3 插入装配工具 4 并夹紧。

d. 将装配工具 4 压在安装套筒 2 上。

e. 用冲击锤 5 将气门油封 3 敲到气门杆 1 上。

f. 移除装配工具 4 和安装套筒 2。

g. 将管接头 2 旋入轴承支架 1 中，将装配工具 3 旋入管接头 2 中（图 12-2-47）。

h. 安装气门弹簧压缩工具（图 12-2-48）。

i. 在气门杆上套入垫圈 3、气门弹簧 2 和弹簧座 1（图 12-2-52）。

j. 确保支架正确地安装在弹簧座上，不要用手将气门锁夹插入气门弹簧。

k. 用加长杆 1 下压气门弹簧压缩工具（图 12-2-49）。

l. 使用合适的工具插入气门锁夹 2，使其位于气门杆 3 的凹槽中。

m. 释放气门弹簧压缩工具。

n. 对其他气门重复此程序。

o. 移除专用工具。

p. 安装气门桥。

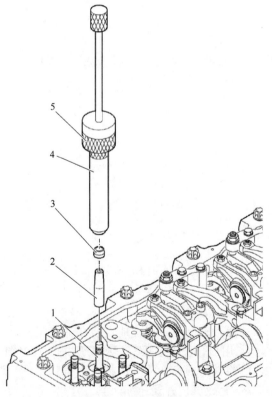

图 12-2-51　安装气门油封
1—气门杆；2—安装套筒；3—气门油封；
4—装配工具；5—冲击锤

q. 安装摇臂装置。

r. 拆除发动机曲轴旋转装置。

s. 安装气缸盖罩。

t. 安装线束总成盖板。

（3）缸套的拆检

① 拆卸缸套。

a. 检查缸套直径（图 12-2-53）。

ⅰ. 使用千分表 2 和内径卡规 1 测量缸套 3。

ⅱ. 每次偏移 120°重复测量数次。

ⅲ. 在四个不同的高度重复测量。

ⅳ. 若缸套 3 是椭圆的，应安装新的缸套。

b. 安装提取工具（图 12-2-54）。

注意，插入提取盘时不要损坏机油喷嘴。

ⅰ. 标记缸套 1 的排列顺序和安装位置。

ⅱ. 将提取工具 3 和折叠的提取盘 2 一起推入缸套 1。

c. 提取缸套（图 12-2-55）。

ⅰ. 用螺母 2 固定提取工具 3。

ⅱ. 使用提取工具 3 取出缸套 1。

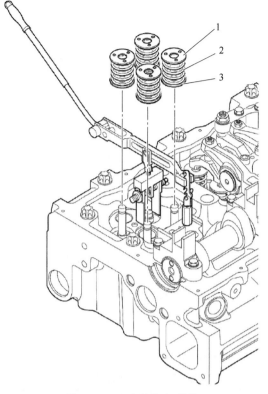

图 12-2-52　安装气门弹簧
1—弹簧座；2—气门弹簧；3—垫圈

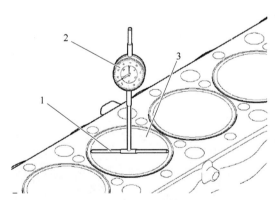

图 12-2-53　检查缸套直径
1—内径卡规；2—千分表；3—缸套

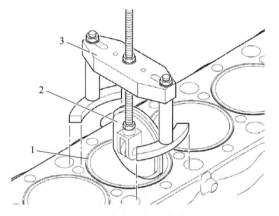

图 12-2-54　安装提取工具
1—缸套；2—提取盘；3—提取工具

ⅲ. 清洁缸套 1。

d. 拆除 O 形圈（图 12-2-56）。

ⅰ. 从曲轴箱上拆除 O 形圈 2。

ⅱ. 清洁缸套座 1 和 O 形圈座。

② 检查缸套座和缸套。

a. 检查缸套座深度（图 12-2-57）。

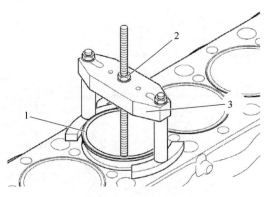

图 12-2-55　提取缸套
1—缸套；2—螺母；3—提取工具

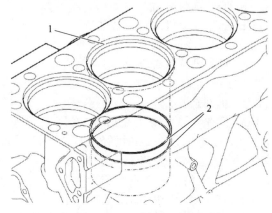

图 12-2-56　拆除 O 形圈
1—缸套座；2—O 形圈

ⅰ. 用深度规（电子的）1 检查缸套座深度。

ⅱ. 在四个相对的点上测量缸套座深度。若深度超出公差范围，应安装新的曲轴箱。

b. 检查缸套凸出量（图 12-2-58）。

ⅰ. 将测量盘 2 放在缸套上。

ⅱ. 和垫圈 5 一起旋入并拧紧六角头螺栓 4。

ⅲ. 将带千分表 3 的千分表支架 6 放在测量盘 2 上。

ⅳ. 将千分表测头 1 放在曲轴箱上。

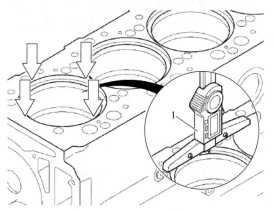

图 12-2-57　检查缸套座深度
1—深度规（电子的）

ⅴ. 将千分表 3 调零。

ⅵ. 小心地将千分表测头 1 放在缸套上并注意千分表上的变化。若凸出量超出公差范围，应安装新的缸套或曲轴箱。

c. 安装缸套（图 12-2-59）。

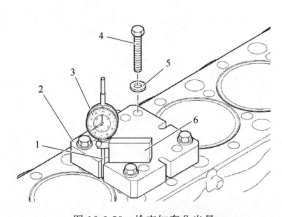

图 12-2-58　检查缸套凸出量
1—千分表测头；2—测量盘；3—千分表；
4—六角头螺栓；5—垫圈；6—千分表支架

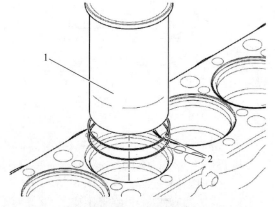

图 12-2-59　安装缸套
1—缸套；2—O 形圈

ⅰ. 在新的O形圈2上涂抹清洁的发动机机油并将其嵌入曲轴箱中的O形圈座。

ⅱ. 在缸套1下部区域的外部涂上清洁的发动机机油。

ⅲ. 插入缸套1并尽量将其推至底部。

（4）摇臂与凸轮轴的拆检

① 检查摇臂径向间隙（图12-2-60）。

a. 安装千分表支架2和千分表3以及定位销。

b. 用一定的预紧力将定位销定位在摇臂1的对面。

c. 垂直向下挤压摇臂1直至底部。

d. 将千分表3调零。

e. 将摇臂1向上拉至顶部并读取差值。

f. 对其他摇臂重复此程序。若径向间隙超出公差范围，则应检查摇臂座内径和摇臂轴外径。

② 检查摇臂座内径。

a. 拆除摇臂装置。

b. 拆除气门桥。

c. 拆除弹簧圈4（图12-2-61）。

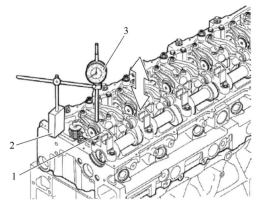

图12-2-60　检查摇臂径向间隙
1—摇臂；2—千分表支架；3—千分表

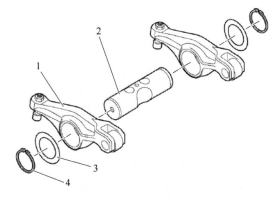

图12-2-61　拆卸摇臂装置
1—摇臂；2—摇臂轴；3—垫圈；4—弹簧圈

d. 拆除垫圈3。

e. 标记摇臂1的安装位置。

f. 将摇臂1从摇臂轴2中拉出。

g. 将摇臂1从轴承上取下（图12-2-62）。

h. 使用千分表3和内径卡规2检查摇臂座内径。

i. 对其他摇臂座重复此程序。若内径超出公差范围，则应安装新的摇臂。

③ 检查摇臂轴外径（图12-2-63）。

a. 清洁摇臂轴2。

b. 使用千分尺1检查摇臂轴2的外径。

c. 对其他摇臂轴重复此程序。若外径超出公差范围，则应安装新的摇臂轴。

④ 检查凸轮轴轴向间隙（图12-2-64）。

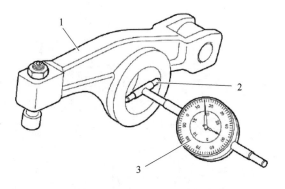

图12-2-62　检查摇臂座内径
1—摇臂；2—内径卡规；3—千分表

a. 安装千分表支架 2 和千分表 1 以及定位销。

b. 用一定的预紧力将定位销定位在凸轮轴 3 的对面。

c. 朝向飞轮壳水平推动凸轮轴 3 至端部。

d. 将千分表 1 调零。

e. 将凸轮轴 3 朝向千分表 1 拉至端部并读取差值。若轴向间隙超出公差范围，则应检查凸轮轴轴瓦深度、凸轮轴齿轮安装深度和凸轮轴瓦座宽度。

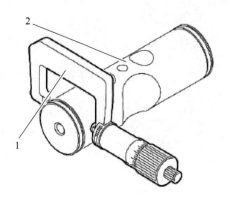

图 12-2-63　检查摇臂轴外径
1—千分尺；2—摇臂轴

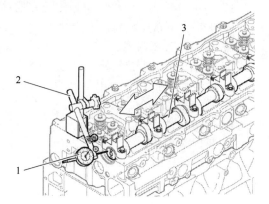

图 12-2-64　检查凸轮轴轴向间隙
1—千分表；2—千分表支架；3—凸轮轴

⑤ 检查凸轮轴径向间隙（图 12-2-65）。

a. 安装千分表支架 1 和千分表 2 以及定位销。

b. 用一定的预紧力将定位销定位在凸轮轴 3 的对面。

c. 垂直向下压入凸轮轴 3 至底部。

d. 将千分表 2 调零。

e. 将凸轮轴 3 朝向千分表 2 向上拉至顶部并读取差值。若径向间隙超出公差范围，则应检查凸轮轴轴瓦内径、凸轮轴轴颈外径。

⑥ 拆卸凸轮轴。

a. 按发动机运行方向，使用发动机曲轴旋转装置和棘轮扳手调节发动机直至 1 缸处于 TDC（上止点）标记。

b. 检查凸轮轴 3 的 TDC 标记 1。凸轮轴 3 的 TDC 标记 1 必须与缸盖面 2 对齐（图 12-2-66）。

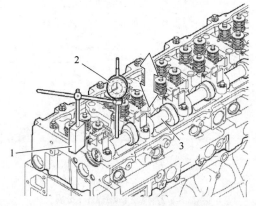

图 12-2-65　检查凸轮轴径向间隙
1—千分表支架；2—千分表；3—凸轮轴

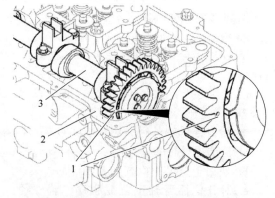

图 12-2-66　检查凸轮轴的 TDC 标记
1—TDC 标记；2—缸盖面；3—凸轮轴

c. 若标记未对齐，应继续在发动机运行方向转动飞轮，直至达到 TDC 标记。

d. 固定发动机曲轴旋转装置。

e. 标记轴承盖 1 的安装位置（图 12-2-67）。

f. 旋出安装螺栓 2。

g. 标记凸轮轴轴瓦的安装位置。

h. 和凸轮轴轴瓦一起拆除轴承盖 1。

i. 和凸轮轴轴瓦一起拆除凸轮轴 3。

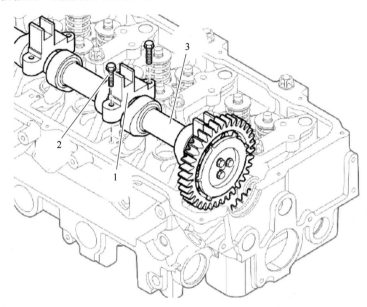

图 12-2-67 拆除凸轮轴
1—轴承盖；2—安装螺栓；3—凸轮轴

j. 旋出安装螺栓 4（图 12-2-68）。

k. 从凸轮轴 1 上拉出压紧板 3 和凸轮轴齿轮 2。

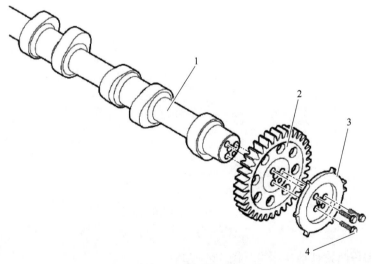

图 12-2-68 拆除凸轮轴齿轮
1—凸轮轴；2—凸轮轴齿轮；3—压紧板；4—安装螺栓

⑦ 检查凸轮轴轴瓦圆度（图 12-2-69）。

注意，尺寸 A 和尺寸 B 之间的差值就是凸轮轴轴瓦的圆度误差。

a. 清洁凸轮轴轴瓦 2 并将两半轴瓦对好，一起放在一个平整的表面上。

b. 使用千分尺 1 分别测量尺寸 A、B。若圆度误差超出公差范围，则应安装新的凸轮轴轴瓦。

⑧ 检查凸轮轴轴瓦内径（图 12-2-70）。

a. 清洁轴承盖 1 和凸轮轴轴瓦。

b. 将轴承盖 1 和凸轮轴轴瓦安装在缸盖 4 上。

c. 使用千分表 3 和内径卡规 2 测量凸轮轴轴瓦的内径。若内径超出公差范围，则应安装新的凸轮轴轴瓦。

⑨ 检查凸轮轴轴颈外径（图 12-2-71）。

a. 清洁凸轮轴。

b. 使用千分尺 2 测量凸轮轴轴颈 1 的外径。

c. 对其他凸轮轴轴颈重复此程序。若外径超出公差范围，则应安装新的凸轮轴。

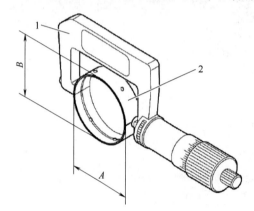

图 12-2-69　检查凸轮轴轴瓦圆度
1—千分尺；2—凸轮轴轴瓦

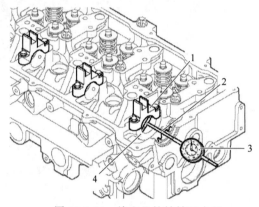

图 12-2-70　检查凸轮轴轴瓦内径
1—轴承盖；2—内径卡规；3—千分表；4—缸盖

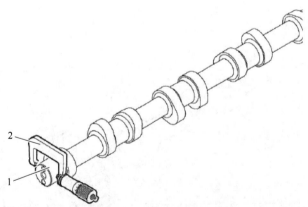

图 12-2-71　检查凸轮轴轴颈外径
1—凸轮轴轴颈；2—千分尺

⑩ 检查第七道凸轮轴轴瓦深度（图 12-2-72）。

使用深度规（电子的）1 测量第七道凸轮轴轴瓦 2 的深度。若深度超出公差范围，则应安装新的凸轮轴。

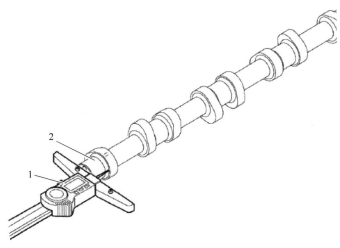

图 12-2-72　检查第七道凸轮轴轴瓦深度

1—深度规（电子的）；2—凸轮轴轴瓦

⑪ 检查凸轮轴齿轮安装深度（图 12-2-73）。

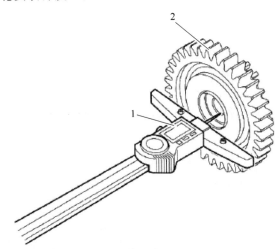

图 12-2-73　检查凸轮轴齿轮安装深度

1—深度规（电子的）；2—凸轮轴齿轮

a. 清洁凸轮轴齿轮 2。

b. 使用深度规（电子的）1 测量凸轮轴齿轮的安装深度。若安装深度超出公差范围，则应安装新的凸轮轴齿轮。

⑫ 检查第七道凸轮轴瓦座的宽度（图 12-2-74）。

a. 清洁第七道凸轮轴瓦座 2。

b. 使用千分尺 1 测量第七道凸轮轴瓦座 2 的宽度。若宽度超出公差范围，则应安装新的缸盖。

⑬ 安装凸轮轴。

a. 将凸轮轴齿轮及压紧板和定位销对齐，安装在凸轮轴上（图 12-2-75）。

b. 旋入安装螺栓并拧紧至初始力矩。

c. 拧紧安装螺栓至 90°转角。

d. 在凸轮轴下轴瓦上涂清洁的发动机机油。

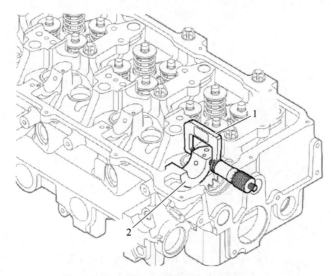

图 12-2-74　检查第七道凸轮轴瓦座的宽度

1—千分尺；2—凸轮轴瓦座

e. 插入凸轮轴下轴瓦。

f. 插入凸轮轴 5 使 TDC 标记 1 与缸盖面 2 对齐。

g. 在凸轮轴上轴瓦上涂清洁的发动机机油。

h. 将凸轮轴上轴瓦插入轴承盖 3 中。

i. 安装轴承盖 3。

j. 旋入新的安装螺栓 4 并手动均匀拧紧，切勿扭转凸轮轴 5。

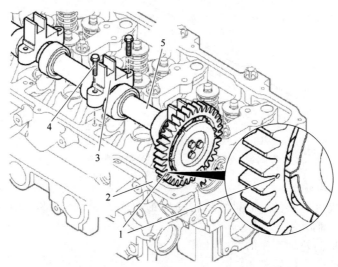

图 12-2-75　安装凸轮轴

1—TDC 标记；2—缸盖面；3—轴承盖；4—安装螺栓；5—凸轮轴

k. 紧固凸轮轴轴瓦安装螺栓 1（图 12-2-76）。

l. 释放发动机曲轴旋转装置。

m. 检查发动机正时。

n. 检查凸轮轴 TDC 标记。

o. 安装气门桥。

p. 安装摇臂装置。

q. 安装气缸盖罩。

r. 安装线束总成盖板。

s. 拆除发动机曲轴旋转装置。

（5）减振器的拆装

辅助工作：

拆除和安装风扇。

① 拆卸减振器。

a. 安装发动机曲轴旋转装置。

b. 用套筒旋出安装螺栓 1（图 12-2-77）。

c. 从曲轴齿轮上将减振器 3 和轮毂 2 一起拆下。

d. 旋出安装螺栓 3（图 12-2-78）。

e. 从减振器 2 上拆下轮毂 1。

② 安装减振器。

a. 将轮毂插入减振器。

b. 旋入安装螺栓并拧紧至规定力矩。

c. 安装减振器并旋入螺栓，拧紧螺栓至初始力矩后再进行 90°转角。

d. 拆除发动机曲轴旋转装置。

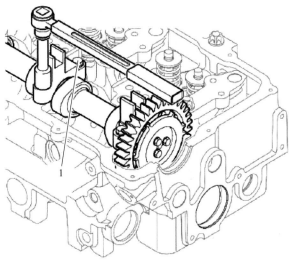

图 12-2-76　紧固凸轮轴轴瓦安装螺栓
1—安装螺栓

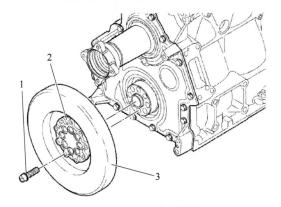

图 12-2-77　拆下减振器
1—安装螺栓；2—轮毂；3—减振器

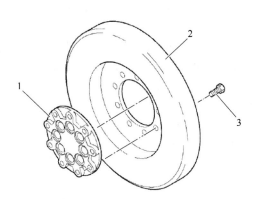

图 12-2-78　拆下轮毂
1—轮毂；2—减振器；3—安装螺栓

（6）飞轮的拆检

辅助工作：

拆除和安装曲轴后油封。

① 拆卸飞轮。

a. 旋出飞轮安装螺栓。

ⅰ. 将专用工具 1 装在需要拆下的安装螺栓上（图 12-2-79）。

ⅱ. 旋出安装螺栓。

ⅲ. 旋出对角的安装螺栓 1（图 12-2-80）。

b. 安装对中冲杆。

ⅰ. 旋入对中冲杆 1 和 2（图 12-2-81）。

ⅱ. 旋出剩余的安装螺栓。

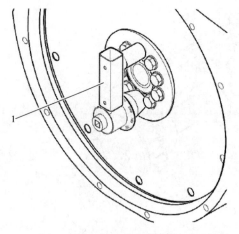

图 12-2-79　旋出安装螺栓
1—专用工具

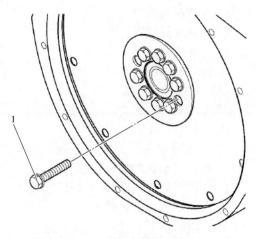

图 12-2-80　旋出对角的安装螺栓
1—安装螺栓

　　c. 拉出飞轮。从对中冲杆 2 上拉出飞轮 1（图 12-2-82）。

　　② 检查飞轮。

　　a. 清洁飞轮。

　　b. 检查飞轮是否有裂纹，如有必要更换新飞轮。

　　c. 检查摩擦面 1 是否有烧蚀和磨损迹象，如有必要更换新飞轮（图 12-2-83）。

　　d. 检查飞轮齿圈 2 的磨损情况，如有必要，更换新飞轮。

　　e. 使用深度规（电子的）2 和测量附件 3 检查飞轮壁和摩擦面 1 之间的尺寸（图 12-2-84）。若尺寸超出公差范围，应安装新的飞轮。

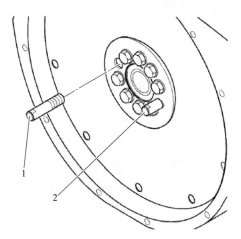

图 12-2-81　安装对中冲杆
1,2—对中冲杆

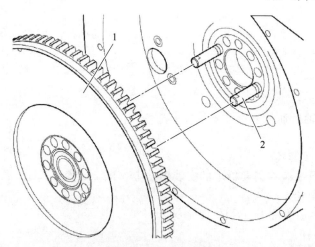

图 12-2-82　拉出飞轮
1—飞轮；2—对中冲杆

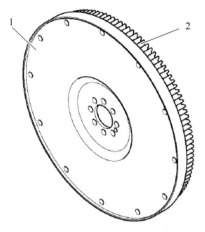

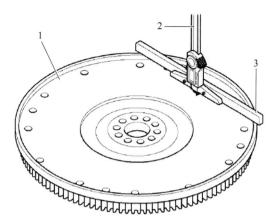

图 12-2-83　检查飞轮磨损
1—摩擦面；2—飞轮齿圈

图 12-2-84　检查飞轮壁和摩擦面之间的尺寸
1—摩擦面；2—深度规（电子的）；3—测量附件

③ 安装飞轮。

a. 将飞轮和曲轴齿轮定位销对齐。

b. 将飞轮安装在对中冲杆上。

c. 旋入新的飞轮安装螺栓，旋出对中冲杆，再旋入剩下的安装螺栓。

d. 使用专用工具拧紧安装螺栓至初始力矩。

e. 使用专用工具拧紧安装螺栓至180°＋10°转角。

（7）活塞和连杆的拆检

辅助工作：

拆除和安装发动机控制单元；

拆除和安装冷却水弯管；

拆除和安装排气歧管；

拆除和安装进气管；

拆除和安装涡轮增压器；

拆除和安装气缸盖；

检查和设定气门间隙；

拆除和安装喷油器及共轨组件；

拆除和安装燃油模块；

拆除和安装机油模块；

拆除和安装油底壳和吸油管。

① 检查连杆。

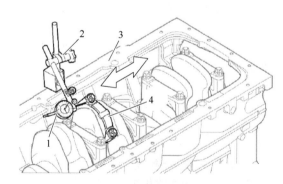

图 12-2-85　检查连杆轴向间隙
1—千分表；2—千分表支架；3—曲轴箱；4—连杆

a. 检查连杆轴向间隙（图 12-2-85）。

ⅰ. 将带千分表 1 的千分表支架 2 和定位销安装在曲轴箱 3 上。

ⅱ. 用一定的预紧力将定位销安装在连杆 4 上。

ⅲ. 朝向飞轮壳将连杆 4 水平推入端部。

ⅳ. 将千分表 1 调零。

ⅴ. 朝向千分表 1 将连杆 4 拉至端部，读取表上的差值。

ⅵ. 对其他连杆重复此程序。若轴向间隙超出公差范围，应检查连杆的宽度。

b. 检查连杆径向间隙（图 12-2-86）。

ⅰ. 将带千分表 2 的千分表支架 1 和定位销安装在曲轴箱 3 上。

ⅱ. 用一定的预紧力将定位销安装在连杆 4 上。

ⅲ. 将连杆 4 垂直向下压入底部。

ⅳ. 将千分表 2 调零。

ⅴ. 朝向千分表 2 将连杆 4 拉至顶部，读取表上的差值。

ⅵ. 对其他连杆重复此程序。若径向间隙超出公差范围，应检查连杆瓦和轴颈。

② 拆卸活塞和连杆。

a. 拆除连杆盖（图 12-2-87）。

ⅰ. 标记连杆盖 2 和连杆瓦 1 的排列顺序和安装位置。

ⅱ. 旋出连杆螺栓 3。

ⅲ. 和连杆瓦 1 一起拆除连杆盖 2。

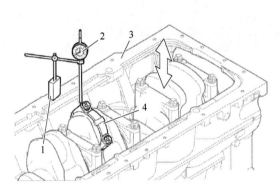

图 12-2-86　检查连杆径向间隙
1—千分表支架；2—千分表；3—曲轴箱；4—连杆

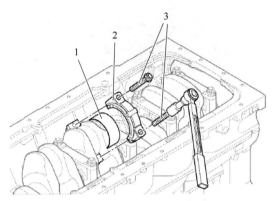

图 12-2-87　拆除连杆盖
1—连杆瓦；2—连杆盖；3—连杆螺栓

b. 拉出活塞（图 12-2-88）。

ⅰ. 从气缸套 4 中和连杆 2 一起拉出活塞 1。

ⅱ. 标记连杆 2 和连杆瓦 3 的排列顺序和安装位置。

ⅲ. 从连杆 2 中拆除连杆瓦 3。

c. 拆卸活塞销（图 12-2-89）。

ⅰ. 标记活塞 1、活塞销 5 和连杆 3 的相对位置。

ⅱ. 拆除弹簧挡圈 2 和 4。

ⅲ. 将活塞销 5 压出活塞 1。

ⅳ. 从连杆 3 上取下活塞 1。

③ 检查活塞销直径（图 12-2-90）。

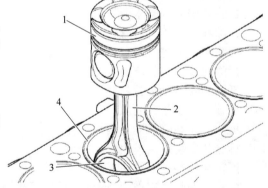

图 12-2-88　拉出活塞
1—活塞；2—连杆；3—连杆瓦；4—气缸套

使用千分尺 1 测量活塞销 2 的直径。若直径超出公差范围，应安装新的带活塞销的活塞。

④ 检查活塞环轴向间隙（图 12-2-91）。

使用塞尺 1 测量活塞环 2 和 3 与活塞 4 之间的轴向间隙。若轴向间隙超出公差范围，应安装新的带活塞环的活塞。

⑤ 拆卸活塞环（图 12-2-92）。

a. 设定活塞环安装钳 1。

b. 使用活塞环安装钳 1 将活塞环 2 从活塞 3 上拆除。

c. 小心地清洁活塞环凹槽。

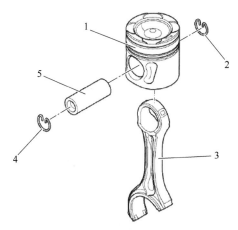

图 12-2-89　拆卸活塞销
1—活塞；2,4—弹簧挡圈；3—连杆；5—活塞销

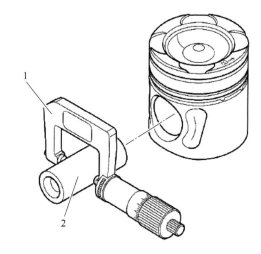

图 12-2-90　检查活塞销直径
1—千分尺；2—活塞销

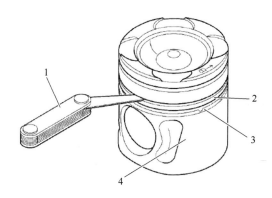

图 12-2-91　检查活塞环轴向间隙
1—塞尺　2,3—活塞环；4—活塞

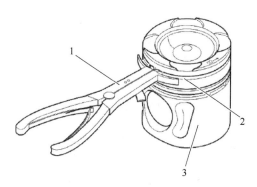

图 12-2-92　拆卸活塞环
1—活塞环安装钳；2—活塞环；3—活塞

⑥ 检查活塞环开口间隙（图 12-2-93）。

注意，只有在气缸套内径正确时才允许检查活塞环开口间隙，否则会产生错误的活塞环开口间隙数据。

a. 均匀地将活塞环 3 插入气缸套 1。

b. 使用深度规（电子的）测量活塞环 3 的平均插入深度。

c. 对不同的插入深度重复该检查步骤。

d. 使用塞尺 2 检查活塞环开口间隙。

若开口间隙超出公差范围，应安装新的活塞环。

⑦ 检查连杆和连杆瓦。

a. 正确匹配连杆和连杆盖（图 12-2-94）。

注意，不正确地匹配连杆和连杆盖会导致部件损坏。

检查连杆 3 和连杆盖 4 上的配对编号 1 和 2，确保连杆和连杆盖正确匹配。

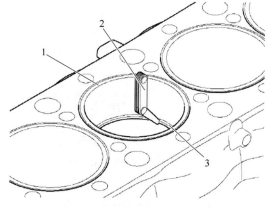

图 12-2-93　检查活塞环开口间隙
1—气缸套；2—塞尺；3—活塞环

b. 检查连杆瓦内径（图 12-2-95）。

ⅰ. 将连杆上瓦插入连杆 4。

ⅱ. 将连杆下瓦插入连杆盖 1。

ⅲ. 旋入连杆螺栓并拧紧至初始力矩。

ⅳ. 使用千分表 2 和内径卡规 3 测量连杆瓦内径。若内径超出公差范围，应安装新的连杆瓦。

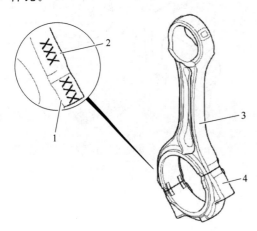

图 12-2-94　正确匹配连杆和连杆盖
1,2—配对编号；3—连杆；4—连杆盖

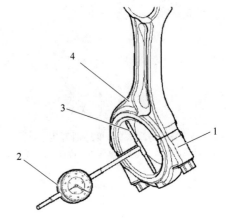

图 12-2-95　检查连杆瓦内径
1—连杆盖；2—千分表；3—内径卡规；4—连杆

c. 检查活塞销衬套内径（图 12-2-96）。使用内径卡规 3 和千分表 2 检查活塞销衬套内径。若内径超出公差范围，应安装新的连杆。

d. 检查连杆宽度（图 12-2-97）。检查连杆的宽度 A。若宽度超出公差范围，应安装新的连杆。

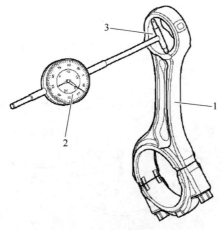

图 12-2-96　检查活塞销衬套内径
1—连杆；2—千分表；3—内径卡规

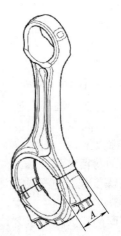

图 12-2-97　检查连杆宽度

⑧ 安装活塞和连杆。

a. 安装活塞环。

使用活塞环安装钳将活塞环插入活塞相应的活塞环凹槽中，保证 TOP 标记朝向活塞顶部。

b. 安装活塞销。

在活塞的凹槽中安装一个新的弹簧挡圈。

c. 安装连杆瓦（图 12-2-98）。

ⅰ. 清洁连杆瓦和连杆盖的接触面。

ⅱ. 将连杆下瓦插入连杆盖使凸缘 1 嵌入凹口 4 中。

ⅲ. 将连杆上瓦插入连杆使凸缘 2 嵌入凹口 3 中。

ⅳ. 使用调整工具，对齐连杆瓦和连杆盖。

d. 安装活塞（图 12-2-99）。

注意，在活塞表面有一个安装箭头，安装时该箭头必须指向水泵。

ⅰ. 转动曲轴至 TDC（上止点）标记。

ⅱ. 使活塞环开口相互错开 120° 排列好。

ⅲ. 在活塞 1 和气缸套上涂上清洁的发动机机油。

ⅳ. 将活塞环夹钳 2 装在活塞 1 上并夹住。

ⅴ. 和连杆一起将活塞 1 推入气缸套直至将活塞推出活塞环夹钳 2。

ⅵ. 推入活塞 1 直至带连杆瓦的连杆位于曲轴上。

e. 检查连杆布置（图 12-2-100）。

检查连杆 1 中连杆瓦 2 的布置，若有必要，使用调整工具 3 调整。

f. 安装连杆盖。

ⅰ. 旋入新的连杆螺栓并拧紧至初始力矩。

ⅱ. 拧紧连杆螺栓至 90°＋10° 转角。

g. 检查连杆间隙（图 12-2-101）。

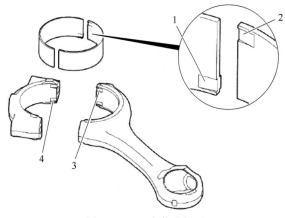

图 12-2-98　安装连杆瓦
1,2—凸缘；3,4—凹口

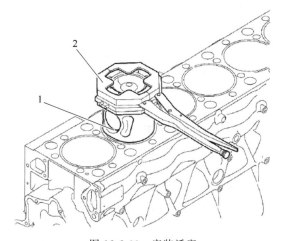

图 12-2-99　安装活塞
1—活塞；2—活塞环夹钳

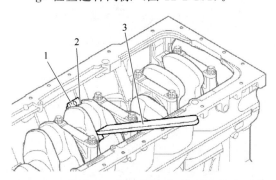

图 12-2-100　检查连杆布置
1—连杆；2—连杆瓦；3—调整工具

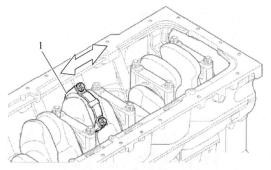

图 12-2-101　检查连杆间隙
1—连杆

ⅰ. 通过沿发动机纵向移动连杆 1 来检查连杆间隙。若连杆 1 不能自由移动，应检查连杆和连杆盖是否正确匹配。

ⅱ. 检查连杆瓦，若安装了错误的连杆瓦，应用新的替换。

h. 检查活塞凸出量（图 12-2-102）。

ⅰ. 将活塞 2 移动至上止点。

ⅱ. 安装带千分表支架 1 的千分表 4，并用一定的预紧力将定位销 3 安装在曲轴箱 5 上。

ⅲ. 将千分表 4 调零。

ⅳ. 将带千分表支架 1 的千分表 4 以及定位销 3 固定在活塞 2 上，并读取表上的差值。若凸出量超出公差范围，应修理或更换活塞。

（8）曲轴的拆检

辅助工作：

拆除和安装发动机控制单元；

拆除和安装冷却水弯管；

拆除和安装节温器；

拆除和安装节温器壳；

拆除和安装分配器壳；

拆除和安装起动机；

拆除和安装带传动装置；

拆除和安装排气歧管；

拆除和安装涡轮增压器；

拆除和安装气缸盖；

检查和设定气门间隙；

拆除和安装喷油器及共轨组件；

拆除和安装燃油模块；

拆除和安装前驱动齿轮；

拆除和安装后正时齿轮；

拆除和安装机油模块；

拆除和安装油底壳和吸油管；

拆除和安装前盖板；

拆除和安装减振器；

拆除和安装活塞和连杆。

① 检查曲轴轴向间隙。

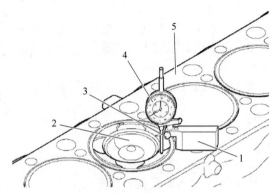

图 12-2-102　检查活塞凸出量
1—千分表支架；2—活塞；3—定位销；
4—千分表；5—曲轴箱

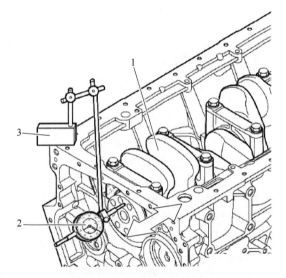

图 12-2-103　检查曲轴轴向间隙
1—曲轴；2—千分表；3—千分表支架

a. 安装带千分表 2 的千分表支架 3，并用一定的预紧力将定位销安装在曲轴 1 上（图 12-2-103）。

b. 朝向飞轮壳将曲轴 1 水平推入端部。

c. 将千分表 2 调零。

d. 朝向千分表 2 将曲轴 1 拉至端部并读取表上的差值。若轴向间隙超出公差范围，应安装合适的止推垫片。

② 拆卸曲轴。

a. 标记曲轴瓦盖（主轴承盖）的排列顺序和安装位置。

b. 使用专用工具 1 旋出安装螺栓（图 12-2-104）。

c. 和止推垫片 2 和 3 一起拆除曲轴瓦盖 4（图 12-2-105）。

d. 标记曲轴瓦 1（主轴瓦）的排列顺序和安装位置，然后拆卸（图 12-2-106）。

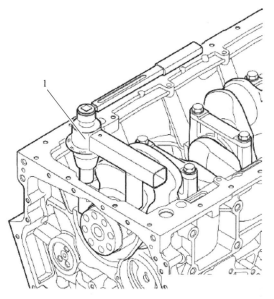

图 12-2-104　旋出曲轴瓦盖安装螺栓
1—专用工具

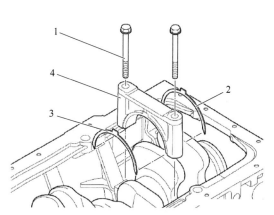

图 12-2-105　拆卸曲轴瓦盖止推垫片
1—安装螺栓；2,3—止推垫片；4—曲轴瓦盖

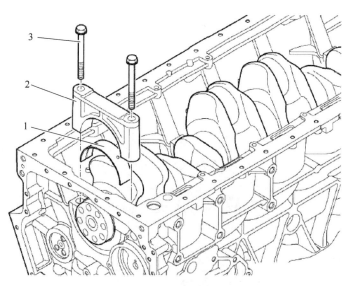

图 12-2-106　拆卸曲轴瓦
1—曲轴瓦；2—曲轴瓦盖；3—安装螺栓

e. 重复此程序直至拆下所有曲轴瓦。

f. 使用支架拆除曲轴。不要使用钢缆或其他锐利边缘的工具抬出曲轴。

g. 将曲轴 3 抬出曲轴箱 2（图 12-2-107）。

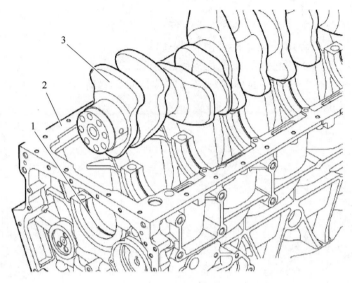

图 12-2-107　取出曲轴

1—曲轴瓦；2—曲轴箱；3—曲轴

h. 标记曲轴瓦 1 的排列顺序和安装位置，然后将其从曲轴箱 2 中拆除。

ⅰ. 从瓦座（主轴承座）1 上拆除止推垫片 2 和 3（图 12-2-108）。

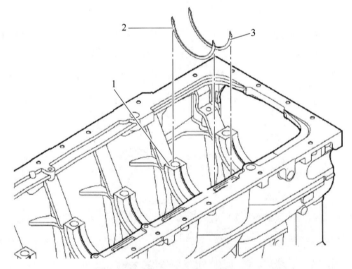

图 12-2-108　拆卸上止推垫片

1—瓦座；2,3—止推垫片

③ 检查曲轴瓦和曲轴。

a. 检查曲轴瓦内径（图 12-2-109）。

ⅰ. 将曲轴瓦插入瓦座。

ⅱ. 安装瓦盖 3。

ⅲ. 旋入瓦盖 3 的安装螺栓并拧紧至初始力矩。

ⅳ. 使用内径卡规 2 和千分表 1 测量曲轴瓦。

ⅴ. 每次偏移 120°重复测量数次。

ⅵ. 检查后再次拆除瓦盖 3。若内径超出公差范围，应安装新的曲轴瓦。

b. 检查连杆轴颈外径（图 12-2-110）。

ⅰ. 清洁连杆轴颈。

ⅱ. 使用千分尺 1 测量连杆轴颈外径。

ⅲ. 每次偏移 120°重复测量数次。若外径超出公差范围，应安装新的曲轴。

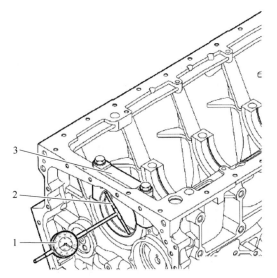

图 12-2-109　检查曲轴瓦内径

1—千分表；2—内径卡规；3—曲轴瓦盖

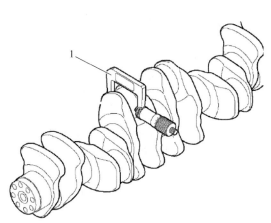

图 12-2-110　检查连杆轴颈外径

1—千分尺

c. 检查曲轴主轴颈外径（图 12-2-111）。

ⅰ. 清洁曲轴主轴颈。

ⅱ. 使用千分尺 1 测量曲轴主轴颈。

ⅲ. 每次偏移 120°重复测量数次。若外径超出公差范围，应安装新的曲轴。

④ 安装曲轴。

a. 将曲轴安装到曲轴箱。

ⅰ. 在曲轴瓦上涂清洁的发动机机油。

ⅱ. 将曲轴瓦插入瓦座并用调整工具对齐。

ⅲ. 将曲轴插入曲轴箱。

b. 安装瓦座止推垫片。

ⅰ. 确定将要使用的止推垫片。

ⅱ. 在止推垫片上涂清洁的发动机机油。

ⅲ. 将止推垫片插入瓦座使油槽面向曲轴。

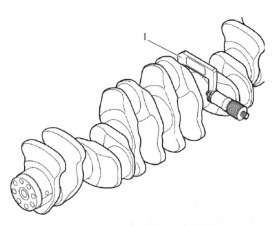

图 12-2-111　检查曲轴主轴颈外径

1—千分尺

c. 安装瓦盖止推垫片。

ⅰ. 在曲轴瓦和止推垫片上涂清洁的发动机机油。

ⅱ. 将曲轴瓦插入瓦盖并用调整工具对齐。

ⅲ. 将止推垫片插入瓦盖使油槽面向曲轴。

d. 安装瓦盖。

ⅰ. 旋入新的安装螺栓并拧紧至初始力矩。

ⅱ. 拧紧安装螺栓至第二力矩。

ⅲ．检查曲轴，确保其能自由转动。若曲轴不能旋转或旋转时受到阻碍，应和曲轴瓦一起拆除曲轴。重新检查曲轴瓦和曲轴，如有必要，安装新的曲轴或曲轴瓦。

e．最终拧紧曲轴瓦盖安装螺栓。使用专用工具拧紧安装螺栓至第三力矩后再进行90°转角。

（9）发动机正时的检查

a．拆除线束总成盖板。

b．拆除气缸盖罩。

c．连接发动机曲轴旋转装置。

d．按发动机运行方向，使用发动机曲轴旋转装置和棘轮扳手调节飞轮，直至飞轮上的TDC标记与发动机机体上的TDC标记对齐。第6缸的摇臂必须接触。若第6缸的摇臂不接触，则应继续转动飞轮直至达到TDC标记。

注意，只能按发动机运行方向转动飞轮，若反方向转动，会导致错误地读取数据。

e．将带千分表支架2的千分表1装在第3缸的进气门阀板上（图12-2-112）。

f．将千分表1调零。

g．继续按发动机运行方向转动曲轴直至千分表指针静止。在此位置上，检查气门升程是否符合规定值。

h．安装气缸盖罩。

i．安装线束总成盖板。

j．拆除发动机曲轴旋转装置。

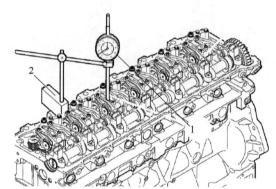

图12-2-112　检查气门升程
1—千分表；2—千分表支架

12.2.4　齿轮系

12.2.4.1　后正时齿轮的拆检

辅助工作：

拆除和安装发动机控制单元；

拆除和安装冷却水弯管；

拆除和安装节温器；

拆除和安装节温器壳；

拆除和安装起动机；

拆除和安装排气歧管；

拆除和安装进气管；

拆除和安装涡轮增压器；

拆除和安装气缸盖；

检查和设定气门间隙；

检查气门正时；

拆除和安装喷油器及共轨组件；

拆除和安装机油模块；

拆除和安装曲轴后油封；

拆除和安装飞轮。

（1）正时齿轮齿隙的检查

① 检查曲轴齿轮与后端中间齿轮总成的齿隙（图12-2-113）。

a. 安装带千分表 2 的千分表支架 3 和定位销。

b. 用一定的预紧力将定位销安装在后端中间齿轮总成 1 上。

c. 测量曲轴齿轮 4 和后端中间齿轮总成 1 的齿隙。若齿隙超出公差范围，应安装新的曲轴齿轮和后端中间齿轮总成。

② 检查曲轴箱中间齿轮与后端中间齿轮总成的齿隙（图 12-2-114）。

a. 安装带千分表 1 的千分表支架 2 和定位销。

b. 用一定的预紧力将定位销安装在曲轴箱中间齿轮 3 上。

c. 测量曲轴箱中间齿轮 3 与后端中间齿轮总成 4 的齿隙。若齿隙超出公差范围，应安装新的曲轴箱中间齿轮和后端中间齿轮总成。

（2）曲轴齿轮的设定

① 安装曲轴齿轮。通过旋入安装螺栓 2 和 3 安装曲轴齿轮 1（图 12-2-115）。

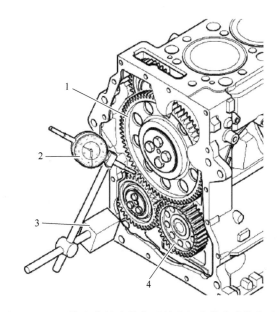

图 12-2-113 检查曲轴齿轮与后端中间齿轮总成的齿隙
1—后端中间齿轮总成；2—千分表；3—千分表支架；4—曲轴齿轮

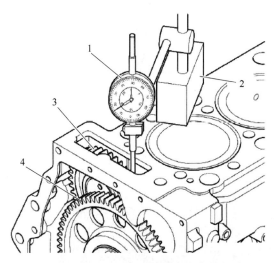

图 12-2-114 检查曲轴箱中间齿轮与
后端中间齿轮总成的齿隙
1—千分表；2—千分表支架；3—曲轴
箱中间齿轮；4—后端中间齿轮总成

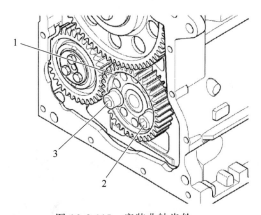

图 12-2-115 安装曲轴齿轮
1—曲轴齿轮；2,3—安装螺栓

② 设定曲轴齿轮至标记位置。转动曲轴直至标记 1 和标记 2 对齐（图 12-2-116）。

③ 旋出曲轴齿轮安装螺栓。通过旋出两个安装螺栓释放曲轴齿轮。

（3）后端中间齿轮总成的检查

① 检查后端中间齿轮总成的轴向间隙（图 12-2-117）。

a. 安装带千分表 2 的千分表支架 3 和定位销。

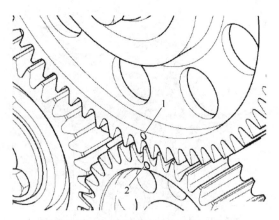

图 12-2-116　设定曲轴齿轮至标记位置

1,2—标记

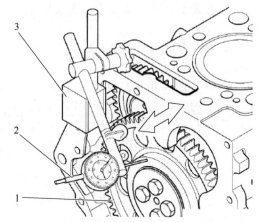

图 12-2-117　检查后端中间齿轮总成的轴向间隙

1—后端中间齿轮总成；2—千分表；3—千分表支架

b. 用一定的预紧力将定位销安装在后端中间齿轮总成 1 上。

c. 将后端中间齿轮总成 1 推至端部。

d. 将千分表 2 调零。

e. 朝向千分表 2 将后端中间齿轮总成 1 拉至端部并读取表上差值。若轴向间隙超出公差范围，应检查后端中间齿轮总成 1 和后端中间齿轮总成轴的高度。

② 拆除后端中间齿轮总成（图 12-2-118）。

a. 旋出安装螺栓 1。

b. 和后端中间齿轮总成轴 2 一起拆除后端中间齿轮总成 3。

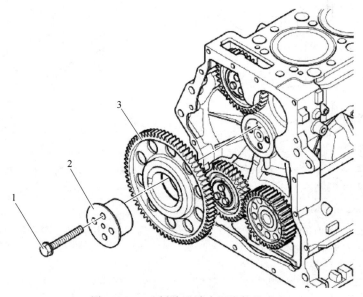

图 12-2-118　拆除后端中间齿轮总成

1—安装螺栓；2—后端中间齿轮总成轴；3—后端中间齿轮总成

③ 检查后端中间齿轮总成的高度（图 12-2-119）。

a. 清洁后端中间齿轮总成。

b. 测量后端中间齿轮总成的高度 A。若高度超出公差范围，应安装新的后端中间齿轮总成。

④ 检查后端中间齿轮总成的内径（图 12-2-120）。

使用千分表 2 和内径卡规 1 测量后端中间齿轮总成 3 的内径。若内径超出公差范围，应安装新的后端中间齿轮总成。

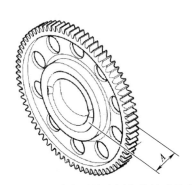

图 12-2-119　检查后端中间齿轮总成的高度

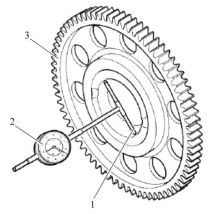

图 12-2-120　检查后端中间齿轮总成的内径
1—内径卡规；2—千分表；3—后端中间齿轮总成

⑤ 检查后端中间齿轮总成轴的高度（图 12-2-121）。

a. 清洁后端中间齿轮总成轴 1。

b. 使用深度规（电子的）2 测量后端中间齿轮总成轴 1 的高度。若高度超出公差范围，应安装新的后端中间齿轮总成轴。

⑥ 检查后端中间齿轮总成轴的外径（图 12-2-122）。

使用千分尺 2 测量后端中间齿轮总成轴 1 的外径。若外径超出公差范围，应安装新的后端中间齿轮总成轴。

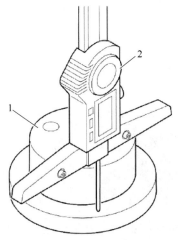

图 12-2-121　检查后端中间齿轮总成轴的高度
1—后端中间齿轮总成轴；2—深度规（电子的）

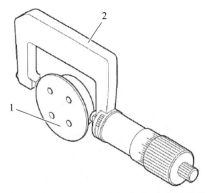

图 12-2-122　检查后端中间齿轮总成轴的外径
1—后端中间齿轮总成轴；2—千分尺

（4）曲轴箱中间齿轮的检查

① 检查曲轴箱中间齿轮的轴向间隙（图 12-2-123）。

a. 安装带千分表 1 的千分表支架 2 和定位销。

b. 用一定的预紧力将定位销安装在曲轴箱中间齿轮 3 上。

c. 将曲轴箱中间齿轮 3 推至端部。

d. 将千分表 1 调零。

e. 朝向千分表 1 将曲轴箱中间齿轮 3 拉至端部并读取表上差值。若轴向间隙超出公差范围，应检查曲轴箱中间齿轮和曲轴箱中间齿轮轴的高度。

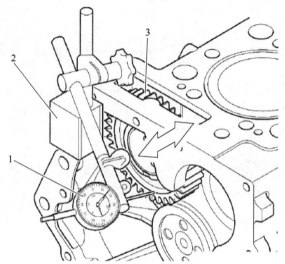

图 12-2-123　检查曲轴箱中间齿轮的轴向间隙
1—千分表；2—千分表支架；3—曲轴箱中间齿轮

② 拆除曲轴箱中间齿轮（图 12-2-124）。

a. 旋出安装螺栓 1。

b. 和曲轴箱中间齿轮轴 2 一起拆除曲轴箱中间齿轮 3。

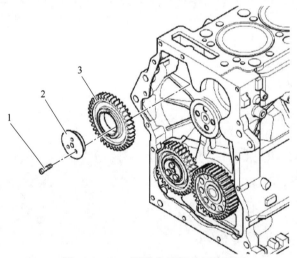

图 12-2-124　拆除曲轴箱中间齿轮
1—安装螺栓；2—曲轴箱中间齿轮轴；3—曲轴箱中间齿轮

③ 检查曲轴箱中间齿轮的高度（图 12-2-125）。

a. 清洁曲轴箱中间齿轮。

b. 测量曲轴箱中间齿轮高度 A。若高度超出公差范围，应安装新的曲轴箱中间齿轮。

④ 检查曲轴箱中间齿轮的内径（图 12-2-126）。

使用千分表 2 和内径卡规 1 测量曲轴箱中间齿轮 3 的内径。若内径超出公差范围，应安装新的曲轴箱中间齿轮。

图 12-2-125　检查曲轴箱中间齿轮的高度

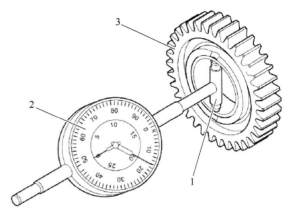

图 12-2-126　检查曲轴箱中间齿轮的内径
1—内径卡规；2—千分表；3—曲轴箱中间齿轮

⑤ 检查曲轴箱中间齿轮轴的高度（图 12-2-127）。

a. 清洁曲轴箱中间齿轮轴 1。

b. 使用深度规（电子的）2 测量曲轴箱中间齿轮轴 1 的高度。若高度超出公差范围，应安装新的曲轴箱中间齿轮轴。

⑥ 检查曲轴箱中间齿轮轴的外径（图 12-2-128）。

使用千分尺 2 测量曲轴箱中间齿轮轴 1 的外径。若外径超出公差范围，应安装新的曲轴箱中间齿轮轴。

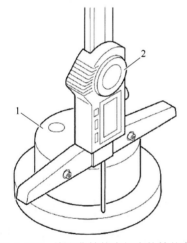

图 12-2-127　检查曲轴箱中间齿轮轴的高度
1—曲轴箱中间齿轮轴；2—深度规（电子的）

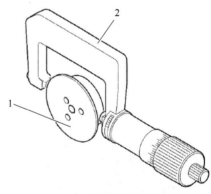

图 12-2-128　检查曲轴箱中间齿轮轴的外径
1——曲轴箱中间齿轮轴；2—千分尺

（5）曲轴齿轮的拆除

用撬杠 3 将曲轴齿轮 2 从曲轴 1 上拆除（图 12-2-129）。

（6）空压机中间齿轮的检查

① 检查空压机中间齿轮的轴向间隙（图 12-2-130）。

a. 安装带千分表 3 的千分表支架 1 和定位销。

b. 用一定的预紧力将定位销安装在空压机中间齿轮 2 上。

c. 将空压机中间齿轮 2 推至端部。

d. 将千分表 3 调零。

e. 朝向千分表 3 将空压机中间齿轮 2 拉至端部并读取表上差值。若轴向间隙超出公差范围，应检查空压机中间齿轮和中间齿轮轴的高度。

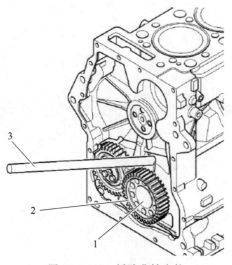

图 12-2-129　拆除曲轴齿轮
1—曲轴；2—曲轴齿轮；3—撬杠

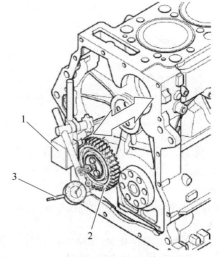

图 12-2-130　检查空压机中间齿轮的轴向间隙
1—千分表支架；2—空压机中间齿轮；3—千分表

② 旋入对中工具（图 12-2-131）。

a. 旋出一个安装螺栓 1。

b. 旋入对中工具 2。

c. 从空压机中间齿轮轴 3 上旋出剩余的安装螺栓。

③ 拆除空压机中间齿轮（图 12-2-132）。

a. 在拆除中间齿轮前，应保证止推垫片不会掉落。

b. 在空压机中间齿轮 1 后面夹住止推垫片 2。

c. 旋出对中工具。

d. 和止推垫片 2 及空压机中间齿轮轴 3 一起拆除空压机中间齿轮 1。

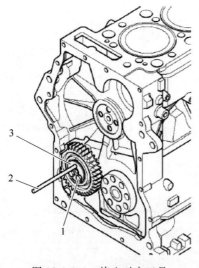

图 12-2-131　旋入对中工具
1—安装螺栓；2—对中工具；
3—空压机中间齿轮轴

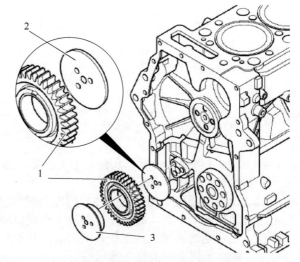

图 12-2-132　拆除空压机中间齿轮
1—空压机中间齿轮；2—止推垫片；
3—空压机中间齿轮轴

④ 检查空压机中间齿轮的高度（图12-2-133）。

a. 清洁空压机中间齿轮1和止推垫片2。

b. 测量空压机中间齿轮1的高度 A 和止推垫片2的厚度。若齿轮高度超出公差范围，应安装新的空压机中间齿轮。若垫片厚度超出公差范围，应安装新的止推垫片。

⑤ 检查空压机中间齿轮的内径（图12-2-134）。

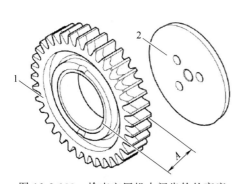

图 12-2-133　检查空压机中间齿轮的高度
1—空压机中间齿轮；2—止推垫片

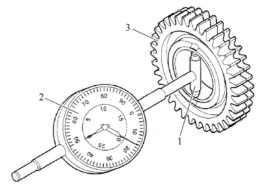

图 12-2-134　检查空压机中间齿轮的内径
1—内径卡规；2—千分表；3—空压机中间齿轮

a. 清洁空压机中间齿轮3

b. 使用千分表2和内径卡规1测量空压机中间齿轮3的内径。若内径超出公差范围，应安装新的空压机中间齿轮。

⑥ 检查空压机中间齿轮轴的高度（图12-2-135）。

a. 清洁空压机中间齿轮轴1。

b. 使用深度规（电子的）2测量空压机中间齿轮轴1的高度。若高度超出公差范围，应安装新的空压机中间齿轮轴。

⑦ 检查空压机中间齿轮轴的外径（图12-2-136）。

a. 清洁空压机中间齿轮轴1。

b. 使用千分尺2测量空压机中间齿轮轴1的外径。若外径超出公差范围，应安装新的空压机中间齿轮轴。

（7）正时齿轮的安装

① 空压机中间齿轮安装说明。

a. 安装可分成两部分的空压机中间齿轮，使其较宽面1朝向曲轴箱（图12-2-137）。

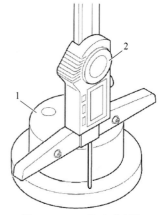

图 12-2-135　检查空压机
中间齿轮轴的高度
1—空压机中间齿轮轴；
2—深度规（电子的）

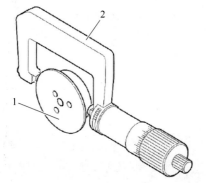

图 12-2-136　检查空压机中间齿轮轴的外径
1—空压机中间齿轮轴；2—千分尺

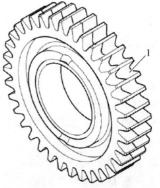

图 12-2-137　空压机中间齿轮
1—空压机中间齿轮较宽面

b. 空压机中间齿轮橡胶元件朝向曲轴箱。

② 定位空压机中间齿轮。

a. 在空压机中间齿轮轴上涂抹清洁的发动机机油。

b. 将空压机中间齿轮轴插入空压机中间齿轮中。

c. 将止推垫片装在空压机中间齿轮轴上，使其倒角较大的一侧面向曲轴箱。

③ 安装空压机中间齿轮。

a. 将空压机中间齿轮和空压机中间齿轮轴以及止推垫片一起插入曲轴箱，并用对中工具固定。

b. 旋入新的安装螺栓。

c. 旋出对中工具。

d. 旋入剩余的新的安装螺栓。

e. 拧紧安装螺栓至规定力矩。

④ 安装曲轴箱中间齿轮（图 12-2-138）。

a. 在曲轴箱中间齿轮轴 2 上涂抹清洁的发动机机油。

b. 安装曲轴箱中间齿轮 4，使其平整的接触面 3 朝向曲轴箱中间齿轮轴 2。

c. 和曲轴箱中间齿轮轴 2 一起将曲轴箱中间齿轮 4 插入曲轴箱。

d. 旋入新的安装螺栓 1 并拧紧至规定力矩。

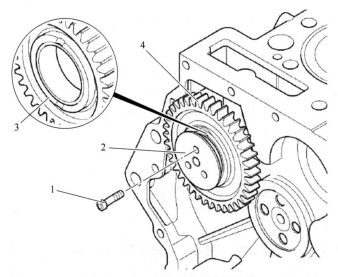

图 12-2-138　安装曲轴箱中间齿轮
1—安装螺栓；2—曲轴箱中间齿轮轴；3—平整的接触面；4—曲轴箱中间齿轮

⑤ 安装曲轴齿轮（图 12-2-139）。

a. 旋转曲轴直至定位销 4 与油底壳垂直。

b. 旋入对中冲杆 3 和 5。

c. 将曲轴齿轮 2 和定位销 4 对齐。

d. 将曲轴齿轮 2 推到曲轴 1 上。

e. 旋出对中冲杆 3 和 5。

⑥ 安装后端中间齿轮总成。

a. 在后端中间齿轮总成轴上涂抹清洁的发动机机油。

b. 将后端中间齿轮总成轴插入后端中间齿轮总成。

c. 安装后端中间齿轮总成，使后端中间齿轮总成上的标记与曲轴齿轮上的标记对齐。

d. 旋入新的安装螺栓并拧紧至初始力矩。

e. 继续拧紧安装螺栓至90°转角。

⑦ 检查曲轴齿轮标记。

检查后端中间齿轮总成的标记和曲轴齿轮的标记是否对齐。若两标记不在一条直线上，则应拆除后端中间齿轮总成并重新插入使其处于标记位置。

12.2.4.2 前驱动齿轮的拆装与检查

辅助工作：

拆除和安装风扇；

拆除和安装风扇托架；

拆除和安装冷却水弯管；

拆除和安装节温器；

拆除和安装节温器壳；

拆除和安装分配器壳；

拆除和安装带传动装置；

拆除和安装高压油泵/高压油泵驱动装置；

拆除和安装曲轴前油封；

拆除和安装前盖板；

拆除和安装减振器。

（1）前驱动齿轮齿隙的检查

① 固定曲轴齿轮（图12-2-140）。

a. 旋入对中冲杆1和3。

b. 旋入并拧紧安装螺栓2。

② 检查曲轴齿轮与高压油泵驱动中间齿轮的齿隙（图12-2-141）。

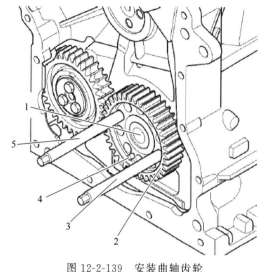

图12-2-139 安装曲轴齿轮
1—曲轴；2—曲轴齿轮；3,5—对中冲杆；4—定位销

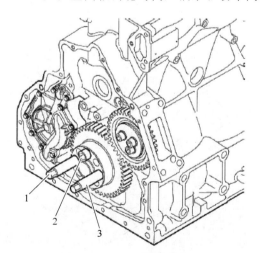

图12-2-140 固定曲轴齿轮
1,3—对中冲杆；2—安装螺栓

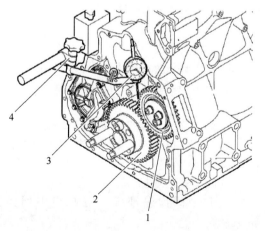

图12-2-141 检查曲轴齿轮与高压油泵驱动中间齿轮的齿隙
1—中间齿轮；2—曲轴齿轮；3—千分表；4—千分表支架

a. 安装带千分表 3 的千分表支架 4，用一定的预紧力将定位销安装在中间齿轮 1 上。

b. 检查曲轴齿轮 2 和中间齿轮 1 的齿隙。若齿隙超出公差范围，应安装新的曲轴齿轮和中间齿轮。

③ 检查高压油泵驱动中间齿轮的轴向间隙（图 12-2-142）。

a. 安装带千分表 3 的千分表支架 2，以一定的预紧力将定位销安装在中间齿轮 1 上。

b. 将中间齿轮 1 推至端部。

c. 将千分表 3 调零。

d. 朝向千分表 3 将中间齿轮 1 拉至端部并读取表上的差值。若轴向间隙超出公差范围，则应检查中间齿轮和中间齿轮轴。

④ 检查高压泵驱动中间齿轮的径向间隙（图 12-2-143）。

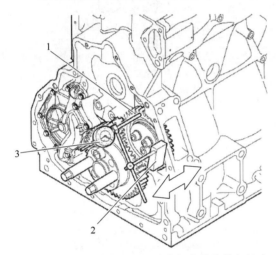

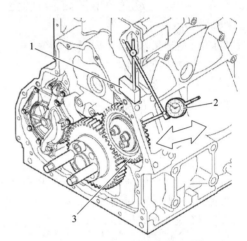

图 12-2-142　检查高压泵驱动中间齿轮的轴向间隙
1—中间齿轮；2—千分表支架；3—千分表

图 12-2-143　检查高压泵驱动中间齿轮的径向间隙
1—千分表支架；2—千分表；3—中间齿轮

a. 安装带千分表 2 的千分表支架 1，以一定的预紧力将定位销安装在中间齿轮 3 上。

b. 将中间齿轮 3 推至端部。

c. 将千分表 2 调零。

d. 朝向千分表 2 将中间齿轮 3 拉至端部并读取表上的差值。若径向间隙超出公差范围，则应检查中间齿轮和中间齿轮轴。

（2）前驱动齿轮的拆检

① 拆卸曲轴齿轮。

a. 旋出安装螺栓 1（图 12-2-144）。

b. 拉出曲轴齿轮 2（图 12-2-145）。

c. 旋出对中冲杆 3 和 4。

d. 清洁曲轴齿轮 2 和曲轴 1 的接触面。

② 拆卸高压油泵驱动中间齿轮（图 12-2-146）。

a. 旋出安装螺栓 2。

b. 和中间齿轮轴 3 一起拉出中间齿轮 1。

③ 检查高压油泵驱动中间齿轮的高度（图 12-2-147）。

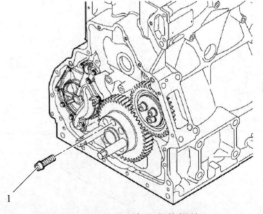

图 12-2-144　旋出安装螺栓
1—安装螺栓

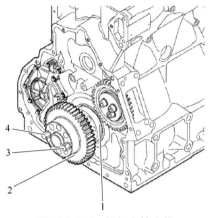

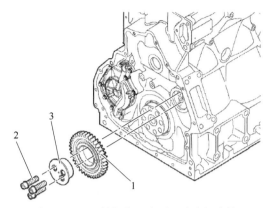

图 12-2-145　拆卸曲轴齿轮
1—曲轴；2—曲轴齿轮；3,4—对中冲杆

图 12-2-146　拆卸高压油泵驱动中间齿轮
1—中间齿轮；2—安装螺栓；3—中间齿轮轴

a. 清洁中间齿轮。

b. 测量中间齿轮的高度 A。若高度超出公差范围，应安装新的中间齿轮。

④ 检查高压油泵驱动中间齿轮的内径（图 12-2-148）。

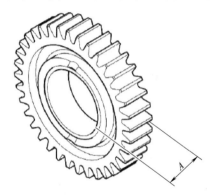

图 12-2-147　检查高压油泵驱动中间齿轮的高度

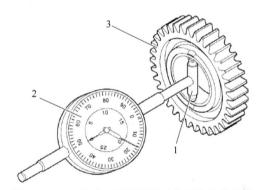

图 12-2-148　检查高压油泵驱动中间齿轮的内径
1—内径卡规；2—千分表；3—中间齿轮

a. 清洁中间齿轮 3。

b. 使用千分表 2 和内径卡规 1 测量中间齿轮 3 的内径。若内径超出公差范围，应安装新的中间齿轮。

⑤ 检查高压油泵驱动中间齿轮轴的高度（图 12-2-149）。

a. 清洁中间齿轮轴 1。

b. 使用深度规（电子的）2 测量中间齿轮轴 1 的高度。若高度超出公差范围，应安装新的中间齿轮轴。

⑥ 检查高压油泵驱动中间齿轮轴的外径（图 12-2-150）。

使用千分尺 2 测量中间齿轮轴 1 的外径。若外径超出公差范围，应安装新的中间齿轮轴。

（3）安装前驱动齿轮

① 安装中间齿轮，拧紧安装螺栓 1 至规定力矩（图 12-2-151）。

② 安装曲轴齿轮。

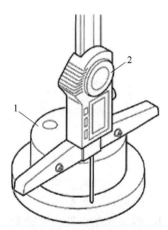

图 12-2-149　检查高压油泵
驱动中间齿轮轴的高度
1—中间齿轮轴；2—深度规（电子的）

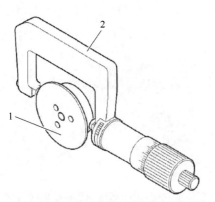

图 12-2-150　检查高压油泵驱动中间齿轮轴的外径
1—中间齿轮轴；2—千分尺

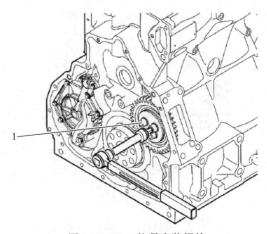

图 12-2-151　拧紧安装螺栓
1—安装螺栓

12.2.5　燃油系统

12.2.5.1　喷油器和共轨组件的拆装

（1）喷油器和共轨组件的拆卸

① 断开轨压传感器的电气连接插头 1（图 12-2-152）。

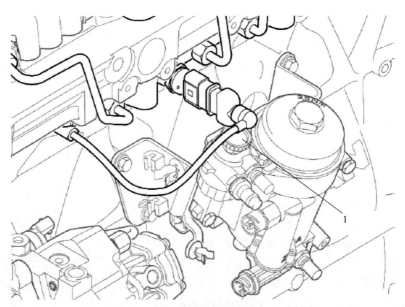

图 12-2-152　断开轨压传感器的电气连接插头
1—轨压传感器电气连接插头

② 拆卸量油尺支架（图 12-2-153）。

a. 旋出安装螺栓 2。

b. 拆下一侧有量油尺的支架 1。

③ 拆卸回油管（图 12-2-154）。

注意，取出喷油器前应放出回油管中的油。

a. 旋出空心螺栓 1，放出回油管中的油。

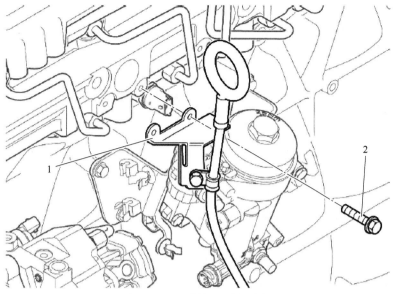

图 12-2-153　拆卸量油尺支架
1—量油尺支架；2—安装螺栓

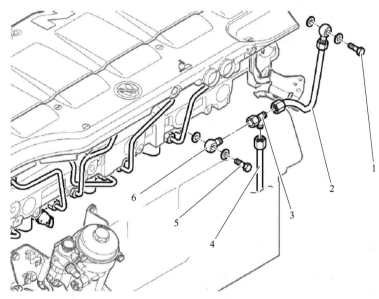

图 12-2-154　拆卸回油管
1,5—空心螺栓；2,4—回油管；3—三通接头；6—环形连接器

b. 将回油管 2 从三通接头 3 上旋出。

c. 将回油管 4 从三通接头 3 上旋出。

d. 将三通接头 3 从环形连接器 6 上旋出。

e. 旋出空心螺栓 5。

f. 拆除带密封圈的环形连接器 6。

④ 拆除高压油管（图 12-2-155）。

a. 旋出安装螺栓 2。

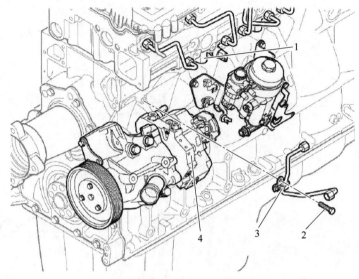

图 12-2-155　拆除高压油管

1—共轨组件；2—安装螺栓；3—高压油管；4—高压油泵

b. 使用套筒扳手和加长杆，将高压油管 3 从高压油泵 4 和共轨组件 1 上拆除。

⑤ 拆卸高压油管（图 12-2-156）。

注意，每次拆卸油管必须用干净的防护套堵塞相关的接口。

a. 标记高压油管 2 安装位置。

b. 使用套筒扳手 1 和加长杆 3 拆卸高压油管 2。

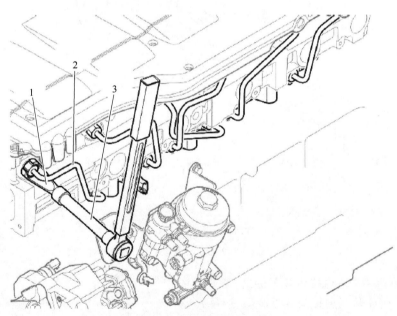

图 12-2-156　拆卸高压油管

1—套筒扳手；2—高压油管；3—加长杆

⑥ 拆卸共轨组件（图 12-2-157）。

a. 旋出安装螺栓 2。

b. 拆卸共轨组件 1。

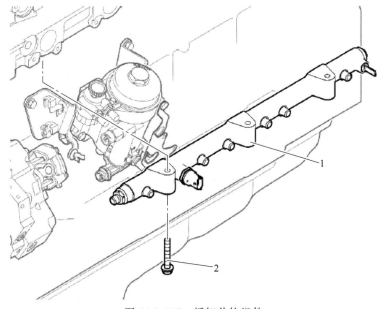

图 12-2-157　拆卸共轨组件
1—共轨组件；2—安装螺栓

⑦ 拆除限压阀和轨压传感器（图 12-2-158）。

a. 旋出限压阀 1。

b. 旋出轨压传感器 2。

注意，不要冲洗限压阀和轨压传感器，因其螺纹和唇状边缘涂有润滑油。

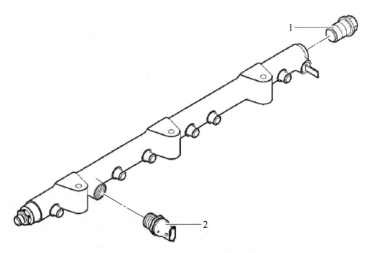

图 12-2-158　拆除限压阀和轨压传感器
1—限压阀；2—轨压传感器

⑧ 拆除线束总成盖板。

⑨ 拆除气缸盖罩。

⑩ 拆除共轨连接管（图 12-2-159）。

a. 旋出压紧螺母 3。

b. 使用管接头和提取器从气缸盖 1 上取出共轨连接管 2。

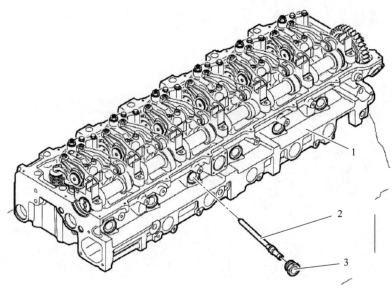

图 12-2-159　拆除共轨连接管
1—气缸盖；2—共轨连接管；3—压紧螺母

⑪ 拆除喷油器线缆（图 12-2-160）。

a. 旋出安装螺母 2。

b. 拆除喷油器线缆 1。

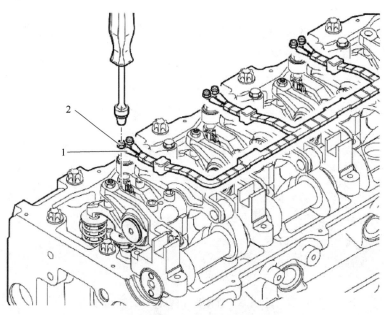

图 12-2-160　拆除喷油器线缆
1—喷油器线缆；2—安装螺母

⑫ 拆除喷油器线束（图 12-2-161）。

a. 将喷油器线束 4 小心地从凸轮轴瓦盖 1 上移除。

b. 旋出安装螺栓 3。

c. 将法兰 2 小心地从缸盖上取出。

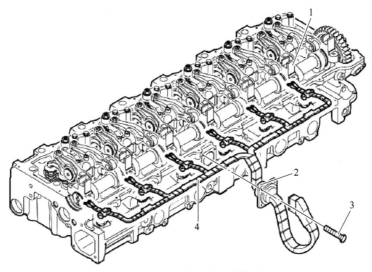

图 12-2-161　拆除喷油器线束

1—凸轮轴瓦盖；2—法兰；3—安装螺栓；4—喷油器线束

d. 将喷油器线束 4 小心地通过气缸孔取出。

⑬ 拆卸压板螺栓（图 12-2-162）。旋出压板螺栓 2 并和球面垫圈 1 一起拆下。

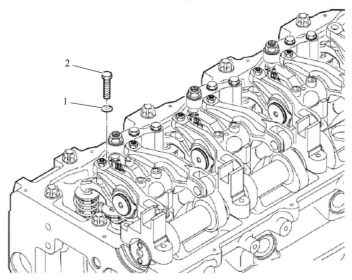

图 12-2-162　拆卸压板螺栓

1—球面垫圈；2—压板螺栓

⑭ 取出喷油器（图 12-2-163）。

a. 取出专用工具 1。

b. 将抽取器插入压紧法兰的凹槽中。

c. 用滚花螺母 2 夹住夹紧套筒 5。

d. 通过旋转滚花螺母 3 将喷油器 4 从缸盖上取出。

（2）喷油器和共轨组件的安装

① 安装喷油器（图 12-2-164）。

注意，要先将喷油器安装在压紧法兰上，然后整体装入，不能先安装喷油器，再安装压板螺栓；只有在需要安装时才能将喷油器 2 从喷油器保护衬套中取出。

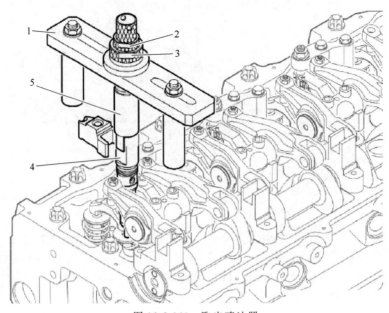

图 12-2-163　取出喷油器

1—专用工具；2，3—滚花螺母；4—喷油器；5—夹紧套筒

a. 拆除旧的密封垫圈 5。

b. 检查以确保缸盖中的气缸孔是清洁的。

c. 拆除喷油器保护衬套。

d. 将压紧法兰 1 在喷油器 2 上转动，确保燃油进口 3 朝向喷油器进油接管连接口 4。

e. 将喷油器 2 和新的 O 形圈 6 以及新的密封垫圈 5 嵌入气缸盖。

f. 使用压力元件将喷油器 2 完全压入气缸盖中。

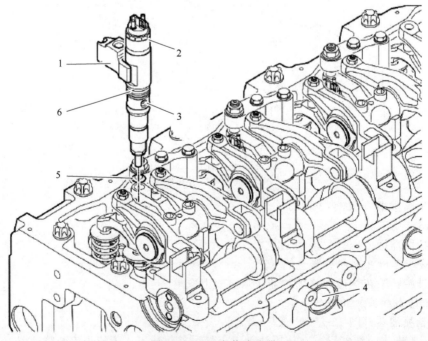

图 12-2-164　安装喷油器

1—压紧法兰；2—喷油器；3—燃油进口；4—喷油器进油接管连接口；5—密封垫圈；6—O 形圈

② 初步紧固喷油器。

a. 将球面垫圈和新的压板螺栓一起旋入压紧法兰。

b. 紧固压板螺栓至初始力矩。

③ 安装共轨连接管。

注意，共轨连接管锥度环不能重复使用。

a. 将新的共轨连接管放入气缸盖，使共轨连接管的锥度环嵌入气缸盖的锥度槽中。

b. 旋入压紧螺母并紧固至初始力矩。

④ 最终紧固喷油器（图 12-2-165）。紧固喷油器压紧法兰安装螺栓 1 至最终力矩后再进行 90°转角。

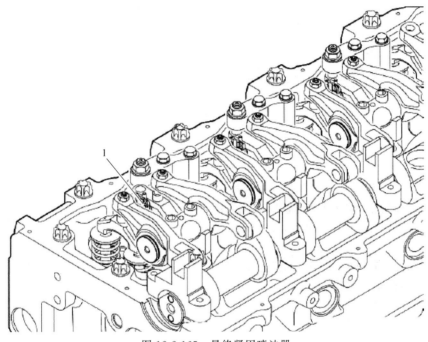

图 12-2-165　最终紧固喷油器
1—安装螺栓

⑤ 最终紧固共轨连接管（图 12-2-166）。紧固压紧螺母 1 至最终力矩后再进行 60°转角。

⑥ 安装喷油器线束。

a. 在喷油器线束的新 O 形圈上涂一薄层专用凡士林。

b. 小心地通过缸孔插入喷油器线束。

c. 小心地将法兰插入气缸盖。

d. 旋入安装螺栓并紧固至规定力矩。

e. 小心地将喷油器线束插入凸轮轴瓦盖中。

⑦ 安装喷油器线缆。

注意，紧固安装螺母时，确保线束塞之间是有间隔的。

a. 组装专用工具。

b. 使用专用工具紧固喷油器线缆安装螺母至规定力矩。

⑧ 安装气缸盖罩。

⑨ 安装线束总成盖板。

⑩ 旋入轨压传感器和限压阀。

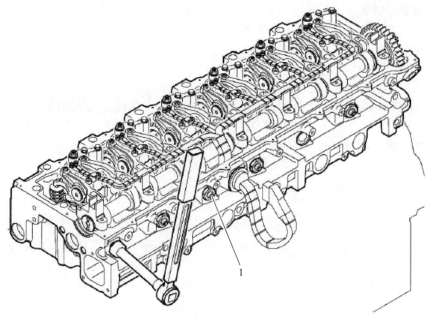

图 12-2-166　最终紧固共轨连接管

1—压紧螺母

注意，缺少润滑会导致部件损坏。

a. 旋入新的轨压传感器并紧固至规定力矩。

b. 旋入新的限压阀并紧固至规定力矩。

⑪ 连接共轨组件。

a. 在缸盖上确定共轨组件的位置。

b. 旋入新的安装螺栓并用手拧紧。

⑫ 连接高压油管（图 12-2-167）。

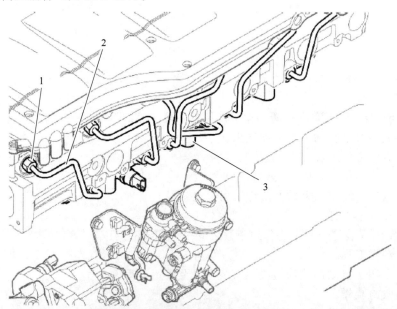

图 12-2-167　连接高压油管

1—共轨连接管；2—高压油管；3—共轨组件

a. 初步紧固后，检查高压油管的排列，如有必要，应重新排列。

b. 根据标记，将高压油管 2 和共轨组件 3 以及共轨连接管 1 相连。

c. 使用套筒扳手和加长杆紧固高压油管至初始力矩。

⑬ 最终紧固共轨组件（图 12-2-168）。紧固安装螺栓 1 至最终力矩。

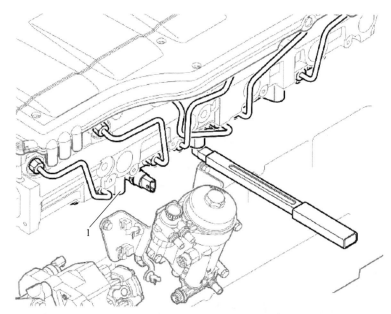

图 12-2-168　最终紧固共轨组件
1—安装螺栓

⑭ 最终紧固高压油管。如果是重复使用，使用套筒扳手和加长杆紧固高压油管至最终力矩后再进行 30°转角。

如果是新件，使用套筒扳手和加长杆紧固高压油管至最终力矩后再进行 60°转角。

⑮ 安装高压油管至高压油泵和共轨组件。

⑯ 检查压力损失。

a. 使用空心螺栓和带弹性体密封唇的密封圈将环形连接器旋入气缸盖（图 12-2-169）。

b. 将管接头 1 和压缩空气管接头 2 以及压力损失检测器 3 安装到环形连接器上。

c. 使用规定压力的压缩空气对压力损失检测器加压。

d. 断开压缩空气管接头 2。

e. 检查压力量表上的最大允许压力流失。最大允许压力流失是 10min 内 0.1bar（0.01MPa）。

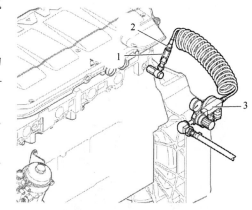

图 12-2-169　安装压力损失检测器
1,2—管接头；3—压力损失检测器

⑰ 安装回油管。

⑱ 安装量油尺支架。

⑲ 连接轨压传感器的电气连接插头。

12.2.5.2　高压油泵及高压油泵驱动装置的拆装

（1）高压油泵及高压油泵驱动装置的拆卸

① 拆卸加油口（图 12-2-170）。

② 拆卸高压油管（图 12-2-171）。

a. 断开计量单元的电气连接插头 2。

b. 旋出安装螺栓 3。

c. 使用套筒扳手和加长杆将高压油管 4 从高压油泵 5 和共轨组件 1 上拆除。

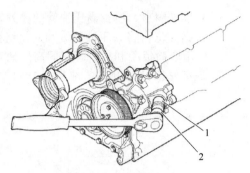

图 12-2-170　拆除加油口
1—套筒；2—转接头

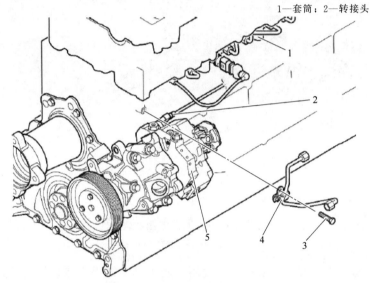

图 12-2-171　拆卸高压油管
1—共轨组件；2—电气连接插头；3—安装螺栓；4—高压油管；5—高压油泵

③ 拆卸高压油泵（图 12-2-172）。

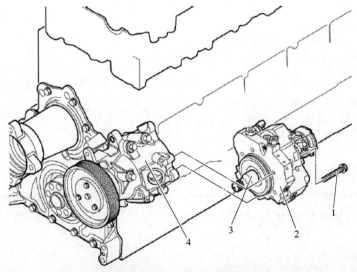

图 12-2-172　拆卸高压油泵
1—安装螺栓；2—高压油泵；3—中间驱动轴；4—高压油泵驱动装置

a. 旋出安装螺栓 1。

b. 从高压油泵驱动装置 4 上拆下高压油泵 2。

c. 将中间驱动轴 3 从驱动轴上拉出。

④ 拆卸高压油泵驱动装置。

a. 旋出安装螺栓 1 和 2（图 12-2-173）。

b. 拆除垫片 3。

c. 将多楔带带轮 4 从花键轴 5 上拉出。

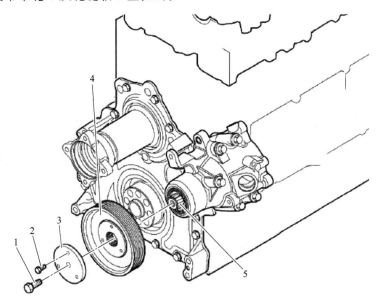

图 12-2-173　拆卸多楔带带轮

1,2—安装螺栓；3—垫片；4—多楔带带轮；5—花键轴

d. 使用冲击提取器 1 和拉拔钩 3 取出径向轴封 2（图 12-2-174）。

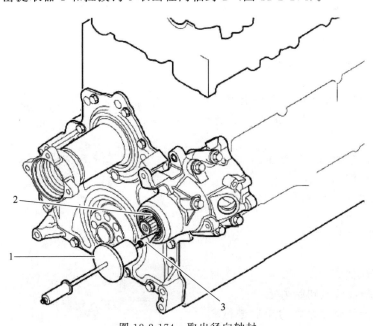

图 12-2-174　取出径向轴封

1—冲击提取器；2—径向轴封；3—拉拔钩

e. 旋出安装螺栓 1 并拆下高压油泵驱动装置 2（图 12-2-175）。

f. 清洁接触面。

（2）高压油泵及高压油泵驱动装置的安装

① 在高压油泵驱动装置的接触面上涂一薄层密封胶 1（图 12-2-176）。

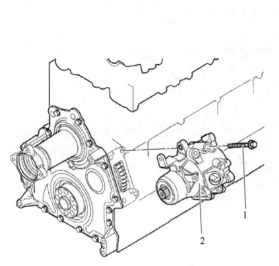

图 12-2-175　拆下高压油泵驱动装置

1—安装螺栓；2—高压油泵驱动装置

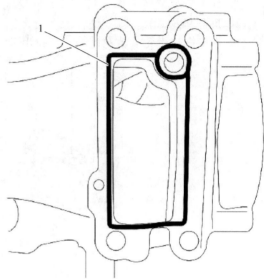

图 12-2-176　涂一薄层密封胶

1—密封胶

② 安装高压油泵驱动装置。

a. 定位高压油泵驱动装置。

b. 旋入新的安装螺栓并拧紧至规定力矩。

③ 压入径向轴封（图 12-2-177）。使用套装把手 1 和垫圈以及压入冲头 2 将新的径向轴封 4 压入高压油泵驱动装置 3。

④ 安装多楔带带轮。

a. 在新的多楔带带轮的齿上涂一薄层密封胶。

b. 定位安装垫片并旋入新的安装螺栓。

c. 将多楔带带轮推到花键轴直至受到阻碍。

d. 旋入并拧紧新的安装螺栓。

⑤ 安装高压油泵。

a. 将中间驱动轴放到高压油泵的驱动轴上并安装 O 形圈。

b. 旋入新的安装螺栓并拧紧至规定力矩。

⑥ 连接高压油管。

a. 拧紧高压油管至初始力矩。

b. 拧紧高压油管至最终力矩后进行 30°转角。

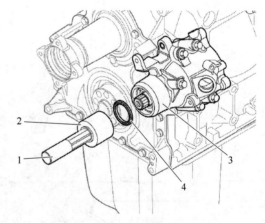

图 12-2-177　压入径向轴封

1—套装把手；2—压入冲头；3—高压油泵
驱动装置；4—径向轴封

c. 拧紧高压油管至最终力矩后进行 90°转角。

⑦ 安装加油口。拧紧加油口至规定力矩。

12.2.5.3　燃油模块的拆装

（1）燃油模块的拆卸

① 拆卸共轨组件回油管（图 12-2-178）。

a. 拆除回油管 5。

b. 旋出空心螺栓 2。

c. 拆除回油管 3。

d. 旋出空心螺栓 4 并拆除三通接头 1。

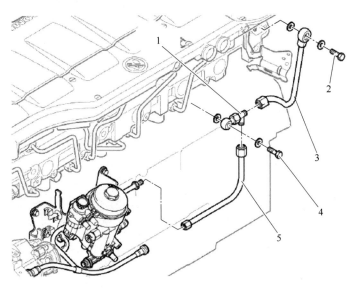

图 12-2-178　拆卸共轨组件回油管
1—三通接头；2,4—空心螺栓；3,5—回油管

② 拆除燃油模块-输油泵油管（图 12-2-179）。

a. 旋出安装螺栓 1。

b. 使用释放工具和释放手柄拉出油管 2 和 3。

③ 拆除燃油模块-高压油泵油管（图 12-2-180）。
使用释放工具和释放手柄拉出油管 1 和 2。

④ 拆除燃油模块回油管（图 12-2-181）。

a. 旋出支撑夹 1 的安装螺栓。

b. 使用释放工具和释放手柄拉出回油管 2。

⑤ 拆除电磁阀-燃油模块油管（图 12-2-182）。

a. 旋出空心螺栓 1 和 3 并和垫圈一起取下。

b. 拆除油管 2。

⑥ 拆卸燃油模块（图 12-2-183）。

a. 旋出安装螺栓 2。

b. 拆除燃油模块 3。

c. 旋出安装螺栓 1。

d. 拆除支架 4。

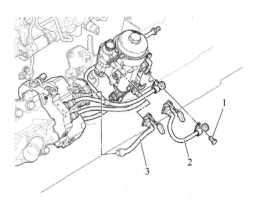

图 12-2-179　拆除燃油模块-输油泵油管
1—安装螺栓；2,3—油管

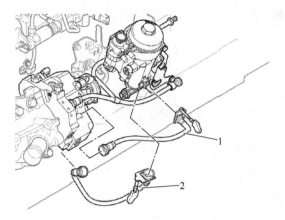

图 12-2-180　拆除燃油模块-高压油泵油管
1,2—油管

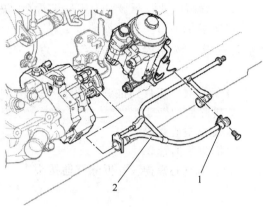

图 12-2-181　拆除燃油模块回油管
1—支撑夹；2—回油管

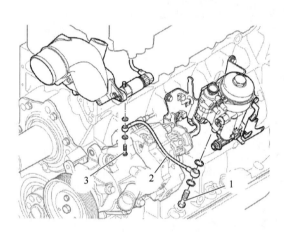

图 12-2-182　拆除电磁阀-燃油模块油管
1,3—空心螺栓；2—油管

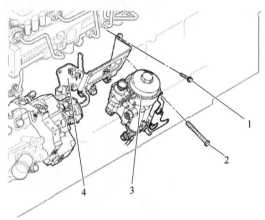

图 12-2-183　拆卸燃油模块
1,2—安装螺栓；3—燃油模块；4—支架

（2）燃油模块的安装

① 安装燃油模块。

a. 定位支架。

b. 旋入并拧紧新的安装螺栓。

c. 定位燃油模块。

d. 旋入并拧紧新的安装螺栓。

② 安装电磁阀-燃油模块油管。

a. 定位油管。

b. 和新的垫圈一起旋入空心螺栓并拧紧。

c. 拧紧空心螺栓至规定力矩。

③ 安装燃油模块回油管。

a. 连接油管。

b. 检查油管是否安装牢固。

c. 旋入并拧紧支撑夹的新的安装螺栓。

④ 安装燃油模块-高压油泵油管。

a. 连接油管。

b. 检查油管是否安装牢固。

⑤ 安装燃油模块-输油泵油管。

a. 连接油管。

b. 检查油管是否安装牢固。

⑥ 安装共轨组件回油管。

a. 定位三通接头，并和新的密封圈一起旋入空心螺栓。

b. 连接油管。

c. 拧紧油管的螺母。

d. 拧紧空心螺栓。

e. 将油管连接至螺母并拧紧。

12.2.6 润滑系统

12.2.6.1 机油模块的拆装

（1）机油模块的拆卸

① 拆除隔热罩1（图12-2-184）。

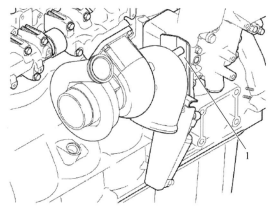

图12-2-184 拆除隔热罩
1—隔热罩

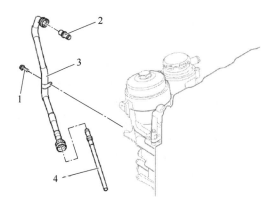

图12-2-185 拆除油气分离器回油管
1—安装螺栓；2,4—旋入装置；3—回油管

② 拆除油气分离器回油管（图12-2-185）。

a. 旋出安装螺栓1。

b. 将回油管 3 从旋入装置 2 和 4 中拉出。

c. 旋出旋入装置 2 和 4。

③ 旋开水泵安装螺栓（图 12-2-186）。从机油模块上旋开水泵安装螺栓 1 和 2。

④ 拆卸通气管（图 12-2-187）。

a. 使用小型管夹用软管夹安装钳拆除小型管夹 2。

b. 拉出油气分离器通气管 1。

⑤ 排干冷却液（图 12-2-188）。

注意，在拆除机油模块前应排干所有的

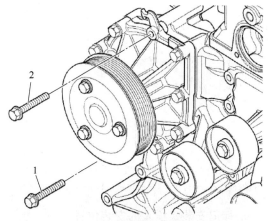

图 12-2-186 旋开水泵安装螺栓
1,2—安装螺栓

冷却液，否则从曲轴箱上拆除机油模块时，冷却液会进入油底壳。

  a. 从机油模块 1 上和密封圈 2 一起旋开螺塞 3。

  b. 排干冷却液。

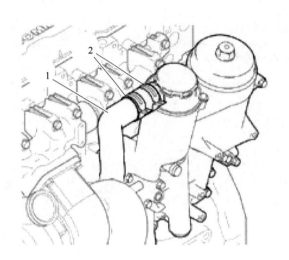

图 12-2-187　拆卸通气管
1—通气管；2—小型管夹

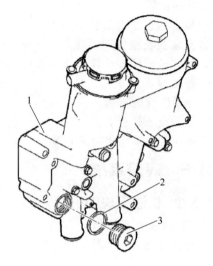

图 12-2-188　排干冷却液
1—机油模块；2—密封圈；3—螺塞

 ⑥ 拆除机油模块（图 12-2-189）。

  a. 标记安装螺栓 4 和 5 的安装位置。

  b. 旋出安装螺栓 4 和 5。

  c. 从曲轴箱 3 上和衬垫 2 一起拆除机油模块 1。

  d. 清洁接触面。

 ⑦ 分解机油模块（图 12-2-190）。

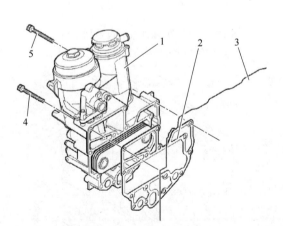

图 12-2-189　拆除机油模块
1—机油模块；2—衬垫；3—曲轴箱；4,5—安装螺栓

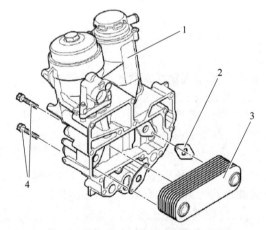

图 12-2-190　分解机油模块
1—机油模块；2—衬垫；3—机油冷却器；4—安装螺栓

  a. 标记安装螺栓 4 的安装位置。

  b. 旋开安装螺栓 4。

  c. 从机油模块 1 上和衬垫 2 一起拆除机油冷却器 3。

d. 清洁接触面。

⑧ 拆除泄压阀（图 12-2-191）。

从机油模块 1 上旋出机油泄压阀 2。

⑨ 拆除连接歧管（图 12-2-192）。

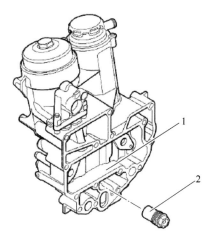

图 12-2-191 拆除泄压阀
1—机油模块；2—泄压阀

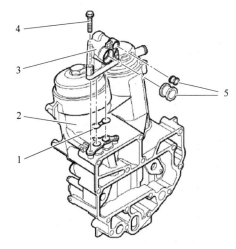

图 12-2-192 拆除连接歧管
1—衬垫；2—机油模块；3—连接歧管；
4—安装螺栓；5—插塞管

a. 从连接歧管 3 上拆除插塞管 5。

b. 旋出安装螺栓 4。

c. 从机油模块 2 上和衬垫 1 一起拆除连接歧管 3。

d. 清洁接触面。

⑩ 拆除油气分离器（图 12-2-193）。

a. 旋出安装螺栓 1。

b. 将油气分离器 2 从机油模块中拉出。

（2）机油模块的安装

① 安装油气分离器。

a. 将油气分离器插入机油模块。

b. 旋入并拧紧安装螺栓。

② 安装连接歧管。

a. 在机油模块上和新的衬垫一起定位连接歧管。

b. 旋入并拧紧新的安装螺栓。

c. 在新的插塞管上涂一薄层发动机机油并将其插入连接歧管。

③ 安装泄压阀。

a. 将泄压阀旋入机油模块。

b. 拧紧泄压阀至规定力矩。

④ 组装机油模块。

a. 将新的衬垫和机油冷却器一起插入机油模块。

b. 旋入新的安装螺栓并手动拧紧。

c. 将机油模块放置在一边，注意防止损坏机油冷却器。

d. 拧紧机油冷却器安装螺栓至规定力矩。

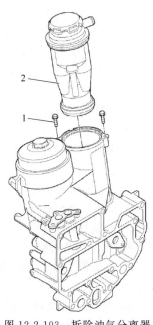

图 12-2-193 拆除油气分离器
1—安装螺栓；2—油气分离器

⑤ 安装机油模块。

a. 在曲轴箱上和新的衬垫一起定位机油模块。

b. 旋入新的安装螺栓并手动拧紧。

c. 拧紧新的安装螺栓。

d. 拧紧机油模块安装螺栓。

⑥ 安装螺塞。

和新的密封圈一起将螺塞旋入机油模块并拧紧至规定力矩。

⑦ 安装回油管。

a. 在旋入装置的螺纹上涂上防松胶。

b. 将旋入装置旋入曲轴箱并拧紧至规定力矩。

c. 将旋入装置旋入机油模块并拧紧至规定力矩。

d. 安装回油管。

e. 旋入并拧紧安装螺栓。

⑧ 安装通气管。

a. 将通气管推入油气分离器。

b. 用小型管夹用软管夹安装钳安装小型管夹。

⑨ 安装隔热罩。

12.2.6.2 机油泵的拆装与检查

辅助工作：

拆除和安装风扇；

拆除和安装风扇托架；

拆除和安装冷却水弯管；

拆除和安装节温器；

拆除和安装节温器壳；

拆除和安装带传动装置；

拆除和安装分配器壳；

拆除和安装高压油泵/高压油泵驱动装置；

拆除和安装曲轴前油封；

拆除和安装前盖板；

拆除和安装减振器。

（1）机油泵配合间隙的检查

① 检查曲轴齿轮和齿圈（外转子）的齿隙（图 12-2-194）。

a. 安装带千分表 1 的千分表支架 2 及定位销。

b. 用一定的预紧力将定位销安装在齿圈（外转子）3 上。

c. 检查曲轴齿轮和齿圈（外转子）3 之间的齿隙。若齿隙超出公差范围，应安装新的曲轴齿轮和机油泵。

② 拆卸曲轴齿轮（图 12-2-195）。

a. 旋入对中冲杆 3 和 4。

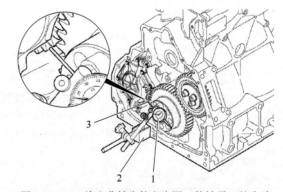

图 12-2-194　检查曲轴齿轮和齿圈（外转子）的齿隙
1—千分表；2—千分表支架；3—齿圈（外转子）

b. 拉出曲轴齿轮 2

c. 旋出对中冲杆 3 和 4。

d. 清洁曲轴齿轮 2 和曲轴 1 的接触面。

③ 检查齿圈（外转子）轴向间隙
（图 12-2-196）。

a. 安装带千分表 3 的千分表支架 1 及定位销。

b. 用一定的预紧力将定位销安装在齿圈
（外转子）2 上。

c. 朝向曲轴箱压入齿圈（外转子）2。

d. 将千分表 3 调零。

e. 朝向机油泵盖板拉出齿圈（外转子）2
并读取表上差值。若轴向间隙超出公差范围，
应安装新的机油泵。

④ 检查齿圈（外转子）径向间隙（图
12-2-197）。

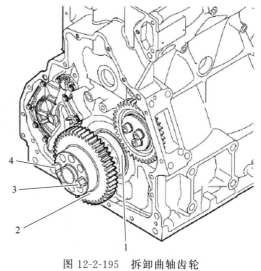

图 12-2-195 拆卸曲轴齿轮
1—曲轴；2—曲轴齿轮；3,4—对中冲杆

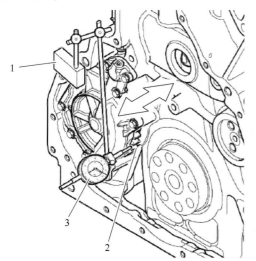

图 12-2-196 检查齿圈（外转子）轴向间隙
1—千分表支架；2—齿圈（外转子）；3—千分表

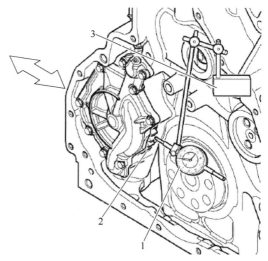

图 12-2-197 检查齿圈（外转子）径向间隙
1—千分表；2—齿圈（外转子）；3—千分表支架

a. 安装带千分表 1 的千分表支架 3 及定位销。

b. 用一定的预紧力将定位销安装在齿圈（外转子）2 上。

c. 水平推动齿圈（外转子）2 至端部。

d. 将千分表 1 调零。

e. 朝向千分表 1 将齿圈（外转子）2 拉至端部并读取表上差值。若径向间隙超出公差范围，应安装新的机油泵。

（2）机油泵的拆除

① 拆除机油泵盖板（图 12-2-198）。

a. 旋出安装螺栓 1。

b. 从曲轴箱 3 上拆除机油泵盖板 2。

② 拆除机油泵（图 12-2-199）。从曲轴箱 3 上拆除齿圈（外转子）1 和机油泵小齿轮
（内转子）2。

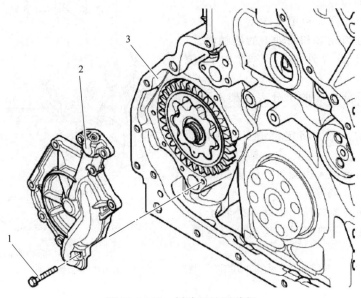

图 12-2-198　拆除机油泵盖板

1—安装螺栓；2—机油泵盖板；3—曲轴箱

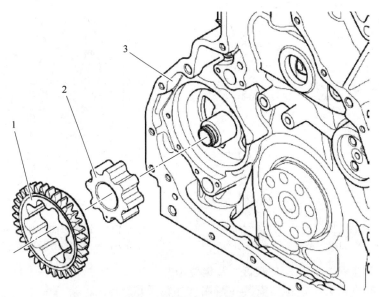

图 12-2-199　拆除机油泵

1—齿圈（外转子）；2—机油泵小齿轮（内转子）；3—曲轴箱

③ 拆除机油泵小齿轮（内转子）轴（图 12-2-200）。

a. 旋出安装螺栓 1。

b. 从曲轴箱 4 上和 O 形圈 2 一起拆除轴 3。

④ 取出轴瓦（图 12-2-201）。

a. 将取出装置 2 插入轴瓦 4 并扩口。

b. 在取出装置 2 上安装管夹 3 并拧紧。

c. 安装管接头 1。

d. 将冲击提取器旋入管接头 1。

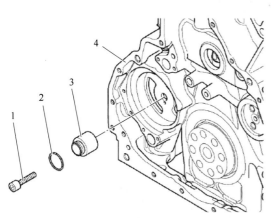

图 12-2-200　拆除机油泵小齿轮（内转子）轴
1—安装螺栓；2—O形圈；3—机油泵小齿轮
（内转子）轴；4—曲轴箱

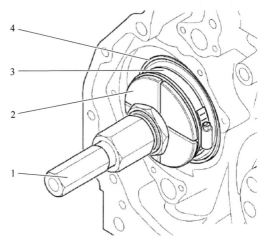

图 12-2-201　取出轴瓦
1—管接头；2—取出装置；3—管夹；4—轴瓦

e. 用冲击提取器取出轴瓦4。

（3）机油泵零件的检查

① 检查齿圈（外转子）轴承的外径（图12-2-202）。

a. 清洁齿圈（外转子）1。

b. 使用千分尺2检查齿圈（外转子）1轴承的外径。若外径超出公差范围，应安装新的机油泵。

② 检查齿圈（外转子）的高度（图12-2-203）。

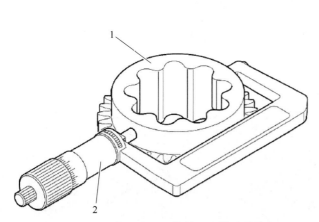

图 12-2-202　检查齿圈（外转子）轴承的外径
1—齿圈（外转子）；2—千分尺

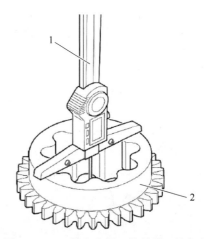

图 12-2-203　检查齿圈（外转子）的高度
1—深度规（电子的）；2—齿圈（外转子）

a. 清洁齿圈（外转子）2。

b. 使用深度规（电子的）1检查齿圈（外转子）2的高度。若高度超出公差范围，应安装新的机油泵。

③ 检查机油泵小齿轮（内转子）的内径（图12-2-204）。

a. 清洁机油泵小齿轮（内转子）2。

b. 使用千分表1和内径卡规检查机油泵小齿轮（内转子）2的内径。若内径超出公差范围，应安装新的机油泵。

④ 检查机油泵小齿轮（内转子）的高度（图 12-2-205）。

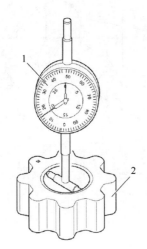

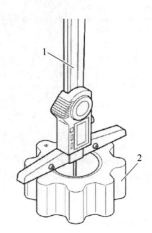

图 12-2-204　检查机油泵小齿轮
（内转子）的内径
1—千分表；2—机油泵小齿轮（内转子）

图 12-2-205　检查机油泵小齿轮
（内转子）的高度
1—深度规（电子的）；2—机油泵小齿轮（内转子）

a. 清洁机油泵小齿轮（内转子）2。

b. 使用深度规（电子的）1 检查机油泵小齿轮（内转子）2 的高度。若高度超出公差范围，应安装新的机油泵。

⑤ 检查机油泵小齿轮（内转子）轴的外径（图 12-2-206）。

a. 清洁机油泵小齿轮（内转子）轴 1。

b. 使用千分尺 2 检查机油泵小齿轮（内转子）轴 1 的外径。若外径超出公差范围，应安装新的机油泵。

（4）机油泵的安装

① 压入轴瓦。

a. 清洁曲轴箱中螺纹主轴 1 的接触面，使用专用工具旋入螺纹主轴 1 并拧紧（图 12-2-207）。

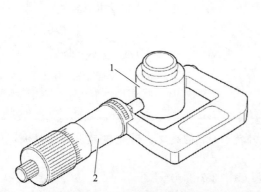

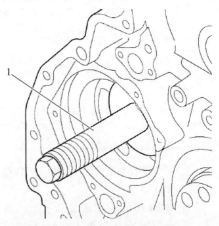

图 12-2-206　检查机油泵小齿轮（内转子）轴的外径
1—机油泵小齿轮（内转子）轴；2—千分尺

图 12-2-207　旋入螺纹主轴
1—螺纹主轴

b. 和轴瓦1一起插入导板2使副支架3滑入机油泵孔4（图12-2-208）。

c. 通过旋上六角螺母1压入轴瓦3直至受到阻碍，拆除专用工具2（图12-2-209）。

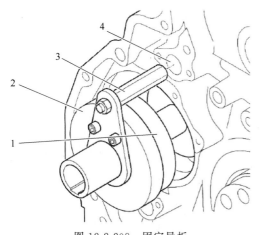
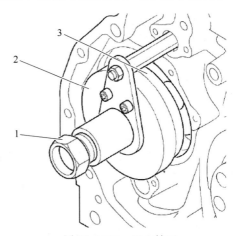

图12-2-208　固定导板

1—轴瓦；2—导板；3—副支架；4—机油泵孔

图12-2-209　压入轴瓦

1—六角螺母；2—专用工具；3—轴瓦

② 安装机油泵小齿轮（内转子）轴。

a. 在新的O形圈上涂一薄层清洁的发动机机油，同机油泵小齿轮（内转子）轴一起插入曲轴箱。

b. 旋入并拧紧新的安装螺栓。

③ 安装机油泵（图12-2-210）。

a. 在齿圈（外转子）1的承载面和机油泵小齿轮（内转子）2上涂抹清洁的发动机机油。

b. 将齿圈（外转子）1插入曲轴箱3。

c. 在轴上滑动机油泵小齿轮（内转子）2使标记4可见。

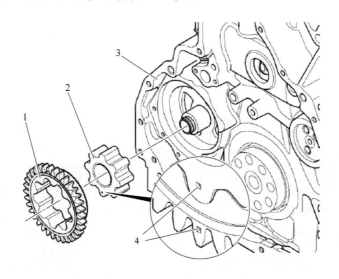

图12-2-210　安装机油泵

1—齿圈（外转子）；2—机油泵小齿轮（内转子）；3—曲轴箱；4—标记

④ 安装机油泵盖板。

旋入新的安装螺栓并拧紧至规定力矩。

12.2.6.3 曲轴前油封的更换

辅助工作：

拆除和安装风扇；

拆除和安装减振器。

（1）曲轴前油封的拆卸

a. 将导板 3 和压力盘及平头螺栓 1 一起安装在曲轴上（图 12-2-211）。

b. 和六角螺母一起将螺纹心轴 6 旋入十字盘 5。

c. 将第二个六角螺母旋到螺纹心轴 6 上并用其固定。

d. 将钩 4 穿过十字盘 5 平板插入到曲轴前油封 2 和曲轴之间。

e. 旋转钩 4 90°使其凹口向外。

f. 在十字盘 5 上平稳握住六角螺母。

g. 通过旋入螺纹心轴 6 取出曲轴前油封 2。

h. 拆除专用工具。

（2）曲轴前油封的安装

① 定位曲轴前油封（图 12-2-212）。

a. 使用合适的工具小心地将盘从传输套筒 3 中分离出来。

b. 用平头螺栓将导板 4 安装在曲轴 1 上。

c. 用传输套筒 3 定位曲轴前油封 2，并将其推到导板 4 上。

d. 拆除传输套筒 3。

② 安装曲轴前油封（图 12-2-213）。

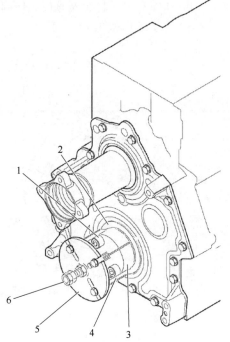

图 12-2-211 拆卸曲轴前油封
1—平头螺栓；2—曲轴前油封；3—导板；
4—钩；5—十字盘；6—螺纹心轴

图 12-2-212 定位曲轴前油封
1—曲轴；2—曲轴前油封；3—传输套筒；4—导板

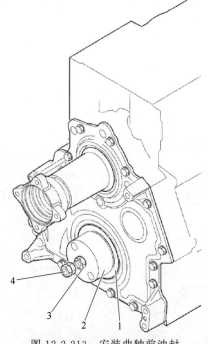

图 12-2-213 安装曲轴前油封
1—曲轴前油封；2—压入衬套；3—六角
凸缘螺母；4—螺纹心轴

a. 和垫圈一起将压入衬套 2 推到导板上。

b. 将六角凸缘螺母 3 旋到螺纹心轴 4 上。

c. 将六角螺母旋到螺纹心轴 4 上。

d. 将第二个六角螺母旋到螺纹心轴 4 上并用其固定。

e. 和垫圈一起将螺纹心轴 4 旋入导板。

f. 在螺纹心轴 4 上平稳握住六角螺母。

g. 通过旋入六角凸缘螺母 3 压入曲轴前油封 1，直至带垫圈的压入衬套 2 处于导板上。

h. 拆除专用工具。

12.2.6.4　曲轴后油封的更换

辅助工作：

拆除和安装飞轮。

（1）曲轴后油封的拆卸

使用冲击提取器 1 和拉拔钩 2 将曲轴后油封 3 从飞轮壳中取出（图 12-2-214）。

（2）曲轴后油封的安装（图 12-2-215）

a. 将导向衬套 4 推入曲轴。

b. 组装挤压盘 6，插入手柄 1 和垫圈 2。

c. 将曲轴后油封 3 的封闭面装在专用工具上。

d. 将专用工具推到导向衬套 4 上。

e. 将曲轴后油封 3 压入飞轮壳 5 直至挤压盘 6 处于导向衬套 4 上。

f. 拆除专用工具。

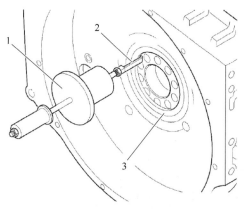

图 12-2-214　拆卸曲轴后油封

1—冲击提取器；2—拉拔钩；3—曲轴后油封

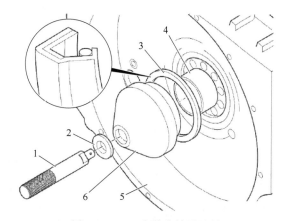

图 12-2-215　安装曲轴后油封

1—手柄；2—垫圈；3—曲轴后油封；

4—导向衬套；5—飞轮壳；6—挤压盘

12.3
重汽柴油发动机故障诊断与排除

（1）发动机无法启动故障诊断与排除

① 发动机无法启动（起动机不工作或电机无力）（表 12-3-1）。

表 12-3-1　发动机无法启动（起动机不工作或电机无力）

故障原因	排除方法
蓄电池充电不足	充电或更换蓄电池
蓄电池接线端接触不良	清理接线端,旋紧接线柱
电刷接触不良	清洁电刷表面或更换电刷
启动电机本身故障	检修电机或更换总成
钥匙开关接触不良	检查开关并修复
摩擦离合器打滑	调整离合器工作转矩或更换总成
发动机机油黏度过高	更换推荐的机油
电气系统故障	咨询授权维修服务站

② 发动机无法启动（起动机正常工作）（表 12-3-2）。

表 12-3-2　发动机无法启动（起动机正常工作）

故障原因	排除方法
电控单元 ECU 连接器未插上	插上电控单元连接器
电控单元 ECU 上没有电压	进行诊断灯试验
显示有故障代码	查阅故障代码表,找到解决方法
输油泵进油滤网或软管等堵塞	检查清除污物,检查燃油的清洁度
油箱无油	加油
燃油滤清器堵塞	拆卸滤清器体,清除内部污物,必要时更换滤芯
燃油系统内有空气	排除空气,检查接头密封性,酌情修复
配气正时不正确	检查并调整
油箱中有水	排水
进气不畅	检查空气滤清器、进气管,清理或更换滤芯
供油泵有故障	更换供油泵
喷油器有故障	检查喷油器雾化情况,酌情修复
高压油管损坏及漏油	修复或更换
气缸压缩压力不足	检查气门和缸垫的密封性以及活塞环的磨损情况,酌情修复或更换
气温过低	增加启动辅助设备

③ 发动机启动后立即熄火（表 12-3-3）。

表 12-3-3　发动机启动后立即熄火

故障原因	排除方法
燃油滤清器堵塞	拆卸滤清器体,清除内部污物,必要时更换滤芯
燃油系统内进入空气	检查油管及接头密封性,放气螺钉是否拧紧,排除空气
燃油质量差,含水过多	清洗滤清器,更换燃油
怠速过低	重新标定控制系统的怠速值

④ 发动机意外停机或减速时熄火（表 12-3-4）。

表 12-3-4　发动机意外停机或减速时熄火

故障原因	排除方法
显示有故障代码	查阅故障代码表,找到解决方法
电控单元 EUC 的供电电压过低	检查蓄电池供电线路及控制系统各熔丝
钥匙开关或其他线路出现故障	检查钥匙开关线路是否存在连接松动或短路

（2）发动机动力不足故障诊断与排除

① 发动机怠速时喘振（表 12-3-5）。

表 12-3-5　发动机怠速时喘振

故障原因	排除方法
显示有故障代码	查阅故障代码表，找到解决方法
发动机温度过低	将发动机升温到运行温度 2～3min
怠速负荷过大	降低怠速负荷
加速踏板松动	检查加速踏板，酌情修复或更换
中冷器连接软管接口有泄漏	检查中冷器，连好软管和接口
进气系统泄漏	检查进气系统接口，连好软管
配气正时不正确	检查正时，调整气门间隙

② 发动机怠速粗暴（表 12-3-6）。

表 12-3-6　发动机怠速粗暴

故障原因	排除方法
显示有故障代码	查阅故障代码表，找到解决方法
发动机温度过低	将发动机升温到运行温度 2～3min
怠速负荷过大	降低怠速负荷
加速踏板松动	检查加速踏板，酌情修复或更换
配气正时不正确	检查正时，调整气门间隙
机械故障	检查曲轴、活塞、凸轮轴及其他机械部件是否损坏

③ 发动机加速性能差（表 12-3-7）。

表 12-3-7　发动机加速性能差

故障原因	排除方法
显示有故障代码	查阅故障代码表，找到解决方法
加速踏板运动受阻	检查加速踏板，酌情修复或更换
进气系统漏气	检查中冷器、连接软管及其接口是否漏气，紧固接头，更换软管
进气不畅	检查空气滤清器、进气管，清理或更换滤芯
排气背压过高	检查排气管道有否堵塞，酌情维修
电控单元 ECU 标定错误	重新标定
进气压力传感器故障	检查或更换
增压器排气放气阀始终打开	检查并修复
配气正时不正确	检查正时，调整气门间隙

④ 发动机工作粗暴或缺火（表 12-3-8）。

表 12-3-8　发动机工作粗暴或缺火

故障原因	排除方法
显示有故障代码	查阅故障代码表，找到解决方法
发动机冷却系统温度过低	检查并修复
配气正时不正确	检查正时，调整气门间隙
凸轮轴正时错误	检查齿轮啮合情况及凸轮轴齿轮位置
凸轮轴或摇臂滚轮损坏	修复或更换

⑤ 发动机功率不足（表 12-3-9）。

表 12-3-9　发动机功率不足

故障原因	排除方法
显示有故障代码	查阅故障代码表，找到解决方法
加速踏板踩不到底	检查并修复
进气不畅	检查空气滤清器、进气管，清理或更换滤芯
排气背压过高	检查排气管道有否堵塞，酌情维修

故障原因	排除方法
增压系统压力不足	排除管路连接处泄漏
压气机、涡轮通道油污多	清洗或更换
增压器浮动轴承失效	更换
涡轮、压气机背面间隙处积炭	清洗
增压器废气旁通阀始终打开	用诊断仪检查旁通电磁阀
油封失效	更换
中冷器漏气、损坏	修复或更换
燃油管路漏油或堵塞	检查油管及接头密封性,滤清器的污染程度,修复或清污,酌情更换滤芯
燃油系统内有空气	排除空气,保证管路密封性
燃油质量差	清洗油箱、滤清元件及油管,更换合格的燃油
燃油滤清器堵塞	拆卸滤清器,清除内部污物,必要时更换滤芯
配气正时不正确	检查正时,调整气门间隙
油底壳机油液面过高	放出多余机油
气缸垫漏气	更换气缸垫
活塞环磨损断裂,轴瓦间隙过大	更换磨损零件,或大修发动机
缸套或活塞磨损或拉缸	大修发动机
系统电压不正常	检查电控系统熔丝和继电器处的电压
进气压力传感器故障	用诊断仪检测进气压力传感器,酌情修复或更换
制动器卡滞	咨询授权维修服务站
停车制动器控制杆被拉紧	放松停车制动器控制杆

⑥ 发动机减速过慢（表 12-3-10）。

表 12-3-10　发动机减速过慢

故障原因	排除方法
显示有故障代码	查阅故障代码表,找到解决方法
加速踏板运动受阻或线路故障	检查加速踏板及其线路
减速断气设定不正确	重新标定控制系统减速设置值

⑦ 发动机转速不稳定（表 12-3-11）。

表 12-3-11　发动机转速不稳定

故障原因	排除方法
燃油质量差	清洗燃油系统,更换燃油
燃油吸油管漏入空气	检查油管及接头密封性,排除空气
机油喷嘴雾化不稳定	检查并修复
增压器发生喘振	清洗压气机流道,清除废气通道积炭
增压器轴承损坏	更换

⑧ 发动机限转矩（表 12-3-12）。

表 12-3-12　发动机限转矩

故障原因	排除方法
低压油路压力大	检查油路是否堵塞,酌情更换燃油滤芯
水温过高	检查冷却系统
进气压力低或进气阻力大	检查进气管路
排气阻力大	检查排气系统是否堵塞
传感器短路	检查电气线路

（3）燃油消耗量大故障诊断与排除

见表 12-3-13。

表 12-3-13　燃油消耗量大

故障原因	排除方法
进气堵塞（空滤器堵塞）	检查空滤器、进气管，清理或更换滤芯
排气背压过高	检查排气管路、消声器及制动阀
燃油管路漏油或堵塞	检查并修复
燃油质量差	更换优质燃油
喷油器喷油雾化不良	检查并调整或修复
配气正时不正确	检查正时，调整气门间隙
气缸压缩压力不足	检查气门、活塞环与缸套、气缸垫等处密封性，修复
轴瓦间隙过大	检查及大修
增压系统压力不足	检查排除增压系统管路泄漏点
增压器旁通阀无法打开	检查并修复
增压器工作失常	修复或更换总成
中冷器损坏或漏气	修复或更换
发动机需大修	及时检修
轮胎充气不足	调整至指定充气度
离合器打滑	检查离合器踏板自由行程
制动器拖滞	咨询授权维修服务站
显示有故障代码	参阅故障代码表，找到解决办法

（4）排气管烟色不正常故障诊断与排除

① 排气冒黑烟（表 12-3-14）。

表 12-3-14　排气冒黑烟

故障原因	排除方法
进气不畅或排气背压过高	检查空气滤清器、进气管和排气管，清理或更换滤芯
燃油质量差	清洗油路，更换燃油
配气正时不正确	检查正时，调整气门间隙
机油喷嘴雾化不良	修复或更换
增压系统压力不足	检查排除管路和连接处存在的泄漏点
增压器工作失常	酌情更换总成
中冷器漏气或损坏	修复或更换
怠速过高	重新标定控制系统的怠速值

② 排气冒白烟、蓝烟（表 12-3-15）。

表 12-3-15　排气冒白烟、蓝烟

故障原因	排除方法
燃油质量差	更换燃油
冷却水温过低	检查节温器工作温度，必要时更换
配气正时不正确	检查正时，调整气门间隙
机油喷嘴雾化不良	修复或更换
压缩压力低，燃烧不完全，活塞胀缸	检查活塞环、气缸套、缸垫，酌情修复

故障原因	排除方法
活塞环、气缸套未磨合好	正确磨合
活塞环开口未错开	调整,重新装配
活塞油环失效	更换
活塞与缸套配合间隙过大	修复或更换
增压器密封环磨损	更换
增压器止推轴承磨损	更换
增压器回油管路阻塞	清洗或维修

（5）润滑系统故障诊断与排除

① 增压器进气口、进气管富集机油（表 12-3-16）。

表 12-3-16　增压器进气口、进气管富集机油

故障原因	排除方法
增压器密封失效	修复或更换
油底壳机油液面过高	放出适量机油至规定液面

② 机油压力过低（表 12-3-17）。

表 12-3-17　机油压力过低

故障原因	排除方法
油底壳油面过低	检查有否漏油处,添加机油
主油道调压阀故障	检查阀门,清洗并修复
集滤器、机油管路、接头垫片等堵塞或破裂	检查集滤器、管路接头及油道,酌情修复或更换
机油牌号不符合规定	按规定更换机油
机油泵进油管泄漏	检查油管和接头,酌情修复或更换
冷却系统水温过高,机油温度过高	检查冷却系统,酌情修复
机油滤清器阻力过大	更换新滤芯
机油冷却器堵塞	清理
主油道堵塞	清理
轴瓦间隙过大或轴瓦损坏	更换
部件磨损过大	大修发动机

③ 机油压力过高（表 12-3-18）。

表 12-3-18　机油压力过高

故障原因	排除方法
油压表故障	检修油压表
机油黏度过大	更换推荐的油品
限压阀故障	更换限压阀
冷却系统温度过低	检查风扇、节温器是否存在故障,酌情更换

④ 机油消耗量过高（表 12-3-19）。

表 12-3-19　机油消耗量过高

故障原因	排除方法
漏油	检查并维修安装面及相关螺塞
机油滤清器堵塞	更换滤芯
曲轴箱压力太高,把机油压出油气分离器	活塞环、缸套磨损,活塞环开口未错开,修复或更换
增压器机油泄漏到进排气系统	检查空气接管处有无漏油,修复或更换增压器总成

（6）水温高故障诊断与排除

见表 12-3-20 和图 12-3-1、图 12-3-2。

表 12-3-20　水温高

故障原因	排除方法
水箱液面过低	检查有无漏水处,加水
水箱堵塞	清理或修复
水泵皮带松弛	按规定调整张紧力
水泵垫片损坏、叶轮磨损	修复或更换
节温器故障	更换
水管损坏,漏入空气	检查水管、接头、垫片等,更换损坏件

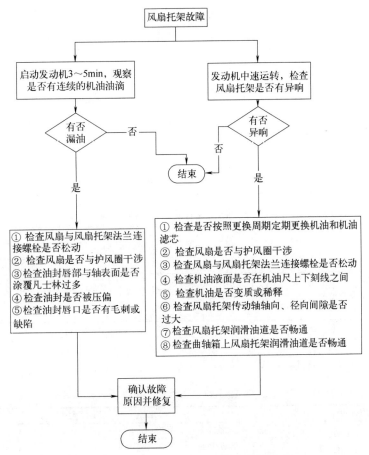

图 12-3-1　发动机风扇托架故障检修流程

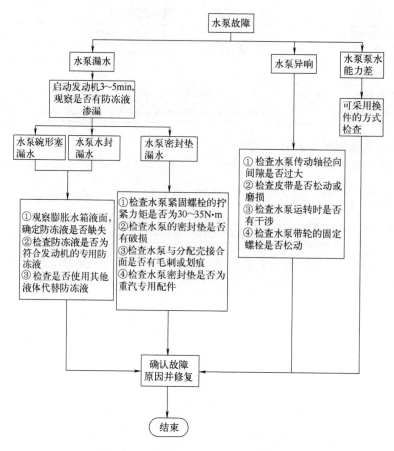

图 12-3-2　发动机水泵故障检修流程

（7）早期磨损故障诊断与排除

见表 12-3-21。

表 12-3-21　早期磨损

故障原因	排除方法
空气滤清器滤芯不合格或破损	更换合格滤芯
进气系统短路	检查进气管、垫片,酌情修复或更换
油底壳油面过低	检查有否漏油处,酌情修复并加油
油道堵塞	清理油道
机油牌号不合规定	按规定更换机油
机油滤清器滤芯未及时更换	按要求更换
曲轴与从动件主轴不同轴	检查安装支架,酌情修复

（8）异响与振动故障诊断与排除

① 发动机有异响（表 12-3-22）。

表 12-3-22　发动机有异响

故障原因	排除方法
皮带松动	调整皮带张紧程度
机油不足	添加机油
燃油质量差	更换燃油

故障原因	排除方法
冷却水温过低	检查节温器，必要时更换
配气正时不正确	检查正时，调整气门间隙
机油喷嘴雾化不良	检查并修复
减振器损坏	检查连接螺栓等，更换损坏件
气门漏气	拆检气门
齿轮间隙过大或轮齿断裂	调整或更换
缸套或活塞磨损或拉缸	大修发动机
活塞环磨损或断裂	更换损坏件
轴瓦磨损过大	更换轴瓦
曲轴止推间隙过大	更换止推垫片
主轴瓦不同轴	检查并修复
部件磨损过大	大修发动机
增压器喘振	清除压气机气道污物及排气道积炭
增压器密封环烧结	更换总成
增压器轴承损坏，转动件与固定件碰擦	更换总成
增压器涡轮或压气叶轮进入异物	更换总成

② 发动机振动过大（表 12-3-23）。

表 12-3-23　发动机振动过大

故障原因	排除方法
发动机怠速过低	重新标定控制系统的怠速设定值
发动机支承座松动或损坏	修复或更换
减振器损坏	更换减振器
部件磨损大	大修发动机

（9）燃油系统故障诊断与排除

① 油量计量单元失效。

故障现象

油量计量单元接头接触不良，造成发动机工作不稳，突然熄火或无法启动。

失效原因

操作不当、维修人员粗心大意，导致油量计量单元接头损坏（图 12-3-3）。

预防措施

a. 避免外力冲击。

b. 正确插拔线束接头。

c. 保持接插件的清洁度。

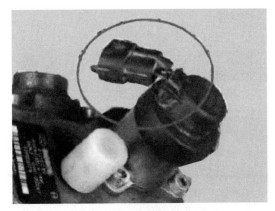

图 12-3-3　油量计量单元接头损坏

解决措施

更换新的油量计量单元。

② 油量计量单元卡滞。

故障现象

启动困难或发动机工作异常。

失效原因

a. 燃油清洁度差，油液中颗粒物较多，造成计量单元卡滞。

b. 燃油中含有大量的水分，导致油量计量单元生锈（图 12-3-4）。

图 12-3-4　油量计量单元生锈

预防措施

a. 保持油箱和低压油路清洁度。

b. 及时更换燃油滤清器。

c. 添加合格的燃油。

d. 及时排掉油水分离器中的水分。

解决措施

更换新的油量计量单元。

③ 油量计量单元关闭不严。

故障现象

启动和加速冒黑烟或发动机工作异常。

失效原因

燃油清洁度差，油液中颗粒物较多，造成油量计量单元中带控制缝隙的柱塞磨损严重，关闭不严。

预防措施

a. 保持油箱和低压油路清洁度。

b. 及时更换燃油滤清器。

c. 添加合格的燃油。

解决措施

更换新的油量计量单元。

④ 溢流阀卡滞。

故障现象

发动机启动困难或无法启动。

失效原因

a. 燃油清洁度差，油液中颗粒物较多，造成溢流阀卡滞。

b. 燃油中含有大量水分，导致进油溢流阀生锈。

预防措施

a. 保持油箱和低压油路清洁度。

b. 及时更换燃油滤清器。

c. 添加合格的燃油

d. 及时排掉油水分离器中的水分。

解决措施

更换新的溢流阀。

⑤ 输油泵齿轮驱动轴断裂。

故障现象

发动机突然熄火。

失效原因

a. 高压油泵泵内压力过高。

b. 燃油不合格。

预防措施

a. 保持油路畅通，避免油管折弯。

b. 添加合格的燃油。

c. 及时排掉油水分离器中的水分。

解决措施

更换新的喷油泵总成。

⑥ 输油泵泵油能力不足。

故障现象

启动困难或动力不足。

失效原因

输油泵齿轮磨损严重，导致供油能力不足（图 12-3-5）。

图 12-3-5　输油泵齿轮磨损严重

预防措施

a. 保持油箱和低压油路清洁度。

b. 及时更换燃油滤清器。

c. 添加合格的燃油。

d. 及时排掉油水分离器中的水分。

解决措施

更换新的输油泵部件。

(10) 后处理系统故障诊断与排除

① 尿素不消耗。

故障现象

车辆尿素箱的尿素水溶液不消耗。

失效原因

a. 前排温传感器被拔掉。

b. 尿素喷嘴电磁阀插头被拔掉。

c. 前排温传感器故障（图 12-3-6）。

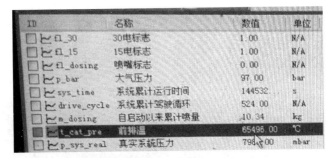

图 12-3-6　温度显示不正常

d. 尿素喷嘴电磁阀短路（因装配不当导致接插件密封失效，电磁阀短路烧坏）。

e. 尿素泵箱检测无压力输出（程序刷写故障、电路板损坏、接头端子松动、针脚弯折）。

f. 调整尿素喷嘴针阀升程不当，使尿素不喷射。

预防措施

a. 任何情况下均不允许拔掉前排温传感器或尿素喷嘴电磁阀插头。

b. 在尿素喷嘴的回流管接头外六方处漆封，提醒用户不可私自调整。

解决措施

a. 恢复前排温传感器和电磁阀插头的正确连接。

b. 更换新前排温传感器。

c. 更换新尿素喷嘴总成。

d. 检测尿素泵是否正常，不正常更换新尿素泵，正常则更换新尿素泵箱。

② 尿素消耗过多。

故障现象

车辆尿素箱的尿素水溶液消耗异常，一整箱约 40L 尿素水溶液，车辆只行驶了 300km 路程，便全部消耗掉了，尿素管路无泄漏。

失效原因

a. 程序故障，导致尿素喷嘴常喷。

b. 尿素水溶液清洁度不好，导致喷嘴密封锥面密封失效，产生滴漏、常喷。

c. 尿素喷嘴未正确安装，导致喷嘴密封锥面密封失效，产生滴漏、常喷。

预防措施

加注合格的尿素水溶液。

解决措施

a. 利用 EOL 诊断工具"重汽自制 SCR 系统"模块→测试驱动→标准测试，分别检测尿素泵压力和尿素喷嘴喷射量、密封性是否合格，合格则重新刷写相同版本程序或升级程序。

b. 清洗尿素箱内部及管路，更换尿素滤清器。

c. 维修或更换新尿素喷嘴。

③ 尿素喷嘴渗漏尿素。

故障现象

尿素喷嘴外部有白色结晶。

失效原因

尿素喷嘴 O 形密封圈失效。

解决措施

利用 EOL 诊断工具"重汽自制 SCR 系统"模块→测试驱动→标准测试，检测尿素泵压力是否正常，如正常，更换新的尿素喷嘴。

④ 尿素泵箱渗漏尿素。

故障现象

尿素泵箱内部有尿素水溶液渗漏，在线束接头或进出液接口处有白色结晶（图 12-3-7）。

失效原因

a. 尿素泵 O 形密封圈失效。

b. 尿素泵箱内部尿素管路 O 形密封圈失效，管路连接松动。

解决措施

a. 更换新的 O 形密封圈或者更换新的尿素泵。

图 12-3-7　渗漏的尿素水溶液腐蚀了
接插件并在箱体外部结晶

b. 酌情更换新的尿素泵箱。

⑤ 消声器堵塞。

故障现象

车辆动力不足，油耗高，排气背压高。

失效原因

a. 消声器内部尿素结晶导致消声器堵塞（图 12-3-8）。

b. 消声器内部陶瓷载体破损导致消声器堵塞（图 12-3-9）。

图 12-3-8　消声器内部尿素结晶

图 12-3-9　消声器内部陶瓷载体破损

c. 消声器内部陶瓷载体表面油污或积炭导致堵塞。

解决措施

更换消声器总成。